法治建设与法学理论研究部级科研项目（项目编号18SFB2021）

国外暴力极端主义罪犯的干预与管理研究

张桂荣　著

当代中国出版社
Contemporary China Publishing House

图书在版编目(CIP)数据

国外暴力极端主义罪犯的干预与管理研究 / 张桂荣著. -- 北京 : 当代中国出版社, 2024.6

ISBN 978-7-5154-1382-2

Ⅰ. ①国… Ⅱ. ①张… Ⅲ. ①恐怖主义—刑事犯罪—研究 Ⅳ. ①D914.04

中国国家版本馆 CIP 数据核字(2024)第 097975 号

出 版 人　王　茵
责任编辑　乔镜蜚　刘　照
责任校对　贾云华　康　莹
印刷监制　刘艳平
封面设计　李默涵
出版发行　当代中国出版社
地　　址　北京市地安门西大街旌勇里 8 号
网　　址　http://www.ddzg.net
邮政编码　100009
编 辑 部　(010)66572744
市 场 部　(010)66572281　66572157
印　　刷　中国电影出版社印刷厂
开　　本　710 毫米×1000 毫米　1/16
印　　张　18.25 印张　2 插页　248 千字
版　　次　2024 年 6 月第 1 版
印　　次　2024 年 6 月第 1 次印刷
定　　价　78.00 元

目　录

前　言

当前许多国家正面临着暴力极端主义的威胁,暴力极端主义行为时有发生,给诸多国家和地区带来了严重后果。因极端主义导致的恐怖主义袭击造成大量无辜生命丧生,国家和地区经济受到严重损害,它们在社会播下分裂的种子,引发越来越反动和极端的思想,助长了暴力极端主义的温床,使暴力极端化、侵略和暴力反应的恶性循环不断持续。因此,许多国家都把暴力极端主义尤其是恐怖主义的威胁评价为"高度威胁"。恐怖袭击事件频繁发生,对各国人民生命财产安全造成极大危害,严重践踏了人类尊严。

打击和预防暴力极端主义行为已经成为当今世界各国政府面临的重要任务。"打击恐怖主义和去极端化,既是世界性问题,也是世界性难题。"[1]我国也一直把打击和防范暴力极端主义包括恐怖主义作为维护国家安全的重要战略任务,党的十九大报告指出:"健全国家安全体系,加强国家安全法治保障,提高防范和抵御安全风险能力。严密防范和坚决打击各种渗透颠

---

〔1〕 中华人民共和国国务院新闻办公室:《新疆的反恐、去极端化斗争与人权保障》(2019年3月),人民出版社2019年版,第23页。

覆破坏活动、暴力恐怖活动、民族分裂活动、宗教极端活动”[1]。

打击和预防暴力极端主义是一个系统工程,需要各方面的参与。在这个过程中,作为关押和教育改造暴力极端主义罪犯场所的监狱也发挥着重要作用。监狱一方面通过关押暴力极端主义罪犯,剥夺其犯罪能力,使其不能实施暴力行为;另一方面通过有效的去极端化和促进回归的干预,消除罪犯的极端主义思想,改变其思维和行为模式,让其重新融入主流社会,进而不再参与暴力极端主义犯罪,最终实现国家预防极端主义和恐怖主义的战略。监狱的这些功能使其成为整个应对暴力极端主义犯罪包括恐怖主义犯罪不可或缺的环节和重要组成部分。监狱的这一作用获得了联合国和整个国际社会的认可。全球也越来越重视监狱在打击和防范暴力极端主义及恐怖主义犯罪方面的作用。但是,由于暴力极端主义罪犯的特殊性,监狱在相关罪犯的管理和教育改造方面还面临着许多特殊的挑战,尤其是在防止极端主义罪犯在狱内的招募、极端化其他罪犯、消除其极端化思想等方面具有严重挑战。如何对暴力极端主义罪犯进行恰当管理和有效干预,直接影响和决定监狱相关功能的发挥,关系到打击暴力极端主义的成败和未来。

目前,许多国家在暴力极端主义罪犯的管理与干预方面进行了相关研究和实践探索,也取得了一些成果和成功经验。基于暴力极端主义犯罪的全球性特征和研究对象的特殊性,本书收集了大量国外相关文献资料、相关新闻报道,对有关极端主义、暴力极端主义、恐怖主义的定义及其之间的关系,暴力极端主义的成因及其形成过程,暴力极端罪犯的评估、关押、干预以及重新融入社会和再犯预防,相关监狱能力建设等相关研究进行了系统梳理和概括,在此基础上,提出有关暴力极端主义罪犯的评估、管理、干预以及重新融入社会的一些思考,以期为进一步发挥监狱打击暴力极端主义犯罪的功能,促进我国打击暴力极端主义犯罪策略完善提供有益参考和

---

[1] 习近平:《决胜全面建成小康社会 夺取新时代中国特色社会主义伟大胜利——在中国共产党第十九次全国代表大会上的报告》,载《求是》2017 年第 21 期。

借鉴。

本书由前言、正文、附录、参考文献、后记五个部分组成。其中正文部分共有八章内容。第一章重点对暴力极端主义及其相关概念进行分析与界定。第二章对当前暴力极端主义犯罪情况进行简要描述,对暴力极端主义罪犯范围进行了界定,分析了其构成与主要特点及其对监狱带来的挑战。第三章概括介绍了有关暴力极端主义犯罪成因及其形成过程的研究以及理论。第四章围绕暴力极端主义罪犯评估进行论述,明确了评估的重点范围,介绍了当前国外主要应用的评估工具,分析了评估的主要因素以及评估信息来源,并就开展我国暴力极端主义罪犯评估工作提出了有关思考。第五章就暴力极端主义罪犯的分类分级及关押模式进行了分析研究,对相关罪犯的分类分级,尤其是关押模式提出了意见建议。第六章围绕暴力极端主义罪犯的干预开展细致研究,对暴力极端主义罪犯干预的概念与类型进行了界定,简要论述了干预的理论基础,明确了干预的目标与原则以及干预的重点领域,提出了具体的干预策略,最后就完善我国相关罪犯干预工作提出了思考建议。第七章专门针对暴力极端主义罪犯的重新融入社会与再犯预防进行研究,分析了暴力极端主义罪犯的重返给社会带来的问题与挑战,介绍了国际社会有关促进暴力极端主义罪犯重新融入的倡议和有关实践,重点就如何促进暴力极端主义罪犯重新融入社会提出了思考与建议。第八章围绕关押暴力极端主义罪犯监狱的保障能力建设进行了研究,重点就人员能力建设、安全能力建设和情报能力建设提出了对策建议。附录部分收录了"全球反恐论坛"在各成员国良好实践基础上形成的《关于暴力极端主义罪犯改过自新和重新融入社会的良好做法的罗马备忘录》(*Rome Memorandum on Good Practices for Rehabilitation and Reintegration of Violent Extremist Offenders*)、欧洲委员会发布的指导各成员国实践的《关于极端化和暴力极端主义的监狱和缓刑服务指南》(*Guidelines for prison and probation services regarding radicalisation and violent extremism*)和《欧洲委员会关于极端化和暴力极端主义监狱和缓刑服务手册》(*Council of Europe Handbook for Prisons and Probation Services Regarding Radicalisation and Violent Extremism*)。

第一章　暴力极端主义及其相关概念的分析与界定

暴力极端主义并不是一个法律概念。何谓暴力极端主义，世界上一直没有统一的、标准的定义，在相关文献中尤其是在国外相关文献中，暴力极端主义、极端主义、恐怖主义经常被互换使用。那么这些概念到底应如何理解，其含义是否完全一致，之间存在何种关系？厘清这些概念及其之间的关系是全面了解和分析暴力极端主义罪犯以及对其进行有效管理和教育改造的前提。

一、极端主义

在现实中如何定义极端主义是一件比较困难的事情。“主义”代表理念或有完整体系的思想和信念，也可视为实现不同目标的不同方法，代表着一定的核心价值观和信仰。尽管其他“主义”，诸如恐怖主义、帝国主义、种族主义、反犹太主义、法西斯主义等，本身就具有语义核心，至少在某种程度上能够解释概念的使用，但极端主义没有这样的可以提供指导其含义的内核。因此，对于极端主义，理论界和实务部门有着不同的理解。美国哥伦比亚大学学者彼得·科尔曼(Peter Coleman)和安德里亚·巴托利(Andrea Bartoli)将极端主义描述为一种远离普通角色的活动、信仰、态度、感受、行动、策略。[1] 普林斯顿大学的客座教授罗杰·斯克鲁顿(Roger Scruton)认为,极端主义既可用来表示反对社会核心价值观和原则的政治意识形态,也可适用于倡导种族或宗教至上和/或反对民主和人权核心原则的任何意识形态,还可以用来描述政治行为者试图通过使用"忽视他人生命,自由和人权"的手段实现其目标的方法。许多政府将恐怖分子称为暴力极端主义分子[2]。英国内政部 2015 年公布的《反极端主义战略》(*Counter-Extremism Strategy*)认为,极端主义是对我们的基本价值观,包括民主、法治、个人自由,以及对不同信仰和思想相互尊重和宽容等明确或积极反对。[3]

极端主义(Extremism)有解释为,为了达到个人或者小部分人的某些目的,而不惜一切后果地采取极端的手段对公众或政治领导集团进行威胁。2001 年在上海签署的《打击恐怖主义、分裂主义和极端主义上海公约》中规定,极端主义是指旨在使用暴力夺取政权、执掌政权或改变国家宪法体制,通过暴力手段侵犯公共安全,包括为达到上述目的组织或参加非法武装团伙,并且依各方国内法应追究刑事责任的任何行为。有的学者认为,根据我国《反恐怖主义法》的规定,极端主义是以歪曲的宗教教义或者其他方法表现或者实施的煽动仇恨、煽动歧视、鼓吹暴力等主张和行为,是恐怖主义的

---

〔1〕 参见 Peter T. Coleman and Andrea Bartoli, Addressing Extremism, White Paper. New York: The International Center for Cooperation and Conflict Resolution, Colombia University, p. 1。

〔2〕 参见 Neumann, P. (2010). Prisons and Terrorism: Radicalisation and Deradicalisation in 15 Countries. London: International Centre for the Study of Radicalisation and Political Violence (ICSR). p. 12。

〔3〕 参见 UK, HM Government, Counter-Extremism Strategy, Oct 19, 2015. p. 9., www. gov. uk/government/publications。

思想基础。[1] 还有学者认为法律文本上的极端主义虽然反映社会现状、词语简练明确，但缺乏对极端主义核心内涵的体现。因此，认为极端主义是“任何个人或组织为实现其某种严重脱离社会的价值观，并排斥与之不一样的任何观念，而针对自身或第三者采取暴力或其他非暴力的手段，从而造成严重社会后果的行为”[2]。从以上定义来看，极端主义是一种不同于常态的具有政治属性的价值观和意识形态。

那么到底应该如何理解和界定极端主义？本人认为应该从对“极端”一词的理解入手。根据《辞海》的解释，“极端”是指物体两端的尽头，是超过正常的表现、状态。意思是指物体的端头、顶点；非常，达到极点；偏向一方的言行。在《韦伯斯特词典》中，有关“极端”一词的定义是“超出正常、通常或预期”。[3] 从以上两个解释来看，极端是相较于某一基点或者基准而言的。也就是所谓的极端都是相对的，是一种关系概念，要回答什么是极端主义，需要一个基准。基准的不同，可能会导致对极端主义理解上的不统一。比如通常人们经常倾向于认为他人也应该像自己一样思考，因此也倾向于假设自己的立场是被大多数其他个人“合理”地所共有的。基于这样的认识，不同于自己的观点可能就会被认为是极端的，实际上甚至有可能出现被我们认为是极端主义者的人也将其他人称为“极端主义者”。因此，极端是一种立场和价值判断，是指在特定情况下故意偏离了特定社会中的大多数人的行为准则的行为，即偏离了“普通”或者“主流”“正常”的行为。而所谓的“普通”或者“主流”“正常”也是相对的，不同文化背景、不同国别，所谓的“普通”或者“主流”“正常”不一定相同。通常来说，“普通”或者“主流”“正

[1] 参见王政勋、程杰：《关于极端主义的概念分析》，载《北京科技大学学报（社会科学版）》2017年第5期。

[2] 卢有学、吴永辉：《极端主义犯罪辨析——基础理论与立法剖析》，载《西南政法大学学报》2015年第2期。

[3] 参见 Merriam-Webster, Inc. (1986). Webster's ninth new collegiate dictionary. Springfield, MA: Merriam-Webster. p. 441。

常"是指一个国家所倡导的核心价值观、思想理念和行为规制。基于此,笔者认为,极端主义应当是指反对社会核心价值观、思想理念和行为规制的思想意识和主张。

基于不同的动机,极端主义可以发生在各个领域,比如在政治、民族、宗教、环保等领域都存在极端主义。当前,从动机来看极端主义主要有政治极端主义、民族极端主义、种族极端化主义、环保极端主义等。从极端主义行为表现方式来看,有暴力极端主义和非暴力极端主义。前者推动暴力行为,后者可能只是认同极端思想,但并不会将其付诸实践。

二、暴力极端主义(violent extremism)

暴力极端主义是极端主义的一种形式。与极端主义一样,暴力极端主义在国际上目前亦尚无一致的定义。联合国《防止暴力极端主义行动计划》指出界定"暴力极端主义"是会员国的特权。暴力极端主义是一个有不同表现形式的现象,它不是新出现的,也不局限于某一区域、国家或信仰,因此各国政府以及学术界对于暴力极端主义在理解上存在差异。欧洲极端化意识网(Radicalisation Awareness Network)认为,"暴力极端主义是指促进、支持或实施恐怖主义行为,旨在捍卫鼓吹种族、民族、族裔或宗教至上的政治意识形态,并反对特定社会的核心民主原则和价值观的政治意识形态"。[1] 美国国际开发署将暴力极端主义定义为"倡导、参与、准备或以其他方式支持意识形态动机或正当化暴力,以进一步实现社会、经济或政治目标"[2]。美国联邦调查局将暴力极端主义定义为"鼓励、纵容、辩护或支持实施暴力行

〔1〕 Radicalisation Awareness Network, Dealing with radicalisation in a prison and probation context, RAN P&P-practitioners working paper. p. 1.

〔2〕 Andrew Glazzard & Martine Zeuthen, Violent Extremism, February 2016, p. 1. https://gsdrc.org/wp-content/uploads/2016/02/Violent-extremism_RP.pdf.

为以实现政治、意识形态、宗教、社会或经济目标”[1]。澳大利亚政府认为暴力极端主义是指支持或使用暴力来实现意识形态、宗教或政治目标的人们的信仰和行动，这包括恐怖主义和其他形式的政治动机和公共暴力。[2] 加拿大政府将暴力极端主义定义为主要由极端政治、宗教或意识形态观点所驱动的罪行。[3] 挪威政府规定，暴力极端主义是那些为了实现政治、意识形态或宗教目标而愿意使用暴力的个人和团体的活动。[4] 世界经济论坛对于暴力极端主义的解读是“没有一个单一的定义能够说明什么是暴力极端主义。然而一般来说，它所指的是基于思想或意识形态上的目的，为了实现深层次的社会、经济或政治目标，而支持或直接参与暴力行动。具体的定义则因为暴力仅为实现深层次政治目标，抑或同时为了实现更广泛的目标而有所区别”。[5]

我国学者认为，暴力极端主义在本质上是一种极端的思想、主张和情绪，建基于排除异己、对抗当前政治领导集团和社会公众所持有的核心价值观、与社会主流文明相悖的极端理念之上，凭借一切可能的暴力手段和暴力工具传播其思想、实施极端恐怖活动，以实现个人或一小撮人的极端利益目标。它包括三个层面的基本内涵：一是价值理念的暴力极端性，要求铲除一切异己思想、价值和信仰等，反复宣示和确立自身存在的绝对优越性；二是追求目的的暴力极端性，以对抗主流文明、推翻和破坏当前政治领导集团所确立的核心政治法律制度、瓦解社会公众所持核心价值观、侵害公众安全、

---

〔1〕参见 Futures Without Violence, What Is Violent Extremism? Blueprint May 2017, p. 2. https://www.futureswithoutviolence.org/wp-content/uploads/FWV_blueprint_3 – What – is – VE. pdf。

〔2〕参见“What is Violent Extremism? ”https://www.livingsafetogether.gov.au/Documents/what-is-violent-extremism.PDF, p. 1。

〔3〕参见 Public Safety Canada (2009). Assessing the Risk of Violent Extremists, *Research Summary*, Vol. 14, No. 5. p. 1。

〔4〕参见 Norwegian Ministry of Justice and Public Security (2014), Action Plan Against Radicalization and Violent Extremism, p. 7. https://rm.coe.int/action-plan-norway-nov – 2016/16806bdb50。

〔5〕Khalid Koser:《解读“暴力极端主义”》，达沃斯博客翻译小组 · 钟源译，载世界经济论坛博客。

攫取极端的权力和利益等为根本目标。反映在不同领域,表现为政治极端主义、民族极端主义、宗教极端主义等;三是实现手段的暴力极端性,暴力极端主义遵循这样一种基本逻辑,即以最小的成本、最快的速度追求极端利益诉求的最大化实现,当这种目的受到阻碍或威胁时,则可以不惜一切后果、使用一切可能的暴力手段。[1]

众多的概念定义,充分说明了暴力极端主义缺乏统一的界定。尽管上述概念界定有所不同,但在其基本核心要义中体现出了众多的一致性,比如暴力极端主义的表现形式和目标。首先在形式上表现为暴力或者支持暴力;其次在目标上是通过暴力或支持通过暴力的行为或思想来实现所谓在意识形态、政治、民族、宗教等领域变革的目标,具有明显的政治性。结合极端主义的概念,笔者认为,暴力极端主义是一种价值观、理念或者意识形态,是主张通过暴力或者支持使用暴力来实现政治、宗教或者意识形态上的目标的意识形态或价值观,其核心因素是主张和倡导暴力,具有政治性。

作为一种意识形态,在许多领域都存在暴力极端主义,比如联合国发布的《暴力极端主义罪犯管理与狱内极端化暴力预防手册》中对暴力极端主义中的暴力从动机上划分为以下三种形式:一是思想暴力。具体分为:(1)政治意识形态,如民族主义,新纳粹集团,白人至上或因仇恨而倡导使用暴力的团体;(2)对宗教意识形态的极端解读和倡导使用暴力的信仰;(3)暴力的左翼、无政府主义者、右翼的意识形态。二是基于某些问题的暴力。包括暴力动物解放和动物权利运动、环境或生态环境暴力极端主义或反政府、反全球化或反资本主义倡导使用暴力的运动。三是民族主义和分裂主义暴力。基于种族、文化、地理或社会的暴力政治或独立斗争。由于动机不同,暴力极端主义在追求变革的具体目标也不尽相同。

---

〔1〕 参见张晓玲、李思:《防止暴力极端主义与人权保障》,载《人权》2017年第2期。

三、恐怖主义

在文献中，恐怖主义也常常与暴力极端主义混用。对于恐怖主义如何定义，同样存在不同理解。"除了认为恐怖主义是一个问题能够达成一致意见之外，社会科学家、政策制定者、律师和安全专家对恐怖主义的定义无法达成一致意见"。[1] 恐怖主义的本质永远不会有明确界定的界限、规则，甚至是共同的或单一的敌人。[2] 由于存在许多类型的恐怖主义，而这些类型具有不同程度的动机，影响社会、国家之间的政治以及管理它们的机构，因此使得恐怖主义更加复杂。目前，许多政府和学术组织以不同的方式界定恐怖主义。更多的政府和国际组织选择采用将恐怖主义描述为有意针对平民和/或非战斗人员的具有政治动机的暴力。[3] 普遍的看法是，恐怖主义是蓄意针对非战斗人员的、出于政治动机的暴力行为的威胁或行为。

为了更好地了解恐怖主义，帮助制定政策和采取措施以防止恐怖主义影响社会，澳大利亚、美国和英国已经明确了各自的恐怖主义定义。1995 年《澳大利亚刑法典》第 100.1 节中将恐怖主义定义为"为了推进政治、宗教或意识形态事业采取的行动或威胁"。[4] 澳大利亚国家反恐怖主义委员会在 2012 年对恐怖主义进行了进一步的界定"……旨在通过胁迫或恐吓澳大利

---

[1] 参见 Jason-Leigh Striegher (2015), "Violent-extremism: An examination of a definitional dilemma", Edith Cowan University Research Online, Australian Security and Intelligence Conference, p. 80。

[2] 参见 Jason-Leigh Striegher (2015), "Violent-extremism: An examination of a definitional dilemma", Edith Cowan University Research Online, Australian Security and Intelligence Conference, p. 80。

[3] 参见 Neumann, P. (2010). Prisons and Terrorism: Radicalisation and Deradicalisation in 15 Countries. London: International Centre for the Study of Radicalisation and Political Violence (ICSR). p. 12。

[4] Jason-Leigh Striegher(2015), "Violent-extremism: An examination of a definitional dilemma", Edith Cowan University Research Online, Australian Security and Intelligence Conference, p. 80.

亚或外国政府来推进政治、意识形态或宗教事业的行动或威胁”[1]。这些定义与美国国防部的定义没有什么不同，后者指出“恐怖主义是指蓄意使用非法暴力或以非法暴力相威胁，灌输恐惧；旨在胁迫或恐吓政府或社会以追求通常具有政治，宗教或意识形态的目标 ”[2]。而这一定义可以与英国的定义相提并论，后者指出恐怖主义是采取行动或威胁采取行动的目的必须是为了影响政府或恐吓公众，采取行动或威胁的目的是推进政治、宗教或意识形态事业，涉及严重的人身暴力、严重的财产损失，危及人员生命或对健康和安全造成严重风险，或旨在严重破坏或干扰电子系统。[3]

我国学者认为，恐怖主义是指为达到一定的、特别是政治目的而对他人的生命、自由、财产等使用强迫手段，如暴力、胁迫等手段造成社会恐慌的犯罪行为的总称。[4] 按照我国的《反恐怖主义法》(2018 年修正)第 3 条规定，恐怖主义是指通过暴力、破坏、恐吓等手段，制造社会恐慌、危害公共安全、侵犯人身财产，或者胁迫国家机关、国际组织，以实现其政治、意识形态等目的的主张和行为。

从以上有关定义来看，恐怖主义具有政治性、暴力性和恐怖性的特点。笔者认为，从“恐怖”一词本身的含义来看，它是指由于受到威胁而引起的恐惧；使人产生恐惧。显然恐怖主义中恐怖一词，应当是后一理解，即使人产生恐惧。恐怖主义就是通过暴力行为或威胁使用暴力，对目标或受害人以外的人物或团体造成深远的心理影响，胁迫国家或者组织，进而实现其政

---

〔1〕 Jason-Leigh Striegher(2015), “Violent-extremism: An examination of a definitional dilemma”, Edith Cowan University Research Online, Australian Security and Intelligence Conference, p. 80.

〔2〕 Jason-Leigh Striegher(2015), “Violent-extremism: An examination of a definitional dilemma”, Edith Cowan University Research Online, Australian Security and Intelligence Conference, p. 80.

〔3〕 参见 Lord Carlile of Berriew Q. C. (2007). The Definition of Terrorism. (Cm 7052). Norwich: Crown Copyright, https://www.gov.uk/government/uploads/system/uploads/attachment_data/file/228856/7052.pdf. p. 5。

〔4〕 参见吉余:《依法打击恐怖犯罪 维护国家安全和社会稳定》，载《国家安全通讯》2001 年第 12 期。

治、宗教的目的和主张的思想体系，是恐怖行为背后的思想和理念支撑。它不同于普通的、主要由个人需求和贪婪所驱动的暴力犯罪，它追求的是政治、宗教或意识形态目标的实现，为此，不惜以不特定人为暴力行动的对象。因此，不论具体如何表述，笔者认为，以上所有定义在核心规定是一致的，恐怖主义是为了实现政治、宗教或意识形态目标和主张而针对不特定人进行的暴力行动或威胁使用暴力。它具有政治性、暴力性与恐怖性的特征。在暴力谱系中，恐怖主义是一种独特的暴力形式，是一种多维度的威胁。

四、恐怖主义与暴力极端主义之间的关系

实践中，由于许多暴力极端主义者通过暴力恐怖手段来实现其政治或者经济目标，因此许多政府都把暴力极端主义罪犯称为"恐怖主义罪犯"。恐怖主义与暴力极端主义两词在文献中也经常被互相代替使用。学者们对于暴力极端主义与恐怖主义的关系，有不同的看法。许多人认为，暴力极端主义与恐怖主义之间没有区别。澳大利亚的研究人员对 526 篇关于暴力极端主义的文章审查发现，"事实上，在澳大利亚和国际文献中，暴力极端主义、政治暴力、政治恐怖主义和恐怖主义这几个词是可以互换使用的。因此，暴力极端主义和恐怖主义之间并没有真正的区别，事实上，它仍然是一个不断发展的概念"〔1〕。还有的人认为，使用"暴力极端主义"一词只是为了摆脱使用"恐怖主义"标签有关的污名、歪曲和混淆，并解决所有类型的企图实现种族、意识形态或宗教目标的各种暴力行为。〔2〕 言下之意，暴力极端主义是恐怖主义的另一种说法，而且涵盖的暴力范围更广。还有的人认为，

〔1〕 Nasser-Eddine, M., Garnham, B., Agostino, K., & Caluya, G. (2011). Countering Violent Extremism (CVE) Literature Review. Defence Science and Technology Organisation. p. 9.

〔2〕 参见 Jeevan Thiagarajah, Understanding violent extremism Vs. Terrorism, January 21 2019, http://www.dailynews.lk/2019/01/21/features/174890/understanding-violent-extremism-vs-terrorism。

用暴力极端主义代替恐怖主义一词，是反恐怖主义策略的改变，即从强硬的打击手段转向注重综合的干预和预防上来。该术语旨在重新包装全球反恐战争(GWOT)，从而将重点从20世纪90年代和21世纪初的过度军事反应转移到与社会支持和预防相关的方法上。恐怖主义的重点是通过有形手段来打击恐怖分子，预防和打击暴力极端主义的目的是通过不太军事化的方法来防止暴力极端主义组织的崛起。[1]”

但是还有人主张，暴力极端主义与恐怖主义之间不能完全等同。“暴力极端主义”通常被认为比“恐怖主义”更具包容性，含义更广。恐怖主义作为一种策略，通常包括象征性的暴力行为，旨在通过故意创造恐惧来影响目标群体的政治行为。暴力极端主义纯粹是接受并正当化使用暴力达到特定意识形态目标的意识形态。“暴力极端主义的定义比单纯的恐怖主义要广，因为它在实施暴力行为的基础上，又包含了对暴力的拥护、支持与准备工作”[2]。恐怖主义和暴力极端主义都是通过暴力实现意识形态目标的，但是恐怖主义在某种程度上是零星的，目的是散布恐惧感。[3] 暴力极端主义的确包括通常被称为恐怖主义活动的主要暴力行为。然而，它远远不止包括被视为恐怖主义的行为，还包括暴力抗议和种族攻击等群体暴力。[4] 联合国《防止暴力极端主义行动计划》也反映了这一点，秘书长在该计划中指出，同恐怖主义相比，暴力极端主义有更广泛的表现形式，因为它包括不构成恐怖主义行为的出于意识形态动机的暴力形式。

---

〔1〕 参见 Mathias Bak, Kristoffer Nilaus Tarp, and Dr. Christina Schori Liang, Defining the Concept of ‘Violent Extremism’: Delineating the attributes and phenomenon of violent extremism, Geneva Centre for Security Policy, 2019. p. 3。

〔2〕 Khalid Koser:《解读“暴力极端主义”》，达沃斯博客翻译小组·钟源译，载世界经济论坛博客。

〔3〕 参见 Mathias Bak, Kristoffer Nilaus Tarp, and Dr. Christina Schori Liang, Defining the Concept of ‘Violent Extremism’: Delineating the attributes and phenomenon of violent extremism, Geneva Centre for Security Policy, 2019. p. 11。

〔4〕 参见 Jeevan Thiagarajah, understanding violent extremism Vs. Terrorism, January 21 2019, http://www.dailynews.lk/2019/01/21/features/174890/understanding-violent-extremism-vs-terrorism。

笔者认为，从暴力极端主义和恐怖主义的行为表现和动机追求来看，暴力极端主义与恐怖主义具有许多共同的因素——动机通常是政治、宗教或意识形态的，都推崇暴力。唯一区别是暴力极端主义被认为是接受暴力的意识形态，并不一定表现为暴力行为，而恐怖主义则是一种暴力行为。暴力极端主义是恐怖主义行为的根源或背后的意识形态，恐怖主义是意识形态极端主义的副产品，因此恐怖主义和极端主义是一个连续统一体。但是，从功能角度来看，个人可以拥护暴力极端主义意识形态但不一定犯罪。但是当暴力极端主义变成行为的策划、准备或实施时，就可以提出指控。换句话说，一旦暴力极端主义变成暴力行为时，就会成为恐怖主义。因此，从犯罪学或者刑法学的角度来看，无法将暴力极端主义导致的犯罪行为与恐怖主义导致的犯罪行为截然分开，二者基本上是一致的，因此，本书所研究的暴力极端主义犯罪与恐怖主义犯罪是一致的。书中有关术语出于研究目的也经常互换使用。

五、极端化

这里的极端化主要指的是暴力极端主义和恐怖主义背景下的极端化。同关于什么是恐怖主义的永无休止的辩论一样，极端化也没有一个统一的定义。但是普遍的看法是，极端化是个人接受暴力极端主义的动态过程。此过程背后可能有意识形态、政治、宗教、社会、经济或个人原因。通过这个过程，一个人走向实施基于极端主义观点的暴力行为。有关文献也清楚表明，极端化是一个包括认知和行为转变的过程，在很大程度上是说明个人是如何随着时间的推移而改变他们的行为和意识形态的过程。[1] 极端化也是

---

〔1〕 参见 Jason-Leigh Striegher (2015), "Violent-extremism: An examination of a definitional dilemma", Edith Cowan University Research Online, Australian Security and Intelligence Conference, p. 76。

恐怖主义的先决条件。

在西方,澳大利亚、加拿大、美国等国在打击暴力极端主义背景下对极端化的概念做了清楚的描述,并以此为基础制定有关恐怖主义的国内外政策。

澳大利亚司法部认为,极端化是"一个人的信仰从相对主流转移到对和谐、权利和自由产生负面影响的过程……有些人开始相信暴力是实现意识形态、政治或社会变革的正当化途径"[1]。加拿大皇家骑警将极端化定义为:"个人被引入一种明显的意识形态信息和信仰体系的过程,鼓励从温和的主流信念转向极端观点,人们支持或参与暴力或直接行动作为促进政治、意识形态或宗教极端主义的手段。"[2]这些定义与美国联邦调查局的有关定义相当,后者声称"个人的极端化是一个既没有时间表也不总是导致行动的流动的过程"[3]。虽然每个定义都肯定了极端化是一个将个人心态从中间转向极端的过程,但它们的不同之处在于,有些人认为暴力行为是极端化过程的固有部分,而其他人则不然。

笔者认为,在暴力极端主义背景下,极端化是认知和行为转变过程,是个人信仰体系和意识形态在一段时间内发生变化的过程,是个人或团体逐渐接受越来越极端的政治、社会或宗教理念和愿望的过程,这种理念和愿望要么拒绝或破坏现状,要么拒绝或破坏主流社会的思想和表达。通俗地说,极端化是人们采用一种被主流世界所拒绝的、极端主义的世界观的过程,是成为暴力极端主义分子的过程。当然由于"极端"这个词是一个相对术语,在任何特定国家或社会的社会规范之外,用于"仅仅表达普遍规范的显著下

---

[1] Jason-Leigh Striegher(2015),"Violent-extremism: An examination of a definitional dilemma", Edith Cowan University Research Online, Australian Security and Intelligence Conference, p. 77.

[2] National Security Criminal Investigations, Radicalization-A Guide for the Perplexed, June 2009. https://info. publicintelligence. net/RCMP-Radicalization. pdf. p. 1.

[3] Jason-Leigh Striegher(2015), Violent-extremism: An examination of a definitional dilemma, Edith Cowan University Research Online, Australian Security and Intelligence Conference, p. 77.

降”的个体背景中。因此,极端化可以有多种不同的形式,一个极端的人不一定经历了导致暴力的极端化过程。

极端化也常常与暴力极端主义和恐怖主义混用,但实际上三者之间存在区别。极端化是一个独特的过程,不一定等同于暴力极端主义或恐怖主义。暴力极端主义是纯粹接受并证明使用暴力来达到特定意识形态目标的意识形态。虽然极端主义是恐怖主义行为的主要特征,但它只是一种意识形态或观念,不一定达到恐怖主义行为的门槛。

第二章　暴力极端主义犯罪及其罪犯特征

当今世界暴力极端主义犯罪仍然猖狂,随着形势发展,呈现新的特点,给各国带来巨大的威胁与挑战。了解暴力极端主义犯罪及其罪犯特征,对于制定切实可行的管理制度、管理方法,确定针对性干预措施具有重要意义。

一、暴力极端主义相关犯罪情况及其特点

当前,许多国家正面临暴力极端主义的威胁,暴力极端主义引发的恐怖主义行为时有发生。据相关统计资料显示,截至2019 年全世界有 120 多个有暴力倾向的宗教极端组织。在人力方面,这意味着约 23 万名“战士”——几乎是 2001 年 9 月 11 日的 4 倍——卷入了影响约 70 个国家的冲突。根据全球极端主义监测组织(Global Monitor)的数据,仅 2017 年一年,就有 8.4 万人死于暴力极端主义。与极端主义意识形态相关的恐怖主义犯罪在2017 年影响了全球60 多个国家,2018 年和2019 年同

样如此。[1] 2017年全球有68个国家共发生了1136起恐怖袭击案件，恐怖袭击共造成7656名人员死亡。[2] 2018年上半年，全球42个国家共发生了639起恐怖袭击案件，恐怖袭击造成了3305名人员死亡。[3] 2019年，多国发生恐怖主义袭击事件，比如2019年4月21日斯里兰卡发生连环爆炸案，造成290人死亡，逾500人受伤。2019年3月15日新西兰克赖斯特彻奇清真寺枪击案造成50人死亡。2月14日，印度中央储备警察部队在印控克什米尔地区遭遇恐怖袭击，造成至少42名警察部队人员死亡。1月27日，菲律宾西南部苏禄省的一座教堂发生爆炸，造成至少27人死亡，77人受伤。[4] 当地时间2019年8月5日凌晨，埃及首都开罗发生恐怖袭击，造成20人死亡、48人受伤。[5] 这些恐怖主义行为呈现零散性、非组织化、计划性有限的特点，在运作方式上采取非集中化的、小群体和"独狼式"的行动，往往具有不受约束和不可预测性。近年来，在法国尼斯、英国伦敦、美国弗吉尼亚州发生的恐怖主义事件展现了极端主义的这些特点变化。

我国也深受恐怖主义与极端主义的威胁和危害。暴力恐怖和宗教极端行为严重践踏人权。在分裂主义的影响下，新疆恐怖主义势力、极端主义势力大肆实施破坏活动，给新疆社会稳定带来极大危害，给各族人民造成极大伤痛。[6] 从2014年至2019年，新疆打掉暴恐团伙1588个，抓获暴恐人员12995人，缴获爆炸装置2052枚，查处非法宗教活动4858起、涉及30645人，

---

〔1〕 参见 Bruce Hoffman, 2019: Challenges in Counter-Extremism, January 2019 by the Tony Blair Institute for Global Change. https://institute.global/sites/default/files/inline-files/2019_challenges_in_counter_extremism_0.pdf, p.12。

〔2〕 参见宋汀、曹伟：《2017年国际恐怖主义态势报告》，载《中国信息安全》2018年第1期。

〔3〕 参见宋汀、曹伟：《2018年上半年国际恐怖主义态势报告》，载《中国信息安全》2018年第9期。

〔4〕 参见严帅：《从斯里兰卡爆炸袭击看全球恐怖主义趋势》，载中国网。

〔5〕 参见"联合国安理会强烈谴责埃及首都开罗恐怖袭击事件"，载中国新闻网。

〔6〕 中华人民共和国国务院新闻办公室：《新疆的反恐、去极端化斗争与人权保障》，人民出版社2019年版，第20页。

收缴非法宗教宣传品345229件。[1] 根据最高人民法院的工作报告,2015年度,各级法院审结危害国家安全、暴力恐怖犯罪案件1084件,判处罪犯1419人。[2] 这些犯罪分子疯狂残害普通民众,残忍杀害宗教人士,严重危害公共安全,公然袭击政府机构,蓄意制造暴乱骚乱。[3] 据不完全统计,自1990年至2016年底,"三股势力"在新疆等地共制造了数千起暴力恐怖(事)案件,造成大量无辜群众被害,数百名公安民警殉职,财产损失无法估算。[4]

有学者对我国发生的22起暴恐事件进行了详细分析,总结了相关特点,认为我国暴恐犯罪具有犯罪动机极端化、组织方式零散化、袭击地点扩散化、犯罪手段的疯狂性、犯罪后果的严重性等特点。[5] 还有的人从犯罪活动状态、犯罪活动形式、犯罪活动手段、犯罪活动范围、犯罪行为方式等方面概括和总结了我国的暴力恐怖犯罪活动的最新特点,发现"东突"暴力恐怖犯罪活动呈现了"犯罪活动状态越来越恐怖化、犯罪活动形式越来越组织化、犯罪活动手段越来越现代化、犯罪活动范围越来越国际化、犯罪行为方式越来越隐蔽化"。[6]

二、暴力极端主义罪犯的界定

通常来说,某类型罪犯应当是指实施了法律规定的相关类型犯罪行为

---

〔1〕 中华人民共和国国务院新闻办公室:《新疆的反恐、去极端化斗争与人权保障》,人民出版社2019年版,第20页。

〔2〕《最高人民法院工作报告(摘要)》,载人民网。

〔3〕 中华人民共和国国务院新闻办公室:《新疆的反恐、去极端化斗争与人权保障》,人民出版社2019年版,第13—17页。

〔4〕 中华人民共和国国务院新闻办公室:《新疆的反恐、去极端化斗争与人权保障》,人民出版社2019年版,第13页。

〔5〕 参见王政勋:《当前暴恐犯罪的特点分析和态势评估》,《刑事法评论》2014年第2期,第654—663页。

〔6〕 王红星、欧阳涵:《试析当前"东突"暴力恐怖犯罪的新特点及其防范对策》,《犯罪研究》2014年第4期,第42—43页。

的罪犯。依据这样的理解,那么暴力极端主义罪犯是指实施了暴力极端主义罪行被定罪量刑的人。但是暴力极端主义犯罪是一个归因的概念,并不是一个法律概念,各国并没有明确的法律意义上的暴力极端主义罪。因此,暴力极端主义犯罪是一个广义的概念,它不仅仅指法律规定的含有暴力极端词语在内的犯罪行为,还应当包括在暴力极端主义思想和意识形态的支配下,基于宗教、民族和政治的目的,实施的暴力危害国家安全、人们生命安全、财产安全和公共安全等犯罪行为。

联合国《暴力极端主义罪犯管理与狱内极端化暴力预防手册》中将暴力极端主义者定义为:为实现意识形态、宗教、政治目标或社会变革而倡导、支持、促进或实施暴力行为的人。依据这一定义,认为“在某些情况下,暴力极端主义罪犯可能不是因涉及暴力极端主义的罪行(或指称的罪行)而被监禁,而是依照上述暴力极端主义有关定义被评定为暴力极端主义分子”[1]。在此概念下,监狱中的暴力极端主义罪犯范围可能包括以下 4 种人:犯有恐怖主义有关罪行并被指控的人;犯有暴力极端主义罪行并受到指控的人;被指控犯有其他罪行但明显表现出暴力极端主义迹象的人;被指控犯有其他罪行但极易遭受极端化的人。实践中,由于众多极端主义者通过暴力恐怖手段来实现其政治或者经济目标,因此许多政府都将暴力极端主义分子称为“恐怖分子”。“极端化意识网”(RAN)把暴力极端主义罪犯,描述为“包括恐怖分子和其他被认为有可能在监狱或缓刑环境中从事暴力极端主义的人的群体”[2]。

英国国家罪犯管理处在 2014 年对恐怖主义和极端主义罪犯进行了最全面的法律描述。它包括实施恐怖主义行为或以恐怖主义为目的发生的下列

---

〔1〕 United Nations Office on Drugs and Crime, Handbook on the Management of Violent Extremist Prisoners and the Prevention of Radicalization to Violence in Prisons, New York, 2016. p. 143.

〔2〕 RAN P&P Practitioners' working paper, Approaches to violent extremist offenders and countering radicalisation in prisons and probation, RAN Working Paper, Second Edition – 2016, p. 2.

类型的犯罪:谋杀罪、过失杀人罪、故意伤害罪、投毒犯罪、爆炸物犯罪、破坏财产危害生命犯罪、生物武器、化学武器犯罪、指挥恐怖组织罪、煽动海外恐怖主义犯罪、海外恐怖主义爆炸事件犯罪、准备恐怖主义行为犯罪;严重欺诈犯罪、串谋、煽动或企图犯下前述罪行、武器训练犯罪、指挥恐怖主义组织犯罪、为恐怖主义目的拥有物品犯罪、煽动海外恐怖主义犯罪、种族灭绝与危害人类罪、战争罪和相关罪行,但谋杀罪行除外;使用核武器等;在海外协助或诱导某些与武器有关的行为;使用有毒物质造成伤害或恐吓;准备恐怖主义行为;恐怖主义培训;制造或拥有放射性装置或材料;将放射性装置或材料用于恐怖主义目的等。[1] 实施以上犯罪行为的人,均为暴力极端主义罪犯。

三、暴力极端主义罪犯的构成与特点

(一)构成

各国监狱中关押的暴力极端主义罪犯的构成并不相同。比如,在欧洲因"圣战"恐怖主义被捕和定罪的人所占比例最高,在2019年被逮捕和被定罪的恐怖主义犯罪者中,"圣战"恐怖主义者数量占首位,被定罪的第二大群体是民族主义和分裂主义罪犯。除此之外还有左翼恐怖主义、右翼恐怖主义、非特定恐怖主义和单一问题的恐怖主义罪犯。[2] 在西班牙,曾经关押最多的暴力极端主义罪犯是巴斯克民族主义分裂者,即著名的"埃塔"组织成员,但是随着伊斯兰极端组织和伊斯兰马格里布的基地组织(原"萨拉菲斯

---

〔1〕 参见 National Offender Management Service (2014). Managing Terrorist and Extremist Offenders in the Community, https://www.justice.gov.uk/downloads/offenders/probationinstructions/pi-10-2014-managing-terrorist-extremist-offenders.doc。

〔2〕 参见 European Union Terrorism Situation And Trend Report 2020, European Union Agency for Law Enforcement Cooperation 2020。

特"呼声和战斗组织)在西班牙活动的增加,监狱中也开始关押此类的暴力极端主义罪犯或者恐怖主义罪犯。在法国,曾经的暴力极端主义者主要是指科西嘉民族主义者和巴斯克民族主义者,但现在主要是指散居海外的恐怖主义、伊斯兰极端主义和圣战萨拉菲主义者。在英国,曾经关押数量最多的应当是爱尔兰共和军,但随着近年来"基地组织""伊斯兰国"在世界范围内的蔓延,英国监狱中这类犯罪成员的关押人数也有所增加。[1] 在整个欧洲,极端主义罪犯的情况在过去十年中发生了巨大变化:一是自 2000 年以来,被判与恐怖主义有关罪行的罪犯数量是最多的;二是这些罪犯的背景更加多样化——包括女性和极右翼罪犯数量的快速增长;三是他们服刑的范围更广,其中许多服刑时间相对较短。[2] 这三种情况综合起来,意味着管理极端主义罪犯是一个更加紧迫和更具挑战性的问题。相关报告也指明了欧洲暴力极端主义罪犯的特点变化:人口更年轻、多样化,女性罪犯增多。[3]

在美国联邦矫正系统中,暴力极端主义囚犯的个人情况各不相同,在意识形态、定罪指控和判刑上也各不相同。除少数被控与国际恐怖主义有关罪行的伊斯兰极端主义犯罪者外,在联邦监狱局设施中的极端主义囚犯还包括极右翼极端主义分子、新纳粹分子、白人至上主义者、暴力反堕胎活动家、民兵组织成员和拥护这些意识形态要素的监狱帮派[4]。加拿大监禁系统不仅有国外暴力极端主义者,还有本土的暴力极端主义分子,例如,魁北克前叛军、白人至上主义者、新纳粹分子、极端动物权利和生态活动家、宗教

---

〔1〕 参见 European Union Terrorism Situation And Trend Report 2014, European Union Agency for Law Enforcement Cooperation 2014。

〔2〕 参见 Rajan Basra and Peter R. Neumann, Prisons and Terrorism: Extremist Offender Management in 10 European Countries, ICSR 2020, https://icsr.info/wp-content/uploads/2020/07/ICSR-Report-Prisons-and-Terrorism-Extremist-Offender-Management-in-10-European-Countries_V2.pdf, p. i。

〔3〕 参见 European Union Terrorism Situation And Trend Report 2014, European Union Agency for Law Enforcement Cooperation 2014。

〔4〕 参见 Bennett Clifford, Radicalization in Custody: Towards Data-Driven Terrorism Prevention in the United States Federal Correctional System, Program on Extremism Policy Paper, November 2018. p. 2。

极端分子。[1]

我国的暴力极端主义罪犯主要由暴力恐怖势力、民族分裂势力、宗教极端势力,即在“三股势力”支持下实施恐怖主义犯罪和危害国家安全的犯罪分子组成。此外还有少数持有暴力极端主义者思想,实施极端犯罪的个体犯罪者。“我国的恐怖主义犯罪大多数是宗教极端势力与民族分裂势力结合的产物。从事恐怖活动的主要是国内民族分裂分子、宗教极端分子和其他敌对分子以及国际恐怖主义分子。其中以民族分裂分子和宗教极端分子为主”[2]。这些暴力极端主义罪犯构成体现出复杂化特征,首先是成分复杂化,恐怖主义组织在发展成员时,越来越注重跨领域发展,其中以知识分子为主,包括教师、医务人员、机关干部和在校学生,还会吸收具有一定文化水平的商人、工人和农民。其次越来越注重发展和培养年轻人成为其组织成员。

(二)暴力极端主义罪犯的特点

作为极端主义犯罪者,暴力极端主义罪犯呈现与普通罪犯不同的特征。首先是犯罪动机和目的不同。大多数恐怖分子是出于意识形态、宗教或政治利益的动机,而普通罪犯则更多的是物质利益动机。正如有的人指出,“也许最明显的是,传统的罪犯通常是由个人利益和自私驱动的,而恐怖主义最经常的动机是所谓的‘促进政治事业’,甚至是‘利他主义’的”[3]。恐怖主义罪犯“之所以实施恐怖行为是因为他们将恐怖活动作为‘正义的事业’,是一种‘利他动机’而非‘利己’动机的驱使下而实施的”。[4] 其次是对

---

〔1〕 参见 D. B. Skillicorn, C. Leuprecht, Y. Stys & R. Gobeil (2015): Structural differences of violent extremist offenders in correctional settings, Global Crime, p. 4. http://dx. doi. org/10. 1080/17440572. 2015. 1052224。

〔2〕 参见樊丽芳:《我国跨境恐怖主义犯罪特征分析》,载《武警学院学报》2009 年第 9 期。

〔3〕 Nathan Thompson, Root Cause Approach to Prisoner Radicalisation, *Salus Journal*, Volume 4, Number 3, 2016, p. 19.

〔4〕 参见杜邈编著:《恐怖主义犯罪专题整理》,中国公安大学出版社 2008 年版,第 54 页。

犯罪行为的隐匿程度不同。普通罪犯通常试图逃避侦查,但恐怖主义分子犯罪肆无忌惮,他们为了制造恐怖气氛,往往寻求尽可能多的受众。最后是对行为的正当化认识不同。暴力极端主义罪犯常常认为自己的行为是为了某一群体、社会(一部分)或整个人类,因此,他们认为自己的行为是正当的、正义的,甚至是崇高的,而绝大多数普通罪犯不会正当化自己的犯罪行为。

《欧洲委员会关于极端化和暴力极端主义监狱和缓刑服务指导手册》对暴力极端主义罪犯不同于普通罪犯的特点进行了概括:(1)暴力极端主义罪犯在个人需求、动机、政治和意识形态观点、价值观、态度、个人特征和暴力极端史等方面与普通罪犯具有明显差异。(2)暴力极端主义罪犯构成复杂,其年龄、性别、教育成就、教养、心理健康、国籍、种族和个人背景等方面的特征呈现淡化趋势。许多暴力极端主义罪犯与“正常”人并没有什么不同,只是致力于一种具体的意识形态,并愿意使用非法暴力来实现其目标。暴力极端主义罪犯在心理健康方面似乎也是健全的,尽管也有一些暴力极端主义罪犯和极端化的罪犯在心理健康上存在脆弱性。暴力极端主义罪犯中既有年轻人,也有老年人,还有青少年。过去暴力极端主义罪犯主要为男性,但越来越多的妇女正被卷入暴力极端主义罪行。许多暴力极端主义罪犯来自稳定的完整家庭,但也有的不是。在受教育方面,暴力极端主义罪犯中既有受过高等教育的专业人士,如医生和工程师,也有受教育程度低或者辍学的人。有的暴力极端主义罪犯是领导者,有的则是追随者,甚至是犯罪机会主义者。[1]

从上述概括来看,暴力极端主义罪犯与普通罪犯的最主要的区别在于个人需求、动机、政治和意识形态观点、价值观、态度、个人特征和暴力极端史等方面。

从实践来看,除了与“普通”罪犯相比具有不同的特征外,暴力极端主义

---

〔1〕 参见 Christopher Dean, Elaine Pressman: Council of Europe Handbook for Prison and Probation Services Regarding Radicalisation and Violent Extremism, 1 December 2016。

罪犯自身之间也不具有同质性。如前文所述,尽管相关犯罪背后的意识形态都是暴力极端主义,都主张通过暴力或者暴力威胁来实现其目标,但是各自的动机并不完全相同。“保护公众免受恐怖分子侵害的要求不同于典型的犯罪分子。这种差异不仅在于威胁程度,还在于推动行为者的动机”[1]。

首先,从大的动机类型来说,暴力极端主义罪犯不是一个同质化群体。“暴力极端主义罪犯不是一个同质化的群体,国家必须管理由各种原因驱动的暴力极端主义罪犯。有些暴力极端主义罪犯是出于宗教需要,有些则是受民族主义(例如,建立一个独立国家的愿望)或推翻现政府的决心所驱使。少数人认为暴力极端主义是促进某一特定事业的一种手段,比如保护动物权利或防止堕胎。暴力极端主义也可以由团体或个人针对特定种族、民族或宗教团体的人或具有特定性取向的人”[2]。联合国《暴力极端主义罪犯管理与狱内极端化暴力预防手册》根据动机的不同将暴力极端主义划分为思想暴力、问题暴力、民族主义和分裂主义暴力三种类型。思想暴力主要包括:政治意识形态暴力,如民族主义、新纳粹集团、白人至上或仇恨倡导使用暴力的团体;对宗教意识形态的极端解读和倡导使用暴力的信仰;暴力的左翼、无政府主义者和右翼的意识形态。问题暴力,具体又分为:暴力动物解放和动物权利运动、环境或生态环境暴力极端主义或反政府、反全球化或反资本主义而倡导使用暴力的运动。民族主义和分裂主义暴力,主要指基于种族、文化、地理或社会的暴力政治或独立斗争。

其次,同一个暴力极端主义犯罪中参与人的动机也不相同。有的罪犯完全出于所追求的意识形态目标和政治动机,而有一些罪犯则是犯罪机会

---

[1] Dugas, M., & Kruglanski, A. W. (2014). The Quest for Significance Model of Radicalization: Implications for the Management of Terrorist Offenders, in *Behavioral Sciences and the Law*, Vol. 32, pp. 423 – 439.

[2] Shane Bryans, Radicalisation and de-radicalisation in prison-what should we do with violent extremist offenders? 25th June 2014, https://www.penalreform.org/blog/radicalisation-deradicalisation-prison-violent-extremist-offenders/.

主义者,加入暴力极端主义组织是为了某种自我利益;还有的罪犯可能是为了更积极地寻求生活中的意义而主动参与,而有的罪犯是被别人强迫参与,可能需要社会归属。加拿大矫正局在2014年对其在押的恐怖主义罪犯的动机与需求进行了调查,发现极端化的罪犯中有30%的行为是纯粹出于意识形态动机,17%的犯罪动机纯粹是非意识形态驱动,而53%的犯罪者既具有意识形态动机又具有普通犯罪动机。最常见的意识形态动机包括对政治变革的渴望和对群体不满的回应。非意识形态动机最常被识别为对物质收益的渴望和对友谊的渴望。那些犯下更严重行为的极端主义罪犯和那些被视为该团体领导人的人经常被认定具有纯粹的思想动机。[1]

最后,从犯罪行为的实施方式和在犯罪中承担的任务角色来看,也具有不同质性。一些犯罪分子可能是孤独的行为者,而其他犯罪分子可能是极端主义团体的成员。有些犯罪分子可能有以往培训和参与暴力极端主义行为的历史,而其他犯罪分子可能因为计划在国内外采取一些暴力行动而被逮捕,没有任何从事暴力行为的经验或能力。一些暴力极端主义罪犯是有魅力的领导人,是极端主义的代理者,其他犯罪分子则是追随者,可能是容易受到极端化蛊惑的人群。有些罪犯是招募者,而其他罪犯则容易受到这种招募活动影响的人。一些暴力极端罪犯有前科,其他犯罪分子则没有。

我国学者也根据有关法院和公安机构发布的信息资料,梳理了恐怖势力的几大构成特点:在恐怖活动中充分利用互联网,女性犯罪人员增多,年龄结构上呈低龄化特点,文化素质普遍较低。有的学者将涉恐罪犯的特点归纳为三大特征:涉恐犯罪人受教育水平较低、年轻化趋势明显,女性比例逐渐增多;人身危险性大,矫正风险较高;具有较强的宗教极端主义倾向。[2]

---

〔1〕 参见 Examining the Needs and Motivations of Canada's Federally Incarcerated Radicalized Offenders. Research at a glance, May 2014 | Number R - 344, https://www.csc-scc.gc.ca/005/008/092/005008 - r344 - eng.pdf。

〔2〕 参见马珊珊,姜明:《创新涉恐犯罪人员矫正方式初探》,载《学习与探索》2017年第4期。

还有的人通过案例分析得出了暴恐罪犯四方面的特征:从年龄上看,呈年轻化、低龄化趋势,暴力恐怖分子的年龄主要在18—25岁这一年龄段;从文化层次上看,呈现两极分化的局面,多数涉案人员是小学、初中文化。但是,也有一些涉案人员生活富裕、文化层次较高,他们的行为方式更加隐蔽,多数充当暴力恐怖活动的策划者、组织者、指挥者;从性别结构上看,女性犯罪者增多;从犯罪主体的社会关系结构来看,有家族化倾向。

四、暴力极端主义罪犯给监狱带来的挑战

由于数字敏感性,目前无法给出世界各地关押暴力极端主义罪犯的确切数字。但是,全球因暴力极端主义或恐怖主义罪行被定罪的人并不在少数,一些国家的监狱中关押的暴力极端主义罪犯还在不断上升。鉴于目前监狱中关押的暴力极端主义罪犯数量,监狱系统在应对暴力极端主义方面具有重要作用。一方面监狱连接着不同的应对暴力极端主义策略,比如压制性的惩罚与控制策略,以及预防性的去极端化和脱离接触策略。因此,毫无疑问,监狱在应对暴力极端主义方面具有重要作用,这一作用也日益得到联合国和整个国际社会的承认。《联合国和平行动中的监狱支持》文件明确指出,“功能性的矫正系统也是努力解决‘新的’全球威胁,例如暴力极端主义和跨国有组织犯罪的先决条件”[1]。《防止暴力极端主义行动计划》第50条(f)建议会员国“改革国家法律框架和监狱制度,保障囚犯、人员和设施的安全,根据人权和法治制定程序,防止在监狱中走向激进化”。

但是,数字不断上升的暴力极端主义罪犯,由于不同的动机、不同的年龄结构、不同的性别,加上其与普通罪犯不同的特点,给监狱的管理与改造工作带来了诸多额外的挑战。监狱系统面临着平衡复杂且相互竞争的目

〔1〕 Prison Support in United Nations Peace Operations (2015), United Nations Department of Peacekeeping Operations, Department of Field Support, Ref. 2015. 11.

标，识别障碍与机会，制定创造性、现实性与目标导向干预措施的挑战。“管理监狱中的暴力极端主义罪犯给所有监狱系统的核心功能带来额外的挑战：维持安全和秩序；确保体面和公平的待遇；并提供改造机会。……管理不善的监狱创造了物质和意识形态的空间；极端主义的招募者可以在其中自由活动；同时会强化暴力极端主义罪犯认为他们受到国家不公平对待的观点”[1]。

根据欧洲“极端化意识网络监狱和缓刑工作组”的观点，由于存在招募其他囚犯、支持监狱中的极端主义团体、获得监狱外极端组织的支持、准备释放后实施暴力极端主义或意识形态的非法行为、对其他囚犯或工作人员的敌意、由于与入狱有关的不满、沮丧、愤怒而变得更加极端化等风险，监狱环境极易成为极端化潜在的滋生地。[2]

极端化和政治暴力研究国际中心（ICSR）的一份关于15个国家监狱极端化与去极端化的研究报告指出，监狱管理和改造暴力极端主义罪犯面临的最大挑战在于这些罪犯并不认为自己是罪犯，他们中的许多人不会选择平静地服刑，而是把服刑时间当成一个继续“斗争”的机会，进而采取从消极抵制监狱当局到把监狱变成一个支持更广泛的运动的“战场”等行为，典型的表现有：

(1)拒绝与监狱当局合作。有政治动机的暴力极端主义罪犯认为，他们是因为思想信仰而不是犯罪行为被监禁，因此对其监禁是不合法的。在这种情况下，他们会选择不与监狱工作人员合作，甚至试图在监狱建立起自己的组织架构。

(2)发展暴恐运动的战略思想。由于无法参与实际的暴恐行动，被监禁

[1] Shane Bryans, Radicalisation and de-radicalisation in prison-what should we do with violent extremist offenders? 25th June 2014, https://www.penalreform.org/blog/radicalisation-deradicalisation-prison-violent-extremist-offenders/.

[2] 参见 Radicalisation Awareness Network, Dealing with radicalisation in a prison and probation context. RAN P&P practitioners working paper. p. 1。

的恐怖主义罪犯可能会利用待在监狱里的时间来帮助发展暴恐运动的战略思想。比如,从格里·亚当斯的布朗尼专栏到穆罕默德·阿尔·马克迪西的"圣战"战争理论,武装或恐怖主义运动史上最有影响力的一些小册子和理论文章都是作者在监狱服刑期间撰写的。

(3)动员支持者。暴力极端主义罪犯可能会将监狱视作一个继续与国家对抗的环境,特别是当监狱受到歧视、虐待和酷刑的指控并导致消极的媒体报道时,暴力极端主义罪犯会采取一些抗议,甚至绝食等对抗行为。[1]

(4)参与暴恐活动。暴力极端主义罪犯会认为他们有义务为暴恐活动作出贡献。最明显的方法是试图逃离监狱,重新加入暴恐组织。如果这不可能,他们可能会参加构建暴恐运动的战略思想和规划,或发出业务指导或授权。

此外,在监狱内极端化其他罪犯,组建帮派团体以及招募新成员,在监狱内学习新技能或者发展人际关系以便在释放后加以利用等,也是暴力极端主义罪犯在监狱中经常会出现的行为。

联合国有关报告也指出,对暴力极端主义囚犯的管理给监狱当局提出了挑战。暴力极端主义罪犯在监狱可能出现 4 种影响监狱的安全和秩序的活动:一是形成团体和组织的出现;二是使用消极或非暴力抵抗;三是以暴力手段积极抵制监狱当局;四是通过暴力威胁对监狱工作人员家属或其他囚犯进行恐吓。此外,一些暴力极端主义团体可能会主动寻求从一般监狱人口中招募新成员。安全部门缉获的暴力极端主义文件表明,暴力极端主义团体试图通过精心制定的做法,在监狱内部建立组织网络。一些暴力极端主义团体提供了关于如何在监狱中行动和组织的培训手册,并推荐了一种与暴力极端主义单元结构极为相似的结构。还有一些证据显示,暴力极

---

〔1〕 参见 Neumann, P. (2010). Prisons and Terrorism: Radicalisation and Deradicalisation in 15 Countries. London: International Centre for the Study of Radicalisation and Political Violence (ICSR), ICSR 2010, p. 15。

端主义监狱利用民族语言和文字作为代码，以及使用古代文字作为右翼极端主义团体的法典以秘密交流和走私暴力极端主义的材料。[1]

根据欧洲的一项调查，一些监狱内发生了恐怖袭击，自 2015 年以来，在接受调查的 10 个欧洲国家中，已知发生了 6 起此类事件。袭击通常以监狱官员为目标，而且大多数都是由有暴力前科的囚犯实施的。在同一时期内，发生了 22 起与监狱有关的阴谋：例如，在囚犯获释后发动袭击；密谋犯罪的人在监狱里碰头；企图强迫当局释放囚犯。其中约 12 起阴谋涉及才从监狱释放的“圣战”分子。监狱招募仍然是个问题。和“传统”的监狱团伙一样，极端分子把目标对准那些脆弱的囚犯，比如那些孤立的或刚入狱的人。目标定位通常涉及提供物质利益和“保护”。[2]

我国相关监狱也面临着暴力极端主义罪犯带来的管理问题。正如有的人指出，涉恐罪犯使得传统犯罪矫正模式面临挑战，监禁矫正面临着普通监禁矫正难以发挥作用、现有的监禁设施不足以最大化地实现犯罪人的监禁效能、矫正队伍建设需要更高的专业要求、需要进行更加科学的制度设计 4 个方面的问题。[3]

总之，暴力极端主义罪犯对监狱干警的素质能力、监狱设施、戒备等级、管理制度、教育改造制度等都提出了特殊的挑战，需要采取措施，积极应对。

---

〔1〕 参见 United Nations Office On Drugs And Crime, Handbook on the Management of Violent Extremist Prisoners and the Prevention of Radicalization to Violence in Prisons, New York, 2016, pp. 22 – 23。

〔2〕 参见 Rajan Basra and Peter R. Neumann, Prisons and Terrorism: Extremist Offender Management in 10 European Countries, ICSR 2020, https://icsr.info/wp-content/uploads/2020/07/ICSR-Report-Prisons-and-Terrorism-Extremist-Offender-Management-in-10-European-Countries_V2.pdf, pp. i – ii。

〔3〕 参见马珊珊，姜明：《创新涉恐犯罪人矫正方式初探》，载《学习与探索》2017 年第 4 期。

第三章　暴力极端主义犯罪成因及其形成过程的理论研究

暴力极端主义是暴力极端主义犯罪的思想基础和根本原因,暴力极端主义犯罪是暴力极端主义支配下的犯罪行为。那么暴力极端主义是如何形成的,什么原因导致了暴力极端主义的形成?这方面的研究对于准确打击和预防暴力极端主义犯罪、对相关罪犯开展有效的去极端化工作和针对性干预具有重要意义。各国学者对暴力极端主义成因及其形成过程进行了深入的研究,形成了不同的主张。

一、暴力极端主义的成因

(一)多因素论

瑞典国防大学教授马格努斯·兰斯托普(Magnus Ranstorp)在分析了相关研究后,得出了暴力极端主义是多种因素造成的结果,每个暴力极端主义个体是这些因素不同组合造成的结论。这些因素具体包括个人的社会心理因素、社会因素、政治因素、意识形态和宗教层面因素、文化和身份问题的作用、创伤和其他触发机制，以及团体动力学、极端主义者/培训者、社交媒体的作用三个其他可能导致极端化的因素。这些因素中某些因素的相互作用共同导致了暴力极端主义，[1]其中：(1)社会因素。包括社会排斥、边缘化和歧视(真实的或感知到的)、社会流动机会有限、受教育程度或就业机会有限、位移(displacment)[2]、犯罪行为、缺乏社会凝聚力和自我排斥等。(2)政治因素。主要与西方国家强行推行自己的民主价值政策和对他国内政干涉有直接的关系，这种干涉导致有关民族和国民对西方外交政策和军事干预的不满，而极端组织正是利用这种不满，也创造了一种"他们和我们"明显对立的叙事。(3)意识形态/宗教因素。尤其是极端宗教思想，在暴力极端主义形成的过程中具有重要影响。(4)个人社会心理因素。如疏离和排斥、愤怒与沮丧、不满和强烈的不公正感、屈辱的感觉、非黑即白的二元思维、误解形势的倾向、阴谋论、受害者的感觉、个人的弱点、反文化的元素等。(5)创伤和其他触发机制。包括由患有创伤后应激障碍(PTSD)或其他复杂心理问题的父母带来的心理创伤经历。(6)群体动力学。包括超凡魅力的领导、既有的友谊和亲戚关系、社会化、团体思维、自我孤立、两极分化的行为和反文化因素。(7)极端分子/培训者，包括仇恨的布道者和那些利用弱点和不满情绪并通过说服、压力和操纵将新成员引入暴力极端主义的人。(8)社交媒体。互联网和新媒体在极端主义的传播方面发挥了重要作用，它们为极端主义思想交流、虚拟参与极端主义行动提供了空间。[3] 互联网"触及了否则无法触及的个人"，它加速了极端化的进程，增加了自我极端化的机会。[4]

---

〔1〕 参见 Magnus Ranstorp, The Root Causes of Violent Extremism, RAN ISSUE PAPER, pp. 3 – 4, 04/01/2016。

〔2〕 在心理学上，位移是一种防御机制，在这种机制中，一个人将情绪反应从合法接受者转移到另一个人或物体上。位移通常包括转移愤怒或攻击，但也可能包括其他感觉和冲动。

〔3〕 参见 Charlie Edwards & Luke Gribbon (2013), Pathways to Violent Extremism in the Digital Era, *The RUSI Journal*, 158:5, pp. 40 – 47。

〔4〕 参见 Ines von Behr, Anaïs Reding, Charlie Edwards, Luke Gribbon, Radicalisation in the digital era: The use of the internet in 15 cases of terrorism and extremism, RAND Corporation 2013. p. 24。

当然,也有人认为,社交媒体只是一种技术层面的,其为暴力极端主义创造了条件,但并不是暴力极端主义形成的主要原因。以上这些因素中既有宏观、中观层面,也有微观层面。宏观层面与社会结构有关,除3个其他因素外,还包括人口变化、政治、经济和文化变化、教育程度和劳动力市场参与。这些背景因素通常也被认为是犯罪和越轨行为的前提条件。中观层面主要是指影响较小的社区或身份群体的社会/文化因素。微观层面的因素既有社会因素,也有个人因素。社会因素是指个体如何与同伴互动以及如何影响他人。个体因素与影响个体如何解释和应对个人环境的经历有关。

英国学者安吉拉·麦基洛韦(Angela McGilloway)、普利约·戈什(Priyo Ghosh)、卡马尔代普·布伊(Kamaldeep Bhui)等研究了发生在西方社会的极端化和极端主义的相关途径,也证实了暴力极端主义的形成是多因素共同促成的结果。他们审查了包括来自各个学科的同行评审期刊上发表的17项原始定性或定量原始研究,结果发现"在极端化和暴力极端主义中,没有单一的原因或途径"。个人可能会表现出易受极端化影响的脆弱性,但是,唯一的共同特征是恐怖分子通常是完全融合的"正常"人。这些因素在暴力极端主义形成过程中发挥着不同的作用。根据这些因素在极端化过程中发挥的作用,具体可以划分为诱发因素、促成因素和维持因素。诱发因素,诸如身份、社会动因(比如过度拥挤、暴力、缺乏融合、缺乏机会与机遇、剥夺与歧视感、贫穷)、个人因素、心理健康和个性(比如存在心理健康问题、低自尊)等为极端化铺平了道路。促成因素,包括关键的初次接触(比如个人经历离婚和亲人死亡等负性事件后容易受到其他人的诱惑而参加极端主义活动,或者受到家人和朋友的影响而参与极端主义活动)、个人经历(比如因为其身份、种族、信仰而在生活、工作、教育等方面受到歧视性待遇)、媒体和政府的影响(政府和媒体对暴力极端主义与宗教身份之间的关系的不正确描述)以及不满(对西方国家的外交政策的不满,比如美国对中东的政策)都是促使那些人倾向于采取下一步行动的因素。维持因素包括有关宗教的解释和意识形态(对宗教缺乏正确的理解)、群体特质(监狱帮派成员因为其文化特质而加入极端主义团体)、极端分子的说服方法(Methods of persuasion)是维持极端主义长期存在的因素。[1]

(二)推动因素(Push Factors)与拉动因素(Pull Factors)论

有的研究者和有关机构认为在暴力极端主义形成的过程中,有两类因素发挥作用:一类是推动因素,一类是拉动因素。所谓"推动因素",即有利于暴力极端主义的条件和产生暴力极端主义的体制原因;"拉动因素",即个人的动机和过程,它们在把思想和抱怨变成暴力极端主义行动的过程中发挥重要作用。[2] 换句话说,推动因素是指驱使人们诉诸暴力恐怖主义的结构性根源,而拉动因素是使极端主义团体和生活方式吸引某些人的某些方面,包括意识形态、团体归属、团体机制和其他激励因素,是一种个人追求。推动因素包括:社会、政治和经济上的不满、不公正和歧视感,个人危机和不幸、挫折、异化,对暴力的迷恋,寻找生命意义的答案,身份危机,社会排斥、边缘化,两极分化等。其中最常出现的一个推动因素是一个社会群体的相对剥夺感,这也被界定为不公正、不平等、边缘化、不满、社会排斥、挫折、受害、污名化。[3] 拉动因素包括一种对某个事业、意识形态或社会网络的归属感,权力和控制、忠诚和承诺感,刺激和冒险的感觉,意识形态和事业的浪漫

---

〔1〕 参见 McGilloway, A., Ghosh, P., & Bhui, K. (2015). A systematic review of pathways to and processes associated with radicalization and extremism amongst Muslims in Western societies, *International Review of Psychiatry*, 27(1), pp. 39 – 50。

〔2〕 参见联合国大会第七十届会议秘书长报告:《防止暴力极端主义行动计划》(A/70/674),第23段。

〔3〕 参见 Matteo Vergani, Muhammad Iqbal, Ekin Ilbahar, Greg Barton, "The 3 Ps of radicalisation: push, pull and personal: A systematic scoping review of the scientific evidence about radicalisation into violent extremism", Studies in Conflict and Terrorism 43 (10), July 2018, DOI: 10.1080/1057610X.2018.1505686, https://www.researchgate.net/publication/326585283。

主义观点,英雄主义,个人救赎等。[1]

联合国《防止暴力极端主义行动计划》根据一些研究,将暴力极端主义的促成因素概括为两大类:一类是"推出因素",即有利于暴力极端主义的条件和出现暴力极端主义的体制原因;一类是"拉入因素",即个人的动机和过程,因为它们在把思想和抱怨变成暴力极端主义行动的过程中起重要作用。其中"推出因素",即有利于暴力极端主义的条件和暴力极端主义的体制原因,包括缺乏社会经济机遇,边缘化和歧视,治理不力、侵犯人权和破坏法治,未获解决的长期冲突,在监狱中走向极端化五个方面的因素。[2] 这些"推出因素"是暴力极端主义形成的五个主要驱动因素。[3] "拉入因素",即个人背景和极端化的过程。虽然许多人都有可能置身有利于暴力极端主义的条件,但只有很少的人真正走向极端化和信奉暴力。这是由于人的各种复杂动机和人的能动性在利用这些条件和把思想与怨恨变成暴力行动的过程中起关键作用。这些"拉入因素"具体包括:个人的背景和动机,集体怨恨和受害,歪曲和滥用信仰、政治思想体系和族裔与文化差异,有魅力的领导人和社会网络。具体如下:(1)个人背景和动机。如个人一些不好的经历,这些经历与暴力极端主义思想的宣传产生共鸣,就会增加他接受暴力极端主义的可能性。还有一些人因为教育程度低,几乎没有宗教知识或受过宗教教育,因此很容易接受灌输。在参加暴力极端主义团体前,他们很可能已有劣迹和参加过非法活动。参加团体也让他们有从属感,或者从疏远、孤立或道德缺失中解脱出来;(2)集体怨恨和受害。一些国家遗留下来的一些历史问题或造成的集体民怨可能让人们相信遭受伤害的宣传。这些宣传可以

---

〔1〕 参见 Magnus Ranstorp, The Root Causes of Violent Extremism, RAN ISSUE PAPER, 04/01/2016, Petter Nesser, Islamist Terrorism in Europe (Hurst, 2016). p. 1。

〔2〕 参见联合国第七十届会议秘书长报告:《防止暴力极端主义行动计划》(A/70/674), 第 23、25—31 段。

〔3〕 参见 Drivers of violen textremism, https://www. unodc. org/e4j/en/terrorism/module - 2/key-issues/drivers-of-violent-extremism. html。

在感情上引起单纯和强烈反应,并可能被暴力极端主义分子利用。(3)歪曲和滥用信仰、政治思想体系和族裔与文化差异。暴力极端主义团体随意歪曲和利用宗教信仰、族裔差异和政治思想体系,以便为它们的行动提供正当理由,对领土提出主张,招募追随者。它们通过歪曲和滥用宗教来分化国家、文化和人民,破坏人性。(4)领导人和社会网络。虽然背景因素、个人经历和集体怨恨都可以促成暴力极端主义的产生,但还必须有一个为这些因素提供某种组织形式和方向的社会背景。这通常是通过一个有魅力的领导人和通过非正式的家庭和社会网络来实现的。除非已经认识暴力极端主义组织的成员,否则是很难加入有关组织的,这是因为他们的活动常常不让外人参加,是秘密进行的。但是,网上工具近年来已成为参加团体的另外一个更便于使用的途径。[1]

(三)3P论[2]

3P论认为,在暴力极端主义形成的过程中,推动因素(Push factors)、拉动因素(Pull factors)与个人因素(Personal factors)共同发挥了重要作用。

2018年澳大利亚迪肯大学马特奥·维加尼(Matteo Vergani)等对2001年至2015年间发表的有关暴力极端化因素研究的文献进行了系统审查,并将导致极端化的因素划分为推动因素、拉入因素和个人因素3个方面进行统计分析。结果显示,在85篇关于推动因素研究的文献中,最常出现的推动因素是对一个社会群体的相对剥夺感,这也被界定为不公正、不平等、边缘化、不满、社会排斥、挫折、受害、污名化等术语。关于"圣战分子"极端化,许多文章提到推动因素是西方国家在穆斯林占多数的国家实行侵略性外交政策引起的越来越多的挫败感和不公正感,例如,全球反恐战争、阿富汗战争、西

〔1〕 参见联合国第七十届会议秘书长报告:《防止暴力极端主义行动计划》(A/70/674),第32—37段。

〔2〕 3P是指Push、Pull、Personal三个英文单词的首字母。

方人对乌玛的攻击、穆斯林占多数的西方殖民地国家,以及更普遍的是对西方在世界政治中的统治地位的看法。在有关非洲极端化的研究中,提到贫穷和腐败是极端主义的推动因素;失业率也是最常被提及的极端化的推动因素之一;教育水平和类型是另一个与推动因素有关的变量,通常被认为是极端的预测因素。[1]

而在讨论拉动因素的116篇文章中,出现最多的是极端主义的宣传。其中大约有2/3(66.9%)的文章提到了这种特殊的拉动因素是极端化的原因。在文献中,极端主义宣传是在群体层面上进行的,也有文化和神话层面上的,在个人层面上主要是关于个人信仰和观点的宣传。被引用第二多的拉动因素是群体动力学,超过1/3(36.5%)的文章中出现了这一因素。与暴力极端主义演变有关的群体动力表现为同龄人的压力、与志同道合的人形成牢固的联系、满足归属感和身份需求以及个人对群体的完全认同、家庭和亲属关系的影响。有魅力的领导者和招募者也是一个重要的拉动因素,他们在暴力极端主义分子的极端化道路上激励、有时甚至指导他们,与新招募者建立起一种特殊的关系。极端化的其他拉动因素与物质和情感奖励有关。物质奖励是金钱奖励,这一因素主要出现在关注非洲"圣战分子"极端化的文献中。在加拿大和俄罗斯右翼极端主义的背景下,也提到了物质奖励(特别是与犯罪活动有关的奖励)。情感激励与冒险和兴奋欲望的实现也是相关因素,在对西方国家、俄罗斯和哥伦比亚的极端组织进行"圣战"的研究中发现了这种激励。在对极端分子的宣传,特别是视听材料和领导人的讲话

[1] Matteo Vergani, Muhammad Iqbal, Ekin Ilbahar, Greg Barton, The 3 Ps of radicalisation: push, pull and personal. A systematic scoping review of the scientific evidence about radicalisation into violent extremism, Studies in Conflict and Terrorism 43(10), July 2018, DOI:10.1080/1057610X.2018.1505686, https://www.researchgate.net/publication/326585283.

进行分析的研究中，还发现了情绪触发因素。[1]

极端化的个人因素出现在约2/5(39.2%)的文章中。个人因素的第一类也是最重要的一类因素是个人的心理健康因素，这在“独狼”式的恐怖主义案中表现为心理障碍、精神疾病、精神障碍。在西方国家认知和行为极端化的案例中(不一定是“独狼”)，主要的心理问题被描述为抑郁、低自尊、个人疏远、孤立、无朋友、孤独和格格不入。这些心理状态通常与个人危机、认知开放以及随之而来的意义探索联系在一起，而后这些都以极端主义的世界观来满足。另一类个人因素涉及参与暴力极端主义的个人的人格特征和认知结构，他们被发现有自恋人格、对歧义的低容忍度、个人不确定性较高、二元思维类型、冲动性。此外，人们还发现，暴力极端主义罪犯中普遍存在某些人口特征：极端分子往往是年轻人、男性；白人、过往的经历，如有犯罪记录的犯罪行为、滥用药物、军事经验和对武器的了解，都与暴力极端主义有关，特别是对极右分子和“独狼”罪犯而言。[2] 个人因素更常被用来解释认知极端化，而不是与推动和拉动因素相关的行为极端化。当存在严重的心理障碍时，个人因素似乎也是解释行为极端化的唯一因素。

(四)动机失衡理论(Motivational Imbalance)

马里兰大学教授阿里·克鲁格斯基(Arie W. Kruglanski)认为，任何行为，包括其极端形式，都源于两个一般因素的作用：动机和能力。动机是行为的内在决定因素。它包含在适当情况下转化为目标的价值和期望因素，

---

[1] 参见Matteo Vergani, Muhammad Iqbal, Ekin Ilbahar, Greg Barton, The 3 Ps of radicalisation: push, pull and personal. A systematic scoping review of the scientific evidence about radicalisation into violent extremism, Studies in Conflict and Terrorism43 (10), July 2018, DOI: 10. 1080/1057610X. 2018. 1505686, https://www. researchgate. net/publication/326585283。

[2] 参见Matteo Vergani, Muhammad Iqbal, Ekin Ilbahar, Greg Barton, The 3 Ps of radicalisation: push, pull and personal. A systematic scoping review of the scientific evidence about radicalisation into violent extremism, Studies in Conflict and Terrorism43 (10), July 2018, DOI: 10. 1080/1057610X. 2018. 1505686, https://www. researchgate. net/publication/326585283。

促使人们选择实现目标的行为方式。能力是行为的外在决定因素。它表达了个人对相关行为的实际控制程度。[1] 个人极端化是追求意义(The Quest for Significance)的动机带来的结果。这种追求代表了人类对事物的基本需求——成为某人、在他人眼中被尊重、取得成就、获得价值感或自尊。[2] 作者认为,人类有一系列基本需求,其中一些是生物需求(如营养、水合作用),另一些是心理需求(如自主性、相关性、重要性),满足这些需求对于持久的幸福状态至关重要。因此,人们通常努力满足他们所有的基本需求。当所有的基本需求都满足后,一种动机平衡的状态就开始了,它促进了自身的节制。在这种节制中,需求限制了个人的行为选择,他们往往停留在这些限制的行为范围内。通过这种方式,激励的动力在个人层面转化为社会模式。在这种社会模式中,大多数人(“主流”)表现出温和,少数人(“边缘”)表现出极端。然而,动机的平衡偶尔也会被打破。当一个人的某一需求占主导地位,排挤掉其他基本需求时,就会产生不平衡状态。在这种不平衡下,由于减少的需求放松了对行为的约束。因此,以前被禁止的行为被用于服务当前的主导需求,同时破坏其他需求的行为是被允许的,并且常常被实施。因为人们通常会努力满足他们所有的基本需求,当一种主要需求把基本需求挤出去时,牺牲一些需求通常是难以承受的,因此,个体倾向于避免动机失衡而采取相关的极端行为。[3] 也就是说,当个人某一需求超过了其基本需求,打破了这种动机平衡,就导致了极端主义的出现。但对于大多数人来

---

〔1〕 参见 Arie W. Kruglanski, Marina Chernikova and Michelle Dugas, Katarzyna Jasko, David Webber, To the Fringe and Back: Violent Extremism and the Psychology of Deviance, *American Psychologist*, 2017, Vol. 72, No. 3, p. 218。

〔2〕 参见 Arie W. Kruglanski, Mr. David Webber, College Par k, The Psychology of Radicalization, https://zis-online. com/dat/artikel/2014_9_843. pdf. p. 380。

〔3〕 参见 Arie W. Kruglanski, Ewa Szumowska, Catalina H. Kopetz, Robert J. Vallerand, Antonio Pierro, On the Psychology of Extremism: How Motivational Imbalance Breeds Intemperance, https://artisinternational. org/wp-content/uploads/2020/09/Arie-Extremism-PsychReview - 20 - 1. pdf, p. 6。

说,要成为一个极端分子,必须有一些事情发生,以触发动机的不平衡,导致越轨行为。动机不平衡的程度决定了一个人可能准备去做的极端主义行为的极端程度。从这个意义上说,它为潜在的极端主义设定了一个上限。相反,能力决定了一个人是否能够达到极端主义连续体中的最高点。缺乏这种能力,人们可能需要诉诸他们有能力做得不那么极端的活动。[1] 因此,极端主义是动机不平衡的结果,即某一特定需求支配其他需求的程度。[2]

动机失衡表现在各种各样的"极端主义"中,包括恐怖主义中的暴力类型,但也有可能导致跟踪的极端迷恋,导致饮食失调的极端节食,以及带来巨大身体风险的极限运动。当需求失衡发生时,会影响个体的认知、情感和行为。[3]

(五)3N 论

有关暴力极端主义成因的最新研究认为,需求(Need)、叙事(Narrative)和社交网络(Networks)是促成个人极端化的三大支柱因素,即3N(取3个英文单词的首字母)理论。[4] 第一个 N 是指需求(Need),这与个人感到有价值或意义感的驱动需求有关。通常,这是个人对尊重、物质以及对被认为是重要的实质人物的渴望。个人寻求意义感的过程通常始于个人的失去,比如对自己社会身份的羞辱或某种侮辱,或者一个人的社会群体被不尊重/贬

---

〔1〕 参见 Arie W. Kruglanski, Marina Chernikova and Michelle Dugas, Katarzyna Jasko, David Webber, To the Fringe and Back: Violent Extremism and the Psychology of Deviance, *American Psychologist*, 2017, Vol. 72, No. 3, pp. 217 – 230。

〔2〕 参见 Arie W. Kruglanski, Marina Chernikova and Michelle Dugas, Katarzyna Jasko, David Webber, To the Fringe and Back: Violent Extremism and the Psychology of Deviance, *American Psychologist*, 2017, Vol. 72, No. 3, p. 218。

〔3〕 参见 Arie W. Kruglanski, Ewa Szumowska, Catalina H. Kopetz, Robert J. Vallerand, Antonio Pierro, On the Psychology of Extremism: How Motivational Imbalance Breeds Intemperance, https://artisinternational.org/wp-content/uploads/2020/09/Arie-Extremism-PsychReview - 20 - 1.pdf, pp. 6 – 7。

〔4〕 参见 Arie Kruglanski, Jocelyn Bélanger and Rohan Gunaratna, The three pillars of radicaliation: Needs, Narratives, and Networks, Oxford, UK: Oxford University Press, 2019. p. 258。

低(例如,对某些宗教信仰的恐惧症,仇外症)。此外,仅仅是失去意义感的威胁可能就足以促使一些人采取旨在防止这种损失的行为。诱惑也可能是在群体中获得重要性或地位的机会。作者认为,正是这种重要性的丧失,或失去重要性的威胁促成了极端化。虽然这种重大损失可能是直接行动的结果,例如,竞争群体之间的暴力冲突,但它也可能是更广泛的社会、经济或政治条件导致个人地位下降的结果。第二个 N 是指叙事(Narrative),涉及暴力极端主义组织所发展的意识形态思想的呈现,该组织主张将暴力作为其成员获得重要性的最合适手段。极端组织运用特定的叙事方式来阐述他们共同持有的信仰或意识形态的唯一正当性,要求成员通过暴力行动来维护其意识形态和免受敌人的伤害。因此,暴力被极端组织成员视为一种必要的工具,是一种维护自身利益的正当化手段。该理论认为,为暴力辩护的叙事方式有两个有价值的功能:一是强调该群体已经受到了不得不忍受的羞辱;二是在暴力和意义之间建立一种至关重要的联系,暗示为群体参与暴力活动会提升成员在群体中的地位。第三个 N 是指社交网络(Networks),与暴力极端主义组织的社会网络有关。研究表明,社交网络在促进许多社会现象方面发挥了重要作用——从枪支和帮派暴力,到警察的渎职行为,再到鼓励暴力极端主义。社交网络有助于传播群体的叙事故事,并助长个人寻求自身意义的需求。在个人的社交网络中,鼓励暴力极端主义的纽带可能是亲属或朋友。然而,在数字技术(如互联网、社交媒体平台等)下,脆弱的联系可能延伸到有魅力的影响者身上,这些影响者能够吸引那些愿意接受其宣传的个人。3N 理论主张,任何特定个体与 3N 之间的关系都会存在差异。通常,参与暴力极端主义的个人可能会更积极地寻求意义,更容易被群体的叙述所左右,或者更容易受到暴力极端主义社交网络和有魅力的领导人的影响。那些更相信极端组织叙事的人也更有可能变得极端化,他们将暴力视为一种道德上合理的工具,其不仅可以用来实现个人意义,还可以用来纠正组织的各种不满。[1]

从以上研究结论来看，尽管研究角度不同，但是有一个共同点，那就是明确了没有单一的因素可以形成暴力极端主义，社会、政治、经济、个人心理因素都是促成暴力极端主义形成的重要因素，暴力极端主义是多种因素共同作用的结果。其中许多因素在全球具有共性，部分因素具有地理特征。绝大多数推动因素和拉动因素是跨不同地理区域的，只有少数指标有地区差异。比如劣势指标（包括不平等、排斥、贫困、失业、受教育机会以及不公正、边缘化、不满和受害的总体来源）在各个地理区域中的比例非常相似。但与其他地理区域相比，西方外交政策在北美、澳大利亚和欧洲的研究中较少引用。在拉动因素中针对北美、澳大利亚和欧洲的研究中较少提及物质拉动（即经济激励）。[2] 因此，我们在分析暴力极端主义罪犯的成因时，既要考虑其国际性特点，又要考虑其地域性特征，要结合本国的实际，从社会、经济、政治、个人等多方面去综合分析与考察，而不是单一的从某一方面去考察。

二、暴力极端主义形成的过程与形成机制

除了研究暴力极端主义的成因外，国外许多学者和专家试图了解和解释极端化的过程，以便找到有效的方法来防止这一过程的发生或使其演变成暴力行为。通过对极端主义罪犯的分析，学者们发展了不同的模型概念。

---

〔1〕 参见 Matthew Valasik, The three pillars of radicaliation: Needs, Narratives, and Networks, March 2020, https://clcjbooks. rutgers. edu/books/the-three-pillars-of-radicalization-needs-narratives-and-networks/。

〔2〕 参见 Matteo Vergani, Muhammad Iqbal, Ekin Ilbahar, Greg Barton, The 3 Ps of radicalisation: push, pull and personal: A systematic scoping review of the scientific evidence about radicalisation into violent extremism, Studies in Conflict and Terrorism43 (10), July 2018, DOI: 10. 1080/1057610X. 2018. 1505686, https://www. researchgate. net/publication/326585283。

(一)四阶段模型(Four-Stage Model of the Terrorist Mindset)

美国南佛罗里达大学心理学教授兰迪·博勒姆(Randy Borum, 2003)在对多个暴力极端主义群体和个人进行分析后,将暴力极端主义群体和个人极端主义意识形态发展的过程划分为四个阶段,以帮助调查人员和情报分析人员评估个人的经历和行为。这个概念模型尝试解释个人的不满和脆弱是如何转化为对目标群体的仇恨,以及仇恨又如何转化为暴力的理由或动力。在这个模型中,个人首先把一些不满意的事件、状况或委屈描述为不公正,然后把这种"不公正"归咎于目标的政策、个人或国家,然后诋毁所谓的责任方——通常被妖魔化(邪恶的),为攻击行为提供借口或者使其正当化。[1] 具体的极端化过程分为四个阶段:第一阶段是不满(Grievance),极端主义的个人或团体发现了一些不合意的事件或情况,这些事件或情况可能是经济(例如,贫穷、失业或者生活条件较差)或社会的(例如,缺乏秩序或道德),个人感知它们不应该是那样的,因此认为是不正确的(it's not right)。第二阶段是不公正(injustice),他们将这种不受欢迎的情况定义为"不公正",因为不受欢迎的情况并不适用于所有人,因此是不公平的(it's not unfair)。例如,警察谈判小组的成员可能会觉得他们的低工资是"不对的"。然而,当他们了解到其他的、也许是技能较低的城市工人赚更多的钱时,他们也认为这种情况"不公平"。对于那些被剥夺权利的人来说,这会加剧怨恨和不公正感。第三阶段是目标归因(Target Attribution)。因为不公正通常是由越轨(transgressive)行为造成的,极端分子认为这应该由一个人或一个团体来负责(这是你的错,it's your fault),并确定一个潜在的目标。例如,美国种族偏见团体经常使用这种策略将愤怒指向少数群体。这些团体的成员

---

〔1〕 参见 Borum, R. (2003). Understanding the terrorist mind-set. FBI Law Enforcement Bulletin, Jul 2003, 72, 7, *Criminal Justice Periodicals*, p. 7. https://www.ojp.gov/pdffiles1/nij/grants/201462.pdf。

寻找家庭贫困的年轻白人男性，然后他们指出少数群体获得经济援助或就业偏好的例子是白人家庭遭受苦难的原因。第四阶段是疏远或者贬低（Distancing/Devaluation）。最后，他们认为对不公正负有责任的个人或团体是“坏人”（you’er evil），毕竟，好人不会故意对他人造成不利条件。这种归因具有三种效果，有助于促进暴力。第一种效果是当攻击目标针对的是“坏”人，尤其是那些故意伤害他人的人时，变得更加合理。第二种效果是极端分子将责任方描述为“邪恶”，对目标进行非人化会进一步助长攻击。第三种效果是那些在他人手中遭受了不利情况的人并不认为自己是“坏的”或“邪恶的”，这进一步确定了责任方个人或团体与受影响的人或群体的不同，从而更容易为侵略辩护。[1]

（二）阶梯模式（Staircase to Terrorism）

美国乔治敦大学心理学系教授法萨利·蒙格哈达姆（Fathali M. Moghaddam）从各种各样的心理建构中，发展出“通往恐怖主义的阶梯”模型（Staircase to Terrorism），解释了个体参与恐怖组织的过程。[2] 这种解释认为，人们参与恐怖组织和实施恐怖主义行为，是一个循序渐进的过程，需要经历六层阶梯，每层的行为都有特定的心理过程。

具体来说，第一层是对物质条件的心理学解释（Ground floor：Psychological interpretations）。绝大多数人处于这一最基础的阶梯。对这些人来说，最重要的是对公正和公平待遇的看法。在这些人中，很多人感受到了深刻的不平等，体验到强烈的挫折感和耻辱感。这种心理上的感受是他

---

〔1〕参见 Borum, R. (2003). Understanding the terrorist mind-set. FBI Law Enforcement Bulletin, Jul 2003, 72, 7, *Criminal Justice Periodicals*, pp. 7 – 8. https://www.ojp.gov/pdffiles1/nij/grants/201462.pdf。

〔2〕参见 Moghaddam, F. (2005). The Staircase to Terrorism. A Psychological Exploration, *American Psychologist*, 60(2), pp. 161 – 169. http://fathalimoghaddam.com/wp-content/uploads/2013/10/1256627851.pdf。

们变为恐怖分子的重要因素。第二层阶梯是对对抗不公平待遇的认知选择(First floor:Perceived options to fight unfair treatment)。个人爬到此层并尝试进入不同的门,以寻求他们认为不公正待遇的解决方案,改善他们的处境。但是,如果他们看不到解决的可能性,觉得自己无法充分影响做出决定的程序,他们就更有可能继续向上"攀爬"。有两个心理因素主要影响他们这一阶段的行为:个人对个人流动性改善其处境的感知可能性和他们对程序正义的看法。第三层阶梯是攻击转移(Second floor:Displacement of aggression)。在这个阶段,个人寻求攻击行为的替代目标,探索行动的不同机会。当一些人产生严重的挫折感,感到愤怒和沮丧时,他们会将愤怒等情绪指向与挫折的产生无关的群体等,对他们进行替代性攻击。而那些更倾向于对敌人进行身体攻击的人会爬到更高的阶梯上。第四层阶梯是道德信奉(Third floor: moral engagement)。在这个阶段,个人会在道德上赞同并且积极参与恐怖组织。处在此层阶梯的人当中,发生的最重要的转变是逐渐与恐怖组织的道德观接触,这些人开始把恐怖主义视为一种正当的战略;而那些更加专注于恐怖组织的道德并不断爬上楼梯的人已经准备好被招募为活跃的恐怖分子。第五层阶梯是绝对思维的固化和对恐怖组织合法性的认知(Fourth floor: Solidification of categorical thinking and the perceived legitimacy of the terrorist organization)。在这个阶段,个人对恐怖组织的深度卷入,会促使个人对恐怖组织产生强烈的认同感,会促使他们产生强烈的"我们—他们"对立思维("us-them" thinking),这种思维会促使个人将恐怖主义正当化。在此阶梯期间,个人会发现自己的选择范围大大缩小了;他们现在是一个受到严格控制的群体的一部分,不能活着离开。第六层阶梯是恐怖主义行为和回避抑制机制(Fifth floor:The terrorist act and sidestepping inhibitory mechanism)。在这个阶段,个人已经准备好进行恐怖行为,特定人员被挑选和训练,以避开可能防止他们伤害和杀害他人和自己的抑制机制,被挑选出来的人被配以装备并派去执行恐怖主义行动。恐怖组织通过将一些类型的目标看作“敌人”的方式,让恐怖分子很容易进行恐怖袭击。被恐怖组织看作“敌人”的目标,往往是平民。[1]

在这个模型中,“阶梯”从一层上升,经过连续的五层后变窄。与大多数流行的模型一样,蒙格哈达姆认为,不满情绪和感知的逆境(感知的剥夺)是走上恐怖主义道路的基础和动力。然而,越来越少的人能达到连续上升的水平,只有相对较少的人能达到从事恐怖主义活动的程度。蒙格哈达姆认为,人们从缓解逆境和改善境况的愿望开始。然而,不成功的尝试会导致挫败感,使人们产生攻击性的感觉,这种感觉会转移到一些感知到的因果因素上(然后这些因果因素被视为敌人)。随着他们对敌人的愤怒与日俱增,一些人越来越同情暴力、极端主义意识形态和恐怖组织。这些同情者中的一些人最终加入了鼓吹或参与恐怖暴力的极端团体、组织或运动。在那些已经加入的人当中,处于“最高”或最后一级的人是那些克服所有行动障碍并真正实施恐怖行动的人。

(三)政治极端化的 12 机制模型

麦考利(McCauley)和莫斯卡连科(Moskalenko)对政治极端化的机制进行了研究,并确定了 12 种极端化的机制模型。根据该模型,极端化被定义为“信仰、情感和行为的变化,这种变化越来越为群体间的暴力行为辩护,并要求为保护内部群体做出牺牲”[2]。该模型认为,极端化可以在个人、群体和

---

〔1〕 参见 Moghaddam, F. (2005). The Staircase to Terrorism. A Psychological Exploration, *American Psychologist*, 60(2), pp. 161 – 166. http://fathalimoghaddam. com/wp-content/uploads/2013/10/1256627851. pdf。

〔2〕 Clark McCauley & Sophia Moskalenko (2008), Mechanisms of Political Radicalization: Pathways Toward Terrorism, *Terrorism and Political Violence*, 20:3, 415 – 433, p. 416. DOI: 10. 1080/09546550802073367.

大众三个不同层面上发生。[1] 在这个框架内,每个层面的极端化都可能被看作由一系列导致极端化的不同途径组成的,极端化具体有12种不同机制。下面的表3-1概述了该模型和机制。

在个人层面,极端化主要是由不满引起的,这些不满可能是自己直接经历的,也可能是由个人认同的群体所经历的。群体和大众极端化可能是与其他群体或国家竞争和冲突的结果。

表3-1 暴力的途径:个人、群体和大众层面的政治极端化机制[2]
(Pathways to violence: Mechanisms of political radicalization at individual, group, and mass-public levels)

不同层面的极端化	机制
个人层面	1. 个人受害感 2. 政治上的不满 3. 加入一个极端团体——滑坡(The Slippery Slope) 4. 加入一个极端团体——爱的力量 5. 志同道合群体的极端转变
群体层面	6. 孤立和威胁下的极端凝聚力 7. 相同支持基础的竞争 8. 与国家权力的竞争——凝聚 9. 群内竞争——分裂
大众层面	10. 柔术政治(Jujitsu politics) 11. 仇恨 12. 殉道

具体来说,在个人层面的极端化有5种机制:第1种是通过个人受害实现的个人极端化,指的是个人不满在极端化过程中所扮演的角色(作者引用了一些案例,包括巴勒斯坦自杀式爆炸事件,在这些案例中,为失去所爱的

[1] 参见 Clark McCauley & Sophia Moskalenko (2008), Mechanisms of Political Radicalization: Pathways Toward Terrorism, Terrorism and Political Violence, 20:3, 415-433, DOI: 10.1080/09546550802073367。

[2] 参见 Clark McCauley & Sophia Moskalenko (2008), Mechanisms of Political Radicalization: Pathways Toward Terrorism, Terrorism and Political Violence, 20:3, 415-433, p.418., DOI: 10.1080/09546550802073367。

人复仇是自我牺牲的动机)。第 2 种政治不满导致的个人极端化,是指来自某些政治事件或趋势的政治不满也会使一个人变得极端化(尽管这通常很难从群体的不满中分离出来)。第 3 种是加入极端团体导致的个人极端化——滑坡(slippery slope),是指加入极端组织通常是一个缓慢而渐进的过程,在参与重要行动之前,先从导致更大责任和风险的小任务开始。第 4 种是通过加入极端团体的个人极端化——爱的力量,这种走向极端化的途径是通过个人社会关系,即通过朋友、家人和爱人被招募到一个团体中。小团体心理学的研究证实了承诺是如何随着团体凝聚力的增加而增加的。第 5 种是在志趣相投的群体中进行群体极端化,这一路径指的是"风险转移"(risky shift)或"群体极化"(group polarisation)现象,即对一个问题的共识增加,其观点也更加极端。在群体层面有 4 种机制:第 1 种是在孤立和威胁下的群体极端化,受到威胁的小群体往往表现出某些特征,包括非常高的凝聚力,本身就增加了行为遵从和内在价值共识的压力。第 2 种是在争夺相同的支持基础的群体极端化,这一途径描述了对更广泛支持基础的竞争,并可以推动更极端的行动来获得支持。作者从爱尔兰共和军和其他民族主义团体中引用了一系列例子来说明这一现象。第 3 种是与国家权力竞争的群体极端化——凝聚,"动态凝聚"指的是极端组织和反政府机构之间的反应和对抗反应的循环,反政府机构看到一些成员为了报复政府暴力而增加了对暴力的承诺。第 4 种是群体内部竞争中的群体极端化——分裂,这条走向极端的道路涉及群体内部的冲突,以及群体内部威胁达成协议的作用。在大众层面有 3 种机制:第 1 种是与外部群体发生冲突的大规模极端化——柔术政治。在这种情况下,群体外的威胁可能会导致更大的群体凝聚力和对领导人的尊重,进而对那些持不同政见者和偏离者实施制裁,从而导致大众的极端化。第 2 种是与外群体冲突的大规模极端化——仇恨,这一路径指的是群体成员对"敌人"的非人化,通常情况下,持续的暴力变得更加极端,导致对手被视为非人类。第 3 种是与外群体冲突导致的大众极端化——殉道,最后一条大规模极端化的途径是殉道,在那里,极端团体对他们的殉道者(或目击者)的记忆非常突出,正如作者所指出的,殉道者对广大观众的影响还没有被理论化。[1]

重要的是,该模型总体上强调了环境背景在理解极端化发生的方式和原因方面的重要性,指出极端化是对环境中的事件和力量的反应,特别是对个人和群体威胁的反应。在这12种机制中,只有两种是相对独立的。一种是加入极端团体的个人极端化——滑坡是一种通过自我辩护实现自我极端化的机制,其中采用新的信念和价值观来理解过去的行为。这些新的原因随后支持了在同一方向上更极端的行为。志同道合的群体中的群体极端化也更多是一种自主而非反应性机制:当争论和个人争夺接受时,对发生在群体内的事件做出反应。另外10种机制则更明显地具有反应性。它们开始于并依赖于一种对立的动态,其中重要的事件是其他人的行动:个人会对个人受到的伤害、群体的不满以及针对朋友和爱人的国家行动做出反应;非国家组织对来自国家的威胁、来自争夺相同同情者基础的其他组织的威胁以及来自内部纷争的威胁做出反应;公众对不分青红皂白地伤害他人的国家行为、殉道行为,以及在长期冲突中将敌人视于低于人类的行为做出反应。[2]

在这个框架内,意识形态不是关键的驱动力。正如麦考利和莫斯卡连科在2010年指出的,极端化可以在没有意识形态的情况下发生:"有许多不涉及意识形态的极端化途径。有些人加入极端团体是为了刺激和地位,有些人是为了爱情,有些人是为了社会关系和友情。个人和团体的不满可能

---

〔1〕参见 Kris Christmann, Preventing Religious Radicalisation and Violent Extremism: A Systematic Review of the Research Literature, pp. 19 – 20. https://www.researchgate.net/publication/272348701_Preventing_Religious_Radicalisation_and_Violent_Extremism_A_Systematic_Review_of_the_Research_Literature, pdf。

〔2〕参见 Clark McCauley & Sophia Moskalenko (2008), Mechanisms of Political Radicalization: Pathways Toward Terrorism, Terrorism and Political Violence, 20:3, 415 – 433, pp. 429 – 430. DOI: 10.1080/09546550802073367。

使个人走向暴力，而意识形态只会使暴力合理化。”[1]

（四）纽约警察局及联邦调查局四阶段模型（NYPD Model of Jihadization）

最广泛使用的阶段模型之一是由纽约警察局情报部门开发并由米切尔·西尔伯（Mitchell D. Silber）和阿文·巴特（Arvin Bhatt）描述的模型。[2]该模型将这一过程分为四个阶段。第一阶段——前极端化（Pre-Radicalization）阶段，描述了个人在其极端化开始之前的特征和生活（比如男性、第二代或第三代某宗教信仰的移民、来自中产阶级的背景、拥有平凡的生活和工作、几乎没有犯罪历史等特征）。该阶段发生在个人处于允许他们接受极端主义的环境中。这可以是由内在或外在动机驱动的。内在动机可能是个人危机/创伤、歧视和/或疏远的经历结果，或者个人可能对当前的宗教信仰感到沮丧和不满，导致他们改变信仰体系。外在动机可以是任何外部因素（例如，经济、种族、法律、政治、宗教或社会剥夺），可能会对个人对所涉人员的态度和信念产生负面影响，导致信仰的改变，作为对他们正在经历的剥夺感的回应。[3] 第二阶段——自我认同（Self-Identification）阶段，发生在个人认同特定的极端主义原因并从根本上改变其宗教信仰或行为时。描述了个人对极端宗教组织提供的世界新解释的认同，从这一阶段开始，个人开始基于宗教和对极端意识形态的支持构建一个新角色，从而偏离以前的身份，并与志趣相投的人交往。第三阶段——灌输（Indoctrination），描述了个人完全采

---

〔1〕 参见 Silke, A. and Brown, K. (2016). Radicalisation: The Transformation of Modern Understanding of Terrorist Origins, Psychology and Motivation, https://www.researchgate.net/publication/299991680_.pdf. pp. 4－5。

〔2〕 参见 Silber, M., & Bhatt, A. (2007). Radicalization in the West: The Homegrown Threat, New York: NYPD Intelligence Division. pp. 19－43。

〔3〕 参见 Mulcahy, E., Merrington, S., & Bell, P. (2013). The radicalization of prison inmates: Exploring recruitment, religion and prisoner vulnerability, Journal of Human Security, 9, 4－14. p. 10. https://research-repository.griffith.edu.au/bitstream/handle/10072/64669/98691_1.pdf。

用"圣战萨拉菲主义的意识形态",并得出结论认为,需要极端的"圣战"来对抗所有与极端主义议程相抵触的东西。在极端化过程的这一阶段,个人重新定义了他们的生活方向,以实现"更大的善"为目标。第四阶段——"圣战"(Jihadization)化行动,需要个人自我认定为"圣战士",并实际参与策划、准备或执行暴力行为。简单来说,前极端化阶段暗示了一种适度的前期状态;认同阶段是指极端意识形态的引入和初始接受的时期;灌输阶段是个人开始支持这种极端意识形态的阶段;行动阶段意味着恐怖行为可能成为现实的地步。

表 3-2 纽约警察局阶段模型(The Radicalization Process)

前极端化	自我认同	灌输	"圣战"
出发点:主要是"不起眼的""普通的工作""几乎没有犯罪史"	个人"开始探索宗教信仰,逐渐摆脱旧身份并开始与志同道合的人交往"。 催化剂:认知开放或危机。 触发因素:经济、社会(歧视)、政治、个人	个人"逐渐强化他的信仰,完全接受'圣战'的意识形态",并得出结论认为"需要采取极端的行动"	团体成员"接受他们个人参与'圣战'的义务"。团体开始执行行动计划

米切尔·西尔伯和阿文·巴特指出,那些在每个阶段取得进步的人更有可能采取暴力极端主义意识形态,并参与策划和实施恐怖主义行为。此外,研究表明,极端化的最初三个阶段可以发展数月或数年,而"圣战"或行动阶段可以迅速发展。

美国联邦调查局(FBI)也发展了类似四阶段模型[1],具体包括极端化前阶段、认同阶段、灌输阶段、行动阶段。极端化前阶段(Pre-Radicalization),在这个阶段形成动机/皈依(包括被抛弃的信徒、接受寻求者、抵制皈依、信仰解读)的阶段,加上刺激因素(自身的、其他的),在一定的机会下(特定宗

〔1〕 参见 Patel, F. (2011). Rethinking Radicalization. Brennan Center for Justice at New York University School of Law. Retrieved from https://www.brennancenter.org/sites/default/files/legacy/RethinkingRadicalization.pdf。

教场所、互联网、学校、就业、监狱、会议)形成皈依的解释,但未有行为和行动。认同阶段(Identification),出现个人接受的理由(与以前的生活越来越隔绝、与新的群体发展社会关系、打造新的社会身份、国内培训、海外经历的宗教培训、语言培训、基本的准军事行动),开始接受相关思想,有行动倾向。灌输阶段(Indoctrination),加强群体联系(与社会、极端分子、增加审核的机会、训练营、监督、金融),个人确信需要采取行动来支持事业,并因为这种确信而准备采取行动。行动阶段(Action),个人有意识参与极端分子的行动,从事业务活动[招募、融资(包括计划、准备、执行)],形成恐怖主义,实施行动。

(五)极端化意义探索模型(significance-quest model of radicalisation)

马里兰大学心理学特聘教授克鲁格兰斯基(Kruglanski)等也提出了一个极端化的模型。[1] 该模型出现在探索意义追求在恐怖主义动机中的作用的相关研究中。这一研究表明,对许多人来说,向极端主义意识形态靠拢既是一种解决自己生活中感到的不足和失败的方式,也是一种试图提高自己的自尊和重要性的方式。该模型基于这样一个理念,即对个人意义的追求构成了一种主要的动机力量,可能会将个人推向暴力极端主义。在他们的概念中,极端化是支持或参与被视为违反重要社会规范的活动过程,比如杀害平民。这一极端化模型包含三个部分:第一部分是动机部分,即寻求个人意义,明确了可以实现的目标;第二部分是意识形态组成部分,确定了适合这一目标追求的暴力手段;第三部分是网络社交和群体动力过程。通过这一过程,个人开始参与到暴力中来,意识形态正当化,并将其作为一种获得

〔1〕 参见 R2PRIS Methodological Framework: State of the Art Analysis and Collection of approaches, West University of Timisoara, www.r2pris.org, January 2017, p. 18。

意义的手段来实施。[1] 该模型的某些要素得到了实证支持。例如,个人重要性的丧失或下降可能会导致个人身份感的“集体主义转变”(collectivistic shift)。[2] 这实际上意味着个人身份向更基于群体的身份转变,更优先重视群体的规范和价值观。研究表明,这与更大的牺牲意愿和为群体及其价值观支持暴力的意愿有进一步的联系。[3]

(六)美国的狱内极端化七阶段模型(Seven-phased model of prisoner radicalisation)

美国弗吉尼亚州亚历山大市的反恐专家约书亚·西奈(Joshua SinaiSinai)在对美国监狱系统进行研究后,开发了一个监狱内转化为暴力极端主义和恐怖主义的极端化七阶段模型[4]。在这七个阶段中的每一个阶段,具体的因素对极端化进程的推进都至关重要。

第一阶段,极端化前的一些个人因素为潜在的极端化奠定了基础。根据作者的说法,在美国监狱的背景下,大多数罪犯在开始服刑时都没有特别强烈的宗教或意识形态倾向。然而,许多人存在一些特点,这些特点使他们有潜在的易感性和容易被极端化。这些特点主要包括:(1)具有暴力行为史;(2)反社会态度;(3)个人危机与低自尊的结合;(4)患有精神健康障碍(比例很小);(5)受害感;(6)身份认同受损和异化感;(7)归属于宗教/意识

---

〔1〕参见 Kruglanski, A., Gelfand, M., Bélanger, J., Sheveland, A., Hetiarachchi, M., & Gunaratna, R. (2014), The Psychology of Radicalization and Deradicalization: How Significance Quest Impacts Violent Extremism, Political Psychology, p. 79。

〔2〕参见 A. Kruglanski, M. Gelfand and R. Gunaratna, “Terrorism as means to an end: How political violence bestows significance”, in P. R. Shaver & M. Mikulincer (Eds.), Meaning, mortality, and choice: The social psychology of existential concerns (pp. 203 – 212), (Washington, DC: American Psychological Association, 2012)。

〔3〕参见 A. Kruglanski, M. Gelfand, J. Bélanger, A. Sheveland, M. Hetiarachchi and R. Gunaratna, The psychology of radicalization and deradicalization: How significance quest impacts violent extremism, Political Psychology, Vol. 35, No. 1 (2014), pp. 69 – 93。

〔4〕参见 R2PRIS Methodological Framework: State of the Art Analysis and Collection of approaches, West University of Timisoara, www. r2pris. org, January 2017. pp. 19 – 21。

形态的需求;(8)力图抹去以前的犯罪行为;(9)精神追求;(10)对个人问题寻求外部归因的需求;(11)政治上的不满;(12)人身保护的需求。第二阶段,情境/环境因素和促成因素促进了弱势个体在极端化成为暴力极端主义的过程中的发展。这些因素中最主要的是:(1)极端主义社交网络(如宗教团体),其为弱势群体提供所需的保护、物质和社会支持;(2)极端思想;(3)有感召力的囚犯领袖;(4)极端主义的监狱牧师;(5)境外极端主义组织传播极端主义材料的外联计划;(6)恐怖分子"头目";(7)"虚拟"(virtual)的恐怖组织。第三阶段,自我认同可能会发生。受上述情境/环境因素及促成因素影响的弱势个体,开始探索极端意识形态或宗教,会远离他们的旧身份并开始与志同道合的极端分子联系,采纳他们的意识形态。第四阶段是灌输(indoctrination),开始强化囚犯的极端主义信仰和极端主义"灌输者"追随者/信徒的身份。第五阶段形成好战性,那些被灌输的囚犯:(1)采用极端主义意识形态,呼吁对敌人使用暴力;(2)自我标榜为事业的"战士";(3)接受参与暴力活动的义务。第六阶段,出狱后恐怖主义时有发生。在监狱中被极端化的个人,(1)加入极端主义"门户"组织;(2)加入恐怖组织;(3)计划在出狱后实施恐怖袭击。第七阶段,如果极端分子没有在恐怖袭击中被击毙而是被逮捕,就会在袭击后被重新监禁。

(七)欧洲极端化的典型模型(Typical Radicalization Pattern)

在丹麦司法部委托的一项关于欧洲本土恐怖主义和宗教极端化形成过程的研究中,普雷希特(Precht)指出,"极端化往往始于对自己的生活、社会或政府的外交政策感到沮丧。一个典型的模式是,这些人遇到其他志同道合的人,他们一起经历一系列事件和阶段,最终可能导致恐怖主义。然而,只有少数人最终成为恐怖分子。其他人则在不同阶段停止或退出极端化进程”[1]。普雷希特也将极端化概括为四个阶段的“典型的极端化模式”,这也与联邦调查局和纽约警察局情报部门提出的概念模型相类似。这些阶段为:前极端化阶段,皈依和认同阶段、灌输和教化阶段、行动阶段(实际的恐怖主义行为或策划阴谋阶段)。[2] 其中前极端化阶段描述了许多普遍的背景因素,这些因素使得个人在真正的激进化过程开始之前就接受了极端主义。造成影响的背景因素多种多样,例如,移民身份危机、歧视经历、疏远和感知到的不公正、个人创伤、邻里关系、生活条件、家庭以及移民在社区里相对缺乏关于恐怖主义的公开辩论。在皈依和认同阶段中,最重要的模式是个人改变他们的宗教身份或行为。这种转变有三种形式:一是从没有特定的信仰或宗教仪式到宗教身份;二是从一个正常的宗教仪式到一个更极端的宗教诠释;三是从一种信仰转向另一种信仰(例如,从基督教转向伊斯兰教)。在随后的极端化过程的第三阶段,潜在的极端分子通常开始将自己与过去的生活(尽管不是所有人)隔离开来,并进一步认同极端宗教组织的事业。团体合作、海外旅行和(国内外的)训练营等催化因素促进了这一过程。第四阶段是关键行动阶段,重点是实施、规划、目标选择、监视、制造爆炸物或其他恐怖主义手段,并可能进行试运行。[3]

---

[1] Tomas Precht, Home grown terrorism and Islamist radicalization in Europe: From conversion to terrorism,“Danish Ministry of Defense, December 2007, https://www.justitsministeriet.dk/sites/default/files/media/Arbejdsomraader/Forskning/Forskningspuljen/2011/2007/Home _ grown _ terrorism_and_Islamist_radicalisation_in_Europe_ – _an_assessment_of_influencing_factors__2_.pdf. p. 32.

[2] 参见 R2PRIS Methodological Framework: State of the Art Analysis and Collection of approaches, West University of Timisoara, www.r2pris.org, January 2017. p. 42。

[3] 参见 Tomas Precht, Home grown terrorism and Islamist radicalization in Europe: From conversion to terrorism, Danish Ministry of Defense, December 2007, https://www.justitsministeriet.dk/sites/default/files/media/Arbejdsomraader/Forskning/Forskningspuljen/2011/2007/Home_grown_terrorism_and_Islamist_radicalisation_in_Europe_ – _an_assessment_of_influencing_factors__2_.pdf. pp. 34 – 37。

表3-3 从皈依向恐怖主义—极端化过程模式〔1〕
(A model of the process of radicalisation-from conversion to terrorism)

第一阶段 前极端化阶段	第二阶段 皈依和认同	第三阶段 灌输和教化	第四阶段 行动
背景因素 (1)身份危机 (2)遭受歧视、疏远和感受到的不公正待遇 (3)居住环境、邻里、家庭 (4)个人创伤 (5)在西方,移民群体对恐怖主义的公开辩论相对缺乏 **会面地点(机会)** 特定宗教场所 互联网 学校、青年俱乐部或工作场所 监狱 体育活动 家人和朋友	**皈依** (1)从无信仰到宗教认同 (2)对宗教更极端的诠释 (3)从一种信仰转向另一种信仰(如从基督教转向伊斯兰教) **认同** (1)对极端主义事业的认同和接受程度提高 **触发因素** (1)颂扬"圣战",激进主义,"想要一个目标" (2)对某信仰世界的外交政策 (3)有魅力的人/领导者 **会面的地方** 与第一阶段相同	**信念** (1)与过去生活隔绝 (2)增加培训 (3)角色分配 (4)准备行动 **催化剂** (1)海外旅行(宗教或野营训练) (2)群体联结 (3)地方训练营 **会面的地方** 私人住宅 农村/汽车 难以察觉的地方	**行动** (1)准备工作 (2)规划 (3)执行 **强化** (1)出国旅行 (2)群体联结 (3)训练营 (4)视频等 **关键部分** (1)融资 (2)目标选择 (3)监测 (4)制造炸弹或其他恐怖手段 (5)测试运行 **会面的地方** 与第三阶段相同

普雷希特还将影响极端化进程的动机因素,划分为背景因素、触发因素和机会因素三类。第一类是"背景因素"(Background factors),包括某种宗教信徒的身份危机、个人创伤、歧视和相对剥夺因素的经历、生活环境和同龄人(隔离与平行社会)、孤立和不公正感、相对缺乏关于恐怖主义的严格的辩论。第二类是"触发因素"(Triggers),包括西方实行的可能引发或煽动反

〔1〕 参见 Tomas Precht, Home grown terrorism and Islamist radicalization in Europe: From conversion to terrorism, Danish Ministry of Defense, December 2007, https://www.justitsministeriet.dk/sites/default/files/media/Arbejdsomraader/Forskning/Forskningspuljen/2011/2007/Home_grown_terrorism_and_Islamist_radicalisation_in_Europe_-_an_assessment_of_influencing_factors__2_.pdf. p.34。

感或极端主义的外交政策与挑衅事件、“圣战”神话和对极端主义的渴望、有魅力的领导人或精神导师的存在。第三类是“机会因素”(Opportunity factors),说明个人在其活动范围内接触极端主义思想或信徒的程度和可能性。其中包括物理和虚拟空间,如互联网、特定宗教场所、咖啡馆、酒吧或书店、监狱和社会团体/集体等。[1]

通过分析,普雷希特得出以下结论:“在很大程度上,本土恐怖主义可被视为一种社会学现象,其中归属感、身份、群体动力学和价值观等问题是转型过程中的重要因素。宗教起着重要的作用,但对于某些人而言,它却是实现其他目标的工具。一个共同的点似乎是,涉案人员正处于人生的十字路口,并且需要事业。”[2]

以上这些研究都是将极端化的进程看作一个线性的过程。在这个过程中,有的人走完全过程,有的则可能停留在某个阶段,有的比较快,有的则比较慢。

(八)根源模型(root cause model)

根源模型是用来分析不同层次的因果变量如何相互关联,以及它们如何塑造或多或少可能发生极端化的环境的理论框架。[3] 该模型专注于极端

---

[1] 参见 Tomas Precht, Home grown terrorism and Islamist radicalization in Europe: From conversion to terrorism, Danish Ministry of Defense, December 2007, https://www.justitsministeriet.dk/sites/default/files/media/Arbejdsomraader/Forskning/Forskningspuljen/2011/2007/Home_grown_terrorism_and_Islamist_radicalisation_in_Europe_-_an_assessment_of_influencing_factors__2_.pdf. p. 32。

[2] Tomas Precht, Home grown terrorism and Islamist radicalization in Europe: From conversion to terrorism, Danish Ministry of Defense, December 2007, https://www.justitsministeriet.dk/sites/default/files/media/Arbejdsomraader/Forskning/Forskningspuljen/2011/2007/Home_grown_terrorism_and_Islamist_radicalisation_in_Europe_-_an_assessment_of_influencing_factors__2_.pdf. p. 7.

[3] 参见 Veldhuis, T., & Staun, J. (2009). Islamist Radicalisation: A Root Cause Model., Netherlands Institute of International Relations Clingendael, p. 21. https://www.diis.dk/files/media/publications/import/islamist_radicalisation.veldhuis_and_staun.pdf。

化的原因因素,而不是阶段模型按时间顺序的“过程”。它主要用来分析导致西方世界某一宗教信仰者群体极端化的因素。为此,模型将最常提及的因果因素分为不同的衡量水平,这些衡量水平在它们促成极端化的程度和方式上各不相同。在模型中,“根源”(root cause)是指没有这些因素就不会发生极端化过程的因素,但这并不意味着每个因果因素都是每个极端化过程中的必要条件,哪些因素会导致极端化以及在哪个时间点可能因人而异。模型关注个人特征及其社会环境,从个人的直接的社会网络到更广泛的社会环境。

该模型将这些因果因素分为宏观影响因素和微观影响因素。与系统和环境影响相关的宏观层面因素,与社会结构相关,包括人口变化、政治、经济和文化变化、教育程度和劳动力市场参与等因素。这些背景因素通常被认为是犯罪和越轨行为的先决条件。[1]

微观层面的因素侧重于个人而不是环境,并试图找出导致个人脆弱状态的影响因素。微观层面因素主要解决在相同的环境下为什么有些人变得极端化,而其他人不会。微观层面的因素可以划分为两个子类别;一个是社会因素,一个是个人因素。这里的社会因素是指个人如何与同龄人和有影响力的其他人互动。个人因素与个人环境有关,它影响个人对经验的理解和反应,包括心理特征、个人经历、个人信仰和信念等因素。

〔1〕 参见 Veldhuis, T., & Staun, J. (2009). Islamist Radicalisation: A Root Cause Model, Netherlands Institute of International Relations Clingendael, p. 24. https://www.diis.dk/files/media/publications/import/islamist_radicalisation.veldhuis_and_staun.pdf。

表 3-4 极端化原因的分类[1]
(Categorisation of causal factors of radicalisation)

<table>
<tr><th colspan="2">层面</th><th>原因类型*</th><th>触发因素类型*</th></tr>
<tr><td colspan="2">宏观层面</td><td>政治、经济、文化</td><td>触发事件</td></tr>
<tr><td rowspan="2">微观层面</td><td>社会的</td><td>社会认同
社会互动和群体过程
相对剥夺</td><td>招募
触发事件</td></tr>
<tr><td>个人</td><td>心理特征
个人的经历</td><td>招募
触发事件</td></tr>
</table>

注:模型中的因素说明了按层次分类的因果因素的类型,并且可以通过相关因素进行补充和扩展。

除了将因果因素分类为不同的测量水平外,模型还区分了根本原因和催化因素。催化因素,比如在暴力团体活动之前发生的特定事件。与原因相比,催化因素往往是不可预测和不稳定的。催化因素既可以发生在宏观层面,也可以发生在微观层面,而且常常贯穿这两个层面。催化因素每个人都不同,一些人则把可能引发某个人情绪的东西当作无关紧要的东西,比如公众人物的煽动性言论。此外,催化因素可以加速或弹射激进化进程,但它们自身无法启动极端化进程。同样,只有在与其他原因的相互作用下,催化因素才有可能引发极端化。在这种情况下,两种不同的催化因素是招募和触发事件。[2]

该模型认为从宏观因素来看,社会融合性差(主要指西方某宗教信仰者移民在就业、教育和住房方面经历不同程度的歧视和边缘化,以及社会对它们的消极的刻板印象和偏见态度导致其在经济社会、政治方面融合程度较

[1] 参见 Veldhuis, T., & Staun, J. (2009). Islamist Radicalisation: A Root Cause Model. Netherlands Institute of International Relations Clingendael., p. 23. https://www. diis. dk/files/media/publications/import/islamist_radicalisation. veldhuis_and_staun. pdf。

[2] 参见 Veldhuis, T., & Staun, J. (2009). Islamist Radicalisation: A Root Cause Model. Netherlands Institute of International Relations Clingendael. p. 26. https://www. diis. dk/files/media/publications/import/islamist_radicalisation. veldhuis_and_staun. pdf。

低)、国际关系(国际关系和国家外交政策常常被认为是某宗教信仰者的温床,不仅在国家或地方层面,也在国际和全球层面。在世界各地,某宗教信仰者似乎觉得西方正在威胁其信仰的宗教。特别是,中东地区的冲突以及西方政府在这些冲突中的外交立场被认为是导致极端化的原因)、贫困、全球化和现代化(全球化促进了跨国意识形态运动的出现,这些运动可以很容易到达大型社区来传播他们的信息、招募新的追随者和组织集体性活动)。对特定宗教的极端解释的广泛传播也是全球化的副产品,象征着跨国虚拟网络的迅速扩张,这些网络则作为跨国舆论形成和招募极端运动的平台。等是西方社会极端化产生的主要宏观因素。[1] 而在微观层面,其中的社会因素涉及自我归类(self-categorisation)和自我认同、社会互动和群体过程、相对剥夺感,个人因素涉及个人特征(比如威权人格)、个人经验(比如创伤经历、社会歧视和排斥感、对意义的追求等认知因素以及仇恨、蔑视、厌恶、报复、内疚等情绪因素)与个人信仰和信念(意识形态动机或参与政治行动、冒险或寻求团体成员身份等)。[2]

(九)双金字塔框架(Two Pyramids Framework)

不同于上述线性发展过程,SMA/麦考利(McCauley)的双金字塔理论用另外一种方式描述了极端化的机制。"双金字塔框架"(Two Pyramids Framework)详细描述了与每个级别相关的极端化的水平和机制。[3] 该框架认为人在极端化过程中存在思想和行动两个方面的极端化过程。这些思想

[1] 参见 Veldhuis, T., & Staun, J. (2009). Islamist Radicalisation: A Root Cause Model. Netherlands Institute of International Relations Clingendael. pp. 30 – 36. https://www.diis.dk/files/media/publications/import/islamist_radicalisation.veldhuis_and_staun.pdf。

[2] 参见 Veldhuis, T., & Staun, J. (2009). Islamist Radicalisation: A Root Cause Model. Netherlands Institute of International Relations Clingendael. pp. 54 – 59. https://www.diis.dk/files/media/publications/import/islamist_radicalisation.veldhuis_and_staun.pdf。

[3] 参见 Strategic Multilayer Assessment (SMA), Neuroscience Insights on Radicalization and! Mobilization to Violence: A Review, Second! Edition, 14 December 2012。

和行动状态描述了特定人群中与特定原因相关的个体特征。

在此框架内,极端化被视为影响思想状态之间运动的过程,而行动则被视为影响行动状态之间运动的过程。每个金字塔由四层组成,分别对应于不同程度的极端化和行动。相对于顺序的阶段模型,这个框架的主要假设是,个体可以在每个金字塔的任何阶段存在,并在金字塔中移动。

思想金字塔的层次结构如下:金字塔最基础部分,即最底层,主要是那些不关心政治原因的人群,即中立者。这群人不认为自己的团体或事业受到攻击,因此认为没有必要采取暴力行动。其次是金字塔中较高的一层,这一层级是那些相信事业但不为暴力辩护的人群(同情者),即认为自己的团体或事业受到攻击,但出于道义或实际原因反对采取暴力行动的人群;更高一层级的是那些为捍卫事业辩护暴力的群体,即辩护者,认为自己的团体或事业受到攻击并赞同暴力行动是正当的群体;位于金字塔顶端的人群,处于极端化的最高境界,认为从事暴力极端事业是自己的道德义务,有道义责任用暴力来捍卫事业。

同样,行动金字塔的层次结构如下:在这个金字塔的最底部是那些对政治团体或事业无所作为的人(这些人是惰性的),金字塔中较高层级的是那些为这个事业而采取合法政治行动的人(活动家);更高一层级的是那些为这个事业从事非法行动的人群(极端分子),他们是参与非法政治行为(暴力或非暴力)策划或资助的群体;金字塔的顶端是那些从事针对平民的非法行动的人(恐怖分子),他们参与制定、策划或资助针对平民的暴力行为。需要特别强调的是,这不是一个阶梯模型,在行动金字塔中,个体可以跳过上下移动的层级。

需要注意的是,每个人都可以同时位于观点金字塔和行动金字塔中,而且不处于同一层级。比如,一个人可以在观点上是辩护者,在行动上是极端化者。一个人可能思想是中立的,而行动是惰性的;也可能行动是中立的,而思想是极端的,以此类推。

除了描述思想和行动两方面发展机制外，该框架理论还描述了两种影响层级之间过渡的因素。一种是有助于进一步极端化或行动的活化剂或催化剂；另一种是阻止或推动个体降低到金字塔较低水平的抑制剂或干预措施。其中活化剂是指能够使金字塔层内或之间移动的内部因素。催化剂是指促使或促进金字塔各层之内或之间移动的外部因素。而抑制剂是指预防或延缓极端化发展的个体或群体所特有的因子。干预措施是指插入某种情况中的外部因素，这些因素会阻止或逆转金字塔发展到更高的水平。

这些过渡因素相互作用，其影响可能随时间而变化。“两个金字塔”模型确定了 11 个主要的转变因素：①神圣的价值观；②归属感/爱的力量；③社会孤立；④不满；⑤情绪；⑥失范/不确定性；⑦奖励/寻求快乐；⑧个人悲剧或创伤；⑨叙述和模因；⑩社会运动；⑪财政奖励。

除了过渡因素之外，该框架还规定了某些“塑造因素”（个人环境方面），例如，文化价值、遗传背景和技术获取条件。这些因素决定了过渡因素是否以及如何在激进状态之间的运动或行动中的参与程度中发挥作用。

在双金字塔极端化框架中，影响每个金字塔上下过渡的因素可以认为是内部因素和外部因素两种因素的结果。在这种情况下，内部因素指的是个体差异的特征，如遗传学、生物学、个性、习惯、技能和价值观。这里关注的内部因素可能是与观点激进和行动极端化有关的个体差异。

外部因素是对一个人的观点和行为的外部影响，如家庭、朋友、群体规范、叙事、机会、群体间冲突、暴力和文化。与内部因素一样，这里关注的外部因素是那些与观点极端化和行动极端化有关的外部因素。

从以上有关暴力极端主义形成过程的研究结论来看，无论是线性模型还是理性的概念模型，都在强调极端化的形成是一个过程。在这个过程中各种因素会发挥作用，有的因素促成极端化的形成，而有的因素可能抑制极端化的形成。每个人由于各种情况而会处于不同的进程中，比如有的人可能会走完整个极端化过程，有的人则会停留在某一阶段而停滞不前。因此，对于预防或者应对极端化来说，应当进行相应的评估，利用有利因素，消除不利因素，对于处于不同阶段或者层面的人，需要不同的干预措施。

我国有关学者对我国极端化生成机制的研究进行了概括性表述："境外有种子、境内有土壤、网络有市场，是导致当前暴力恐怖活动高发频发的主要原因。""暴力恐怖的根子是民族分裂主义，思想基础是宗教极端。""普遍看法是：接受激进的信仰、价值观和态度的极端化，是转化为暴力极端化的重要步骤，因为绝大多数恐怖分子皆抱定某种极端思想支撑其暴力恐怖活动"等。有的学者认为，极端化的形成需要充分条件和必要条件，是内因外因相互作用的结果，是量变质变的演进过程。极端化从一个个具体的个体开始，从某个行政区域局部、某一具体的组织开始，是按时间序列发生的。[1]

从现实情况来看，暴力极端主义罪犯形成宗教极端主义、民族极端主义的意识形态都经历了一个过程，在这个过程中政治、宗教、社会、个人因素都发挥了促成作用。而且在这个过程中，每个人经历的阶段可能不同，极端化的时间也可能不同，但是都会经历从无到有的过程。有的人最终走向极端主义可能需要的时间较长，有的人则可能需要较短的时间，有的人可能是跳跃式的，有的人也可能是按部就班式的一步步走向极端化。在极端化过程中，每个人的极端化程度也并不完全相同。有的人可能只是停留在对极端组织同情、认同或者为其行为进行辩护的阶段，而有的人则不断发展，逐渐从同情者到支持者，认为应当积极支持极端组织或团体的事业，为其提供资金或者其他的援助。有的则认为外部援助和支持已不够，必须积极参加有关组织和相关的暴力活动，献身于极端组织事业。此外，在这个过程中，一些事件可能会加速或者抑制极端化的过程和速度。

不同的原因、动机和极端化程度，需要不同的应对措施。因此，无论对暴力极端主义罪犯的管理还是干预，都应当充分考虑到这些不同情况，进行

---

〔1〕 参见朱志杰：《去极端化原理：思路与方法构建》，新疆人民出版社、伊犁人民出版社 2016 年版，第 40—41 页。

针对性的评估,以了解罪犯的不同需求和风险,进而采取恰当的管理和干预措施,避免采取"一刀切"和同质化的方法。

三、关于罪犯极端化的理论解释

来自不同学科的国外学者也尝试用不同的理论来解释极端化、暴力极端主义和恐怖主义的过程。

1. 变革性学习理论(Transformative Learning Theory)

变革性学习理论是一个了解与极端化相关的个人变化过程最有前途的框架。[1] 因为极端化本质上是一个变革的过程,在这个过程中,非暴力的个人开始接受并推动暴力行动。这一理论在监狱环境中特别重要,因为新入监的罪犯必须学会适应新的环境。这个理论框架为理解前面所提到的西奈(2014)的囚犯极端化模型的第一阶段中的个人因素是如何在极端化过程中被激活,以及如何发展到第三阶段(即自我认同阶段)提供了依据。

变革性学习过程通过三个主要阶段发展:触发阶段、变化过程阶段、结果阶段。在变化过程阶段意义视角和身份发生了解构和重建,而在结果阶段,新的意义观点产生新的行为。威尔纳(Wilner)和杜布洛兹(Dubouloz)认为,"虽然极端化过程是由强大的社会、政治和环境力量触发的,但个人极端化发生在个人反思、知识获取和身份重新评估相结合的变化阶段。暴力行为发生在最后阶段,反映了个人新身份、价值观和信仰体系的固化和赋权(empowerment)"[2]。

马尔卡希(Mulcahy)、梅林顿(Merrington)和贝尔(Bell)(2013)使用这

---

[1] 参见 R2PRIS Methodological Framework: State of the Art Analysis and Collection of Approaches, West University of Timisoara, www. r2pris. org, January 2017, p. 34。

[2] Wilner, A., & Dubouloz, C. (2010). Homegrown terrorism and transformative learning: an interdisciplinary approach to understanding radicalization. Global Change, Peace & Security (formerly Pacific a Review: Peace, Security & Global Change), 22 (1), 33 - 51. p. 45.

个理论框架来解释罪犯在被监禁期间所经历的变化,以及这种学习转变如何使他们更容易受到极端化的极端分子的攻击。[1] 马尔卡希及其同事解释说,当囚犯经历监禁危机时——在变革性学习理论方面代表了一种触发因素——他们会试图用惯常的思维方式来理解这种情况。然而,当个人无法理解这种情况时,用他们习惯的方式又无法帮助他们解决事件,这就被称为意义“扭曲”(distortion)。因此,囚犯就会通过探索新经验和批判性反思(例如,转向宗教寻求指导)来对意义扭曲做出反应。他们由此形成的新行为、新角色和新关系以帮助他们应对新环境的需求,适应新的日常生活,并学习如何度过危机。然而,经历危机可以使个人更容易说服,甚至更容易受到操纵和洗脑,从而使他们更容易被极端分子招募。因此,变革性学习理论“有助于阐明监狱极端化的过程和前兆”[2]。个人极端化不仅与特定的社会政治背景(如监狱)和个人特征有关,而且是反思、知识获取和身份重新评估的结合。当个人开始自我怀疑或经历对身份的困惑或激烈的个人辩论时,最终会达到一个点,在这个点个人会意识到他们旧的身份不再存在,需要建立新的身份。因此,当极端化的个人社会化并被其他“志同道合”的个人认可时,他们的转变就会得到加强,新的身份也会得到加强。最终,那些变得暴力、极端化的囚犯不仅为自己的行为辩护,而且这些行为在更大的极端化团体中也被期待。[3]

---

[1] 参见 Mulcahy, E., Merrington, S., & Bell, P. (2013). The radicalization of prison inmates: Exploring recruitment, religion and prisoner vulnerability, *Journal of Human Security*, 9, 4 – 14. p. 7。

[2] Mulcahy, E., Merrington, S., & Bell, P. (2013). The radicalization of prison inmates: Exploring recruitment, religion and prisoner vulnerability, *Journal of Human Security*, 9, 4 – 14. p. 8.

[3] 参见 Mulcahy, E., Merrington, S., & Bell, P. (2013). The radicalization of prison inmates: Exploring recruitment, religion and prisoner vulnerability, *Journal of Human Security*, 9, 4 – 14. p. 8。

2. 身份理论（Identity Theory）

身份理论假设身份的形成对个人的心理社会发展至关重要，并以一系列危机为特征，为了使个人的人格完全融合，每一次危机都必须得到解决。[1] 如果不能解决这些危机，就会在以后的生活中表现出不适应的方式。克伦肖（Crenshaw）在恐怖主义方面描述了埃里克森的理论："在身份形成阶段，个人寻求意义和整体感或完整性，"以及埃里克森"忠诚"一词，指的是需要对自己以外的某事或某人有信心，并且在服务中值得信赖。因此，意识形态是身份的守护者。埃里克森进一步表明，政治地下组织利用了年轻人对忠诚的需要，以及那些被剥夺了信仰的人所持有的"愤怒储备"。身份危机（当发现自我定义困难的个体正遭受歧义、分裂和矛盾的折磨）使一些青少年容易受到极端主义组织集体身份的影响。在这样的集体中，陷入困境的年轻人不仅找到了身份，还找到了对他们困难的解释和对未来的承诺。[2] 与此类似，克罗塞特（Crossett）和斯皮塔莱塔（Spitaletta）认为，"埃里克森理论的应用表明，极端化的候选人是那些要么缺乏自尊，要么需要巩固自己身份的年轻人"。如果一个人缺乏自尊，加入极端化团体可能会起到强大的身份稳定器的作用，为这个人提供难以琢磨的积极身份。那些有身份困惑的人可能会被一种孤立感所消耗，因此将联系（即使是消极的身份）视为一种积极的社会行为。缺乏身份认同的个体也被假设为是受一种渴望接受一位有魅力的领导者的亲密监护的动机——一种选择一个像父母一样的爱的对象的形式。[3]。

[1] 参见 Erikson, E. (1968). Identity, youth, and crisis. New York: Norton。

[2] 参见 Martha Crenshaw, M. (1986). "The psychology of political terrorism", In M. G. Hermann (Ed.), Political Psychology: Contemporary Problems and Issues (pp. 379 – 413). London: Josey-Bass. pp. 391 – 392。

[3] 参见 Crossett, C. & Spitaletta, J. (2010). Radicalization: Relevant psychological and sociological concepts. Meade, MD: U. S. Army Asymmetric Warfare Group. p. 30。

3. 社会认同理论(Social identity theory)

社会认同理论起源于社会心理学,被归类为微观层面的理论,因为它关注的是社会环境中的个体互动。该理论从群体间关系的社会心理学角度看待行为,并提供了情境和行为之间的联系。[1] 根据社会认同理论,群体是个体成员自尊的来源。在极端化背景下,社会认同指的是一个人在一个社会群体中的成员身份,这个社会群体提供了成员的骄傲和自我价值,并规定了作为一个群体成员对外群体的可接受行为。相关的社会认同过程包括群体外分化、竞争和对抗。在某些条件下,这些进程可能恶化为群体间的暴力。[2]

在极端化和恐怖主义背景下理解社会认同理论有助于理解个人和群体极端化时的社会心理动态。基斯 – 特纳(Keys-Turner)认为社会认同理论通过提供对“从温和观点到极端分子观点,再到个人层面上的恐怖主义行动(个人认同)过程中微观层面上发生的社会心理动态以及如何在该过程中定义、提炼或重新定义群体和文化身份”的理解,为“极端化和恐怖主义研究做出了贡献”[3]“在走向极端的过程中,个体的个人、社会和文化特征因素对于理解这一进程至关重要”[4]。

高盛(Goldman)(2014)解释说,“那些认为自己的未来是暗淡和不确定的人更有可能试图加入一个群体,因为这个群体为人们的行事和思考提供了一个脚本,从而减少了不确定性。此外,不确定性越大,个体寻求实体性

[1] 参见 Tajfel, H. (1981). Human groups and social categories: Studies in social psychology. Cambridge: Cambridge University Press. http://www.csepeli.hu/elearning/cikkek/tajfel.pdf。

[2] 参见 Leen Aghabi, Dr Neven Bondokji, Alethea Osborne, and Kim Wilkinson, Social Identity And Radicalisation: A Review of Key Concepts, 2017 WANA Institute. p. 4. http://wanainstitute.org/sites/default/files/publications/Publication_SocialIdentityTheory_English.pdf。

[3] Keys-Turner, K. (2011). The Violent Islamic Radicalization Process: A Framework for Understanding. MS Thesis, Monterey, California: Naval Postgraduate School. p. 25.

[4] Keys-Turner, K. (2011). The Violent Islamic Radicalization Process: A Framework for Understanding. MS Thesis, Monterey, California: Naval Postgraduate School. p. 26.

更高的群体的可能性就越高,也就是说,一个看起来有凝聚力、结构清晰、与其他实体不同的群体。这可以使‘极端团体’(如邪教、恐怖分子、帮派)更具吸引力,因为它们为个人提供了定义更严格、高度规范的社会身份。因此,加入恐怖组织在很大程度上是一种群体现象。这一点得到了许多案例的支持,其中最常见的极端化和招募囚犯的方法是通过监狱中的帮派或宗教”。[1]

4. 社会学习理论(Social learning theory)

班杜拉(Bandura)提出的有关攻击行为的社会学习理论[2]可以用来解释暴力极端分子的行为。这一理论的一个基本假设是,经常目睹暴力行为的人会试图模仿他们所学到的攻击性模式。这是对暴力行为的另一种解释,它不是作为天生攻击性的结果出现的,而是“对道德责任的认知”重构的结果。[3] 将社会学习理论应用到囚犯极端化方面,可以发现,来自颂扬暴力极端主义文化的囚犯,或接触极端主义榜样的囚犯,更有可能参与极端主义暴力。

5. 理性选择理论 (Rational choice theory)

理性选择理论最初是在微观经济学学派中发展起来的,它假设个人的行为是基于利弊或成本效益分析。理性选择理论将恐怖主义视为政治行为,把暴力极端主义者视为理性行动者,并从成本效益分析的角度解释他们参与暴力的决定。极端主义者权衡替代行动、手段和目的、成本和收益,并

---

〔1〕 Goldman, L. (2014),“From criminals to terrorists: the US experience of prison radicalisation”, In A. Silke (Ed.), Prisons, terrorism and extremism: Critical issues in management, radicalisation and reform (pp. 47 – 59). New York: Routledge. p. 50.

〔2〕 参见 Bandura, A. (1998),“Mechanisms of moral disengagement”, In W. Reich (Ed.), Origins of terrorism: Psychologies, ideologies, theologies, states of mind, (pp. 161 – 192). Washington, DC: Woodrow Wilson Center Press。

〔3〕 参见 Victoroff, J. (2005), The Mind of the Terrorist A Review and Critique of Psychological Approaches, The *Journal of Conflict Resolution*, 49 (1), 3 – 42. p. 18。

在实现其政治目标的同时选择其收益大于成本的替代方案。[1] 换句话说，人们选择暴力极端主义，因为他们认为这是影响所需变革的最佳选择。这一理论有助于从动机框架的角度探讨极端化。在理性选择理论中，动机是先决条件，为恐怖主义长期发展奠定基础的因素。[2] 随着先决条件和因素的改变，走向恐怖主义的极端化轨迹也随之改变。理性选择理论对极端化过程最关键的一点是个人的极端信念驱使个人考虑行动。在这一点上，在考虑能力（培训和技能设置，例如，小武器而非爆炸物）、机会（进入场地、目标和潜在影响）以及可以采取什么行动来实现预期目标方面，做出了理性的选择。[3]

6. 社会运动理论（Social Movement Theory）

博鲁姆（Borum）认为社会运动理论是用来理解极端化过程和暴力极端主义最有前途的理论框架之一。[4] 扎尔德（Zald）和麦卡锡（McCarthy）将社会运动定义为："人们的一套观点和信仰，代表了改变社会结构和/或社会奖励分配的某些因素的偏好。"[5]社会运动理论以紧张理论（Strain Theory）为基础，其理论主张为，这些运动源于在紧张的环境条件下发生的集体行为的非理性过程，从而产生了一种大众的不满情绪。个人会"加入"一场运动，因为他们被动地屈服于这些压倒性的社会力量。基于社会运动理论的假设，对暴力极端主义的动员是"恐怖主义动员是对一个特定社会所遇到的紧

[1] 参见 Martha Crenshaw，（1998）. "The logic of terrorism：Terrorist behavior as a product of strategic choice"，In W. Reich（Ed.），Origins of terrorism：Psychologies，ideologies，theologies，states of mind（pp. 7 –24）. Cambridge：Cambridge University Press。

[2] 参见 Martha Crenshaw，（1981）. The causes of terrorism，Comparative Politics，13（4），379 – 399. 1981 The Clty University of New York，http：//courses. kvasaheim. com/hist319a/docs/Crenshaw%201981. PDF。

[3] 参见 Keys-Turner，K.（2011）. The Violent Islamic Radicalization Process：A Framework for Understanding. MS Thesis，Monterey，California：Naval Postgraduate School. p. 27。

[4] 参见 Borum，R.（2011a）.，Radicalization into violent extremism I：A review of social science theories，*Journal of Strategic Security*，4（4），7 –36. doi：http：//dx. doi. org/10. 5038/1944 – 0472. 4. 4. 1. p. 16。

[5] Borum，R.（2011a）. Radicalization into violent extremism I：A review of social science theories，*Journal of Strategic Security*，4（4），7 –36. doi：http：//dx. doi. org/10. 5038/1944 –0472. 4. 4. 1. p. 17.

张和压力的一种反应：人们越是感到沮丧和疏离，就越有可能加入那些抵制其沮丧感来源的团体”[1]。

在社会运动理论框架内，昆坦·维克托罗维奇(Quintan Wiktorowicz)提出了激进化的四要素发展模型。那些被激进化的人首先表现出对新世界观的开放(认知开放)，然后开始将宗教视为寻找意义的途径(宗教寻求)，最终发现该团体的叙事和精神“有意义”(框架对齐)，最终，通过社会化过程，完全被灌输到运动中。西奈(2014)运用社会运动理论来解释背景因素如何使脆弱囚犯在极端化过程中进一步走向暴力极端主义。它为个人极端化提供了一种自上而下的方法。[2]

克兰德曼(Klandermans)和厄海玛(Oegema)(1987)指出，任何社会运动都涉及四种不同的实践：形成动员潜能、形成和激励招募网络、激发参与动机、消除参与障碍。成为社会运动参与者的个人在经历成为动员潜力的一部分和成为动员尝试的目标的阶段时会受到激励。此外，动机和障碍相互作用，从而产生参与：人们越积极，他们能够克服的障碍难度就越高。[3] 为这个事业招募新成员是一种理性的努力，招募人员有策略地寻找那些最有潜力推进事业的人。[4] 布雷迪(Brady)、施洛兹曼(Schlozman)和维巴(Verba)(1999)将招募过程定义为两个阶段。在第一阶段，招募人员获取目标应聘者的相关信息(比如此人过去参与过的活动)。此外，招募人员还要

[1] Neumann, P., & Rogers, B. (2008). Recruitment and Mobilisation for the Islamist Militant Movement in Europe. London: International Centre for the Study of Radicalisation and Political Violence (ICSR). https://icsr.info/wp-content/uploads/2008/10/1234516791ICSREUResearchReport_Proof1.pdf. p. 7.

[2] 参见 Sinai, J. (2014). "Developing a model of prison radicalization", In A. Silke (Ed.), Prisons, terrorism and extremism: Critical issues in management, radicalisation and reform (pp. 35–46). New York: Routledge。

[3] 参见 Klandermans, B., & Oegema, D. (1987), Potentials, networks, motivations, and barriers: Steps towards participation in social movements, American Sociological Review, 52(4), 519–531。

[4] 参见 Borum, R. (2011a)., Radicalization into violent extremism I: A review of social science theories, Journal of Strategic Security, 4(4), 7–36. doi: http://dx.doi.org/10.5038/1944-0472.4.4.1. p. 17。

评估个人是否具有某些特征(如政治兴趣或对政治的担忧),这些特征可能使他们倾向于参与极端主义活动。总的来说,招募人员想要尽可能多的关于潜在被招募人员的信息,特别是涉及个人的政治参与。然而,这些信息并不容易获取,获得的信息数量将取决于招聘人员和被招聘人员之间发展的关系。在第二阶段,招聘人员需要得到一个积极的结果(即个人接受并成为一个积极的成员)。为了成功地实现这一点,招聘人员可能会用各种奖励或激励来吸引新员工,说服他们加入事业。[1]

马尔卡希(Mulcahy)及其同事(2013)将社会运动理论应用于监狱犯罪团伙对囚犯的极端化。他们认为,"入狱前与某个团伙有关联的囚犯,在很自然地就会被监狱里成员互相支持的团伙组织所吸引。监狱犯罪团伙知道监狱资源有限,因此,尽管矫正工作人员尽了最大努力,他们还是在监狱里蓬勃发展——极端主义团伙也不例外"[2]。

7. 群体动力学理论(Group dynamics theories)

来自社会心理学领域的群体动力学理论,在解释群体动力学涉及对个人走向暴力极端主义的轨迹产生影响的背景力量方面具有重要价值,因为暴力极端主义通常是一种与群体相关的现象。[3] 博鲁姆(Borum)描述了以下关键机制:

(1)群体背景培养极端态度:在群体环境中,个人观点和态度往往变得更加极端。群体观点和态度也往往比其个体成员所持有的更为极端,这种

---

〔1〕 参见 Borum, R. (2011a). , Radicalization into violent extremism I: A review of social science theories, Journal of Strategic Security, 4(4), 7 - 36. doi: http://dx. doi. org/10. 5038/1944 - 0472. 4. 4. 1. p. 17。

〔2〕 Mulcahy, E., Merrington, S., & Bell, P. (2013). , The radicalization of prison inmates: Exploring recruitment, religion and prisoner vulnerability, Journal of Human Security, 9, 4 - 14. p. 9.

〔3〕 参见 Borum, R. (2011a). Radicalization into violent extremism I: A review of social science theories. *Journal of Strategic Security*, 4(4), 7 - 36. doi: http://dx. doi. org/10. 5038/1944 - 0472. 4. 4. 1. p. 20。

现象通常被称为“群体极化”(group polarisation)。

(2)群体决策往往比个人决策更具偏见和不理性:这种现象通常被称为“群体思维”(groupthink)——是群体成员过度尝试达成一致协议,以至于达成共识的需要凌驾于做出最合适的决定的目标。

(3)群体认知受到群体成员身份的影响,通常称为“群体内/群体外偏见”(in-group/out-group bias):人们倾向于更积极地识别和归类群体内成员的行为,并对它们做出更积极的归因。群体之外的其他人(包括其他群体)被认为具有更多的负面特征和行为。这种为群体服务的归因风格在社会心理学中通常被称为“群体内/群体外偏见”。

(4)个人感觉对“群体”行为的责任更少:通过将责任分散到整个群体,个人可能会感觉自己的责任更少。如果一个人在特定的环境下或以群体的名义做出暴力行为,那么群体的存在就会削弱他的主观能动性,从而降低暴力行为的可接受阈值。

(5)人们加入群体是由于感知到的动机和回报:加入群体的动机是动态的,不同的个体之间是不同的。有些人主要是寻求社会关系或个人意义感。另一些人可能是在寻求刺激,或者更实际一点,是在寻找食物、住所和满足基本生存需要的方法。

(6)群体有控制成员行为的内部规范和规则:他们对个体成员的想法和行为有隐含和明确的期望。他们利用这些期望带来的社会压力让成员遵守规则。当群体更有凝聚力、更孤立,或需要为异议付出高昂代价时,群体一致性就会更强,遵守/服从性也会提高。[1]

克拉克·麦考利(Clark. McCauley)和索菲娅·莫斯卡伦科(Sophia. Moskalenko)也基于社会心理学分析,提出了政治极端化的几个关键“机

〔1〕 参见 Borum, R. (2011a). Radicalization into violent extremism I: A review of social science theories. *Journal of Strategic Security*, 4(4), 7 – 36. doi: http://dx. doi. org/10. 5038/1944 – 0472. 4. 4. 1. pp. 20 – 22。

制”。其中使群体或集体极端化的机制如下：

(1)同心同德的群体中的极端转变——群体极化(Group Polarization)：基于“群体极化”的社会心理学原理的动态，即群体成员在试图达成共识时，其“平均”观点往往会变得更加极端。

(2)孤立群体的社会现实力量——增效(Multiplier)：基于众多社会心理学研究的动态表明，当群体被孤立并经历威胁的情况时，他们的凝聚力和感知的相互依赖水平会增加，这也会提高成员的依从性。

(3)群体极端化，争夺相同的支持基础——竞价(Outbidding)：一种基于群体间竞争的动态，在这种动态中，更激进或更极端的群体可能被认为更忠诚或更虔诚，这可能使他们对潜在成员和支持者更具吸引力。

(4)与国家权力的竞争中的活动家的极端化——凝聚(Condensation)：国家打击极端化组织的压力和逆境导致极端组织中不太忠诚的成员退出，只有最忠诚的成员留下来。剩余的成员中的极端化和承诺倾向于加强。

(5)来自群体内部竞争的群体极端化——裂变(Fissioning)：这是一种基于观察的动态，分裂的紧张关系经常导致派别在基于意识形态的集团内部发展。有时这些派系会演变成“分裂”的团体，在不断升级的极端战斗中相互竞争(有时相互战斗)。[1]

以上理论丰富了暴力极端化的理论研究，为了解暴力极端化发生机理提供了不同的途径和视角。但是极端化的形成是一个复杂的过程，在这个过程中，个体的认知、心理、动机，甚至生理因素等，都会发挥作用，而不同的认知、心理、动机的背后可以用不同的社会学、心理学、犯罪学等理论来解释。因此，不能用单一的理论来解释它背后的机理，需要综合各种理论来理解暴力极端化的发生。

---

〔1〕 参见 Clark McCauley & Sophia Moskalenko (2008) Mechanisms of Political Radicalization: Pathways Toward Terrorism, *Terrorism and Political Violence*, 20:3, 415-433, DOI: 10.1080/09546550802073367. pp. 419-429。

第四章　暴力极端主义罪犯的评估

对于普通罪犯来说,恰当的风险评估是良好的监狱管理政策的重要组成部分。评估应该是接收和分类过程的一个组成部分。通过评估可以确定罪犯的个人风险需求,为分类、管理、干预措施与项目、评估进展、释放后的决策提供依据和支持。可以说,评估是罪犯科学分类、安全关押、合理安置与管理和有效干预的基础,对于实现资源有效利用、量刑与管理以及矫正个别化,减少特定风险需求具有重要意义。同样,对于暴力极端主义罪犯来说,评估亦尤为重要。对暴力极端主义罪犯进行评估,也是公认的良好做法,也符合循证矫正的理念与原则。在《关于暴力极端主义罪犯改过自新和重新融入社会的良好做法的罗马备忘录》中倡导的良好做法 3 提出:“为新入监的罪犯建立有效的接收、评估和分类制度。当新罪犯进入监狱设施时,矫正管理的重要一步就开始了。因此,改造计划的目标人群可以根据既定标准进行狭义和明确的界定。尽可能了解罪犯的个人背景、犯罪历史、人格特征和意识形态,这对于做出正确的分类决策和设计有效的个人改造计划具有重要意义。”在当今世界比较先进的循证矫正方法中,精准评估风险与需求也是其八大原则中的首要原则。[1]

对暴力极端主义罪犯的风险需求评估通常在罪犯收监时进行初步评估或者筛选,以确定可能对自己和他人造成的风险以及自身的需求。

一、评估的主要范围

按照风险需求反应模式(RNR),罪犯的评估包括风险与需求评估。风险评估是将服务水平与罪犯再次犯罪的风险相匹配。需求原则是评估犯罪需求并将其作为干预的目标。[2]

在制定客观风险评估工具和议定书时,监狱工作人员明确界定他们要评估的风险类型是至关重要的。联合国《暴力极端主义罪犯管理与狱内极端化暴力预防手册》对暴力极端主义罪犯风险评估的范围进行了概括,手册中认为对暴力极端主义罪犯的风险评估应包括以下几个方面:一是对罪犯自身和其他罪犯或在监狱工作或探访人员的伤害风险(与伤害相关的风险);二是对监狱良好秩序造成威胁和极端化其他囚犯到暴力极端主义(与秩序相关的风险)的风险;三是罪犯逃跑的可能性(与安全有关的风险);四是在监狱休假或释放期间犯下另一项严重罪行的可能性(与再犯相关的风险);五是与外界人员合作,教唆他人在社会中实施犯罪(与犯罪有关的风险)的风险;六是确定那些人是暴力极端主义分子,包括所指称的或实际的罪行与暴力极端主义没有直接关系的人。需求方面的评估应包括罪犯的社会交往、其在组织或团体中的作用、个人背景、犯罪历史、人格特质、意识形态和在监狱中的行为等。

与所有罪犯一样,暴力极端主义罪犯构成的风险类型对风险管理策略

---

〔1〕 参见郭健:《美国循证矫正的实践及基本原则》,载《犯罪与改造研究》2012 年第 7 期。

〔2〕 参见 James Bonta, D. A. Andrews: Risk-Need-Responsivity Model for Offender Assessment and Rehabilitation,2007 - 06。

产生重大影响。比如,对被评估为有严重逃跑风险的罪犯的管理将需要强调安全常规措施,而被评估为有秩序风险的罪犯的风险管理可能不需要强调安全,更多的是强调改变态度和行为。

二、评估方法与工具

风险评估专家通常认为结构化的专业判断方法是风险评估的最佳方法。因为结构化的专业判断是一种设计良好、系统严密、循证的方法,它允许采用一致、结构化和可靠的方法。与普通罪犯的评估一样,对暴力极端主义罪犯的评估也经历了一个从临床经验、专家判断到结构性评估工具的发展过程。在最初,许多国家使用一般的暴力评估工具,对暴力极端主义的风险进行评估。但是大量研究证明,使用一般暴力评估工具效果有限,因为这些评估工具在各个方面都没有考虑到具有意识形态动机的个人的背景和动机。[1] 为了对暴力极端主义罪犯进行有针对性的评估,一些国家和机构利用一般风险评估工具的已知优势,专门研发了针对暴力极端主义的风险评估工具。比如海牙打击恐怖主义国际中心和荷兰安全与司法部法医精神病学和心理学研究所的伊莱恩·普雷斯曼(Elaine Pressman)博士开发的"暴力极端主义风险评估"(Violent Extremism Risk Assessment,VERA－2),英国全国罪犯管理处开发的"暴力极端主义指南"(The Extremism Risk Guidelines, ERG),加拿大西蒙弗雷泽大学卫生、法律和政策研究所阿拉娜·库克(Alana N. Cook) 博士开发的"多层级指南"(Multi-Level Guidelines, MLG),澳大利亚政府开发的 RADAR、美国的恐怖主义极端化评估议定书(Terrorist Radicalization Assessment Protocol,TRAP－18)以及欧洲委员会专门针对监狱开发的"监狱极端化风险评估"(Radicalisation Risk Assessment in

〔1〕 参见 RTI International,Countering Violent Extremism: The Use of Assessment Tools for Measuring Violence Risk Literature Review,March 2017。

Prisons)工具等。下面对这些主要工具做简要介绍。

1. 暴力极端主义风险评估量表(Violent Extremist Risk Assessment)

该工具由海牙打击恐怖主义国际中心和荷兰安全与司法部法医精神病学和心理学研究所的伊莱恩·普雷斯曼博士于2009年依据当时有关暴力极端主义罪犯和恐怖主义罪犯的知识最初开发。此后其他人在不断地实践和研究中对该工具进行了修订与完善,目前使用的VERA－2R是VERA－2的修订和增强版。VERA－2R旨在评估个人极端化到暴力极端主义的风险。此外,它还可用于获取有关暴力极端主义行动的可能性和预防方法的信息,以协助干预和监测效果。它是一种基于结构化专业判断(Structured Professional Judgement,SPJ)的风险评估方法。适用于所有类型的暴力极端分子,包括青年和成人,受宗教、社会或政治意识形态的驱使,犯罪前或犯罪后以及在任何司法设施环境(监狱/缓刑、法医心理健康、警察、情报等)[1]。

VERA－2R包含5个领域,34个指标。这些领域不仅有风险和动机指标,还包括了一些保护性指标。5个领域具体是:信仰与态度;社会背景和意图;历史、能力;参与程度和动机;保护性和减轻风险指标。这个工具的评估者需要做出两种类型的判断。首先,他们必须决定是否存在与被检查个体相关的指标,并对该因素的严重性进行评级(高、中或低)。为此目的,所有指标都有这三个等级的描述良好的标准,并提供引导问题来指导评估人员。其次,这些回应需要被纳入最终的判断,从而洞察问题主体的暴力风险。[2]评估人员做出的最终专业判断不是简单地基于数字总分,而是基于对与风

〔1〕 参见Lloyd, M. (2019, 11 March). Extremist risk assessment: A directory (Full Report). Centre for Research and Evidence on Security Threats. https://crestresearch.ac.uk/resources/extremism-risk-assessment-directory/, pp. 40－41。

〔2〕 参见Pressman, Rinne, Duits, Flockton (2016), Violent Extremism Risk Assessment, version 2－revised (VERA－2R), https://ec.europa.eu/home-affairs/node/11702_en。

险和保护指标有关的所有可用信息和数据的权衡,以及对被检查个体的背景。[1] 在信息获取过程中,如果无法与存在问题的对象面谈时,评估可以仅基于一些附带信息(心理评估、监视情报、法律文件等)进行。[2]

该工具中的风险和保护指标被认为是动态的和随时间变化的,因此,需要重复监测。这种监测允许建立风险轨迹,这被认为是在个人水平上评估风险增加或减少的必要条件。[3] VERA-2R 目前正在一些欧盟成员国的刑事司法系统(警察机构、高度安全戒备监狱、专门缓刑服务等)内使用和实施,[4]如荷兰、德国、瑞典、奥地利、法国和比利时等;欧洲以外的国家,如澳大利亚、菲律宾、加拿大和印度尼西亚等国家也在使用。

表 4-1 VERA-2 指标项目[5]

VERA-2 指标项目	
信仰和态度(Beliefs and Attitudes)	
1	致力于为暴力辩护
2	认为自己是不公正和冤屈的受害者
3	对已确定的不公正目标进行非人道化/妖魔化
4	拒绝民主的社会与价值观

[1] 参见 Lloyd, M. (2019, 11 March). Extremist risk assessment: A directory (Full Report). Centre for Research and Evidence on Security Threats. https://crestresearch. ac. uk/resources/extremism-risk-assessment-directory/, p. 40。

[2] 参见 Lloyd, M. (2019, 11 March). Extremist risk assessment: A directory (Full Report). Centre for Research and Evidence on Security Threats. https://crestresearch. ac. uk/resources/extremism-risk-assessment-directory/, p. 42。

[3] 参见 European Commission. (2016). Violent Extremism Risk Assessment, version 2 - revised (VERA-2R) Pressman, Rinne, Duits, Flockton (2016). https://ec. europa. eu/home-affairs/node/11702_en。

[4] 参见 van der Heide, L., van der Zwan, M., & van Leyenhorst, M. (2019). The practitioner's guide to the galaxy-A comparison of risk assessment tools for violent extremism. International Centre for Counter-Terrorism-The Hague (ICCT). https://icct. nl/publication/the-practitioners-guide-to-the-galaxy-a-comparison-of-risk-assessment-tools-for-violent-extremism/, p. 16。

[5] 参见 Andrew Silke: Prisons, Terrorism and Extrmism: Critical Issues In Managment, Radicalisation and Refom, , Routledge 2014, p. 128。

续表

VERA－2 指标项目	
5	仇恨、挫败、受迫害、孤立感
6	对国家集体认同的敌意
7	对自己群体外部缺乏同理心和理解
背景和意图(Context and intent)	
1	暴力极端主义材料的寻求者、消费者、制造者
2	确定攻击目标(人、地点、团体)
3	与暴力极端主义罪犯进行接触
4	愤怒并表现出暴力行为的意图
5	准备为事业而献身的意愿
6	表示打算策划、准备暴力行动
7	对影响、权威、灌输的易受性(susceptible to influence, authority, indoctrination)
历史和能力(History and Capability)	
1	早期接触亲暴力好战分子意识形态
2	社会关系(家人、朋友)涉及暴力行为
3	有暴力犯罪史
4	接受过战术、准军事、爆炸物的训练
5	接受过极端主义意识形态的培训
6	具有获得资金、资源、组织的技能
参与程度与动机(Commitment and motivation)	
1	美化暴力行为
2	受犯罪机会主义驱使
3	对群体和群体思想承诺
4	受道德权威、道德优越感驱使
5	由刺激、冒险驱动
保护性因素(Protective Items)	
1	对意识形态的重新诠释不那么刻板，绝对
2	拒绝使用暴力去实现目标
3	对敌人看法的改变
4	参与非暴力、去极端化、与犯罪有关的项目
5	社区对非暴力的支持
6	家庭对非暴力的支持

2. 极端主义风险指南(Extremism Risk Guidelines,ERG 22 +)[1]

"极端主义风险指南"是由英国全国罪犯管理服务处(NOMS)开发的一项评估工具。该工具的主要目标不是预测谁将犯下极端主义罪行,而是管理这种风险。[2] 因此,该工具的目的是为已定罪的极端主义罪犯提供判刑计划、干预和释放计划的信息。[3] 最初,该服务处为了寻求一种以经验为基础而且透明的方法来评估罪犯未来极端主义犯罪的风险,以帮助确定干预措施和治疗需求,于是召集了一个风险评估和恐怖主义领域专家小组协助开发。[4] 这一工具被称为结构化风险指南(Structured Risk Guidance,SRG),其目标是确定个别犯罪人员的极端主义行为是否是为了满足其需求,并将其与恐怖主义/极端主义文献中确定的因素相匹配。该工具有 4 个维度,21 个因素指标。4 个维度为信念、动机、意图和能力 4 个方面,21 个因素分布在 4 个维度中。SRG 用于实践中处理已知罪犯的个案。在 SRG 实践一段时间后,根据用户反馈意见和增加的案例知识,有关部门组织对 SRG 进行了修改,并在其基础上最终发展了极端主义风险指南(Extremism Risk Guidelines,ERG)。ERG 保留了许多与原始工具相同的风险因素,并做了一些小改动。把 4 个维度合并修改为 3 个维度:分别是参与度(engagement,来自 SRG 的信念和动机的组合)、意图(intent)和能力(capability)。这种修改

---

[1] 参见 RTI International,Countering Violent Extremism: The Application of Risk Assessment Tools in the Criminal Justice and Rehabilitation Process Literature Review,February 2018,pp. 17 – 18. https://www. dhs. gov/sites/default/files/publications/OPSR_TP_CVE... · 2018 – 3 – 20。

[2] 参见 Lloyd, M. , & Dean, C. (2011). ERG 22 + structured professional guidelines for assessing risk of extremist offending. Ministry of Justice, England and Wales: National Offender Management Service. Offender Services and Interventions Group [non-communicable]. p. 6, 8。

[3] 参见 Lloyd, M. (2019, 11 March). Extremist risk assessment: A directory (Full Report). Centre for Research and Evidence on Security Threats. https://crestresearch. ac. uk/resources/extremism-risk-assessment-directory/. p. 17。

[4] 参见 Lloyd, M. , & Dean, C. (2015). The development of structured guidelines for assessing risk in extremist offenders. *Journal of Threat Assessment and Management*, 2, 40 – 52。

采用了阿杰恩(Ajzen)和菲什宾(Fishbein)的理性行动理论[1],用信念—意图—行动连续体来解释极端主义的犯罪行为。参与度是指与思想动机相一致的信仰群体的接触、互动或发展。这一维度中包含了培养行为意图发展所需的态度、行为和群体规范。意图维度主要衡量准备程度或犯罪可能。这个维度包含了检测个人心理状态和行动计划或结果的因素。第3个维度是能力,包含实施极端主义罪行的知识,技能和能力及其过去犯罪历史等风险因素。ERG随着时间的推移发展为ERG 22+。数字22是指在3个维度上分布的风险因素的数量。"+"用于表示该工具不仅是风险因素清单,还是一个评估者将众多因素考虑在内的过程。ERG 22+的指导性文件指导评估者在评估中考虑犯罪者的背景和个人特征。此外,其他有关因素也可能被认为是极端主义的诱因或威慑力量。

表4-2　SGR 21因素(风险与需求领域)[2]

序号	因素
1	情绪适应力缺乏
2	关系问题
3	感到自己很重要、被重视或特别的需求
4	对身份、意义和归属感的需求
5	威胁感和不安全感
6	对感知到的不公正的敏感性
7	存在理想主义与政治上的幼稚
8	对魅力型个人的易感性
9	易受教化
10	易受群体影响和控制

---

[1] 参见 Ajzen, I., & Fishbein, M. (2005). "The influence of attitudes on behavior", In D. Albarracín, B. T. Johnson, & M. P. Zanna (Eds.), The Handbook of Attitudes (pp. 173-221). Mahwah, NJ: Erlbaum。

[2] 参见 Stephen Webster, Jane Kerr and Charlotte Tompkins, A Process Evaluation of the Structured Risk Guidance for Extremist Offenders Ministry of Justice Analytical Series 2017. pp. 7-8。

续表

序号	因素
11	家庭或社区支持极端主义犯罪
12	过度认同某一事业
13	为犯罪辩护的态度
14	“我们与他们的思维”
15	对冒险和刺激的需求
16	渴望体验自己成为英雄、士兵或荣誉人物
17	意图造成有害的政权更迭
18	机会主义参与
19	实施极端主义罪行的个人知识、技能和能力
20	利用网络、资金和设备实施极端主义犯罪
21	精神疾病和人格障碍的诊断
22	任何其他与风险相关的领域

表 4-3 ERG 22+因素和领域[1]

参与度(Engagement)	意图(Intent)	能力(Capability)
1. 纠正不公正的需求 2. 抵御威胁的需求 3. 身份、意义与归属感的需求 4. 地位需求 5. 刺激、友谊与冒险需求 6. 支配别人的需求 7. 易受教化 8. 政治、道德动机 9. 机会主义参与 10. 家人或朋友支持极端主义 11. 过渡期 12. 团体影响和控制 13. 心理健康问题	14. 对群体、事业或意识形态的过度认同 15. 我们与他们的思维模式 16. 敌人的非人化 17. 为犯罪行为辩护的态度 18. 用有害手段去达到目的 19. 有害的最终目标	20. 个人的知识、技能、能力 21. 获得网络、资金、设备的能力 22. 犯罪史

---

[1] 参见 Beverly Powis, Kiran Randhawa-Horne and Darren Bishopp, The Structural Properties of the Extremism Risk Guidelines (ERG 22+): a structured formulation tool for extremist offenders, Ministry of Justice Analytical Series Year of publication, 2019. p. 15。

3. 多层次指南(Multi-Level Guidelines)[1]

“多层次指南”是由加拿大西蒙弗雷泽大学卫生、法律和政策研究所心理学博士阿拉娜·库克(Alana N. Cook)研究开发。该工具是基于对评估工具 VERA-2 在群体评估方面存在缺陷的考虑而开发的。因为尽管 VERA-2 将个人背景下的社会和情境因素考虑在内,但它主要是评估个人层面暴力极端主义风险的方法。也就是说,与个人相关的特征和行为构成了评估的基础。而社会心理学的暴力观点认为,群体成员、群体行为和群体层面因素可能在个人决定实施极端暴力时发挥一定作用。因此,库克等在 2013 年确定将个人和群体风险因素一起纳入综合暴力风险评估方法中。这项努力的结果就是“多层次指南”,这是一套结构化的专业判断指导方针,同时使用个人和群体层面的因素,来评估基于群体的暴力(例如,帮派、犯罪网络)。“多层次指南”由 4 个领域的 20 个风险因素组成,这些风险因素是评估暴力风险的结构化和系统化过程的一部分。4 个风险因素领域包括个人领域因素、个人—群体领域因素、群体领域因素、群体—社会领域因素。个人领域因素与群体成员无关,主要集中于被评估人的历史和以前的行为;个人—群体因素基于个人在群体中的成员身份,旨在衡量个人对群体角色的态度;群体领域因素是该群体文化的特征;群体—社会领域因素捕捉了群体与社会之间的相互作用,包括可能影响信念或行为的其他群体的存在。这些领域以嵌套模式呈现,每个域都是每个后续域的组成部分(例如,个体包含在个体与群体领域内),由 20 个分布在原始模型中确定的 4 个领域的风险因素组成。具体而言,“多层次指南”包含 6 个个体风险因素,4 个个体—群体风险因素,6 个群体风险因素和 4 个群体—社会风险因素。

---

[1] 参见 Alana N. Cook, Risk Assessment and Management of Group-Based Violence, Simon Fraser University Summer 2014. https://www.researchgate.net/publication/264689494。

表 4-4 “多层次指南”中按领域划分的群体暴力危险因素〔1〕

个体因素	
1.	暴力行为
2.	暴力行为升级
3.	非暴力犯罪行为
4.	受害导致的问题
5.	心理健康问题
6.	缺乏亲社会融合
个人—群体因素	
1.	群体中的身份
2.	群体中的暴力角色或地位
3.	对群体的承诺
4.	对群体外的负面态度
群体因素	
1.	群体暴力
2.	群体暴力升级
3.	暴力群体规范
4.	群体凝聚力
5.	强大的暴力领导力
6.	孤立的群体
群体—社会性因素	
1.	群体内部的威胁
2.	不公正的感知
3.	群体的极端社会地位
4.	社会不稳定

“多层次指南”的应用有 6 个系统化与标准化的步骤。这 6 个步骤与其他广泛使用的结构性工具中使用的步骤类似。第一步，评估人员收集信息

〔1〕 参见 Alana N. Cook, Risk Assessment and Management of Group-Based Violence, Simon Fraser University Summer 2014. p. 21. https://www.researchgate.net/publication/264689494。

以得出对案例的看法。第二步，评估人员确定 20 个风险因素是否存在。每个风险因素按三分法进行编码（“不存在”“可能或部分存在”“存在”）。对每个因素进行编码，以表示案例的最新状态和案例的先前状态。第三步，评估人员确定未来暴力风险与 20 个风险因素的相关性。每个风险因素按三分法进行编码（“不相关”“可能或部分相关”“相关”）。在制定未来暴力风险时，因素的相关性被概念化为动机因素、抑制因素或破坏因素。第四步，评估人员确定风险情景，为管理计划提供必要的信息，以防止在每种情况下发生未来的暴力行为。每一种管理策略的制定都包括未来潜在暴力的性质、暴力的严重性、暴力的紧迫性、暴力的频率或持续时间、暴力的潜在受害者以及暴力发生的可能性这几项内容。第五步，评估人员建议管理策略，以防止出现在第四步中可能形成的情景。第六步，评估人员对案件提出结论性意见，包括：案件优先顺序、未来暴力的风险、危及生命的暴力的风险、即将发生的暴力以及可能的受害者。[1]

4. RADAR[2]

RADAR 是澳大利亚政府开发的一个极端化风险评估工具。与 VERA－2、MLG 和 ERG 22＋不同的是，RADAR 是一种确定极端化过程中的可观察步骤，以便将个体引导到现有国家干预项目，是防止他们犯下极端主义罪行的工具。与 ERG 22＋非常相似，RADAR 是一个旨在系统地记录一个人的所有方面和其环境的工具。该工具包括两项评估：筛选评估和深度评估。

筛选评估包含 3 个维度 15 个指标。3 个维度包括意识形态、社会关系和行动取向。这些维度对应于个人在极端化过程中可能会经历重大转变的 3 个阶段。意识形态转变是指极端化过程中个人信仰和态度的变化。社会

---

〔1〕 参见 Alana N. Cook, Risk Assessment and Management of Group-Based Violence, Simon Fraser University Summer 2014. pp. 21－22. https://www.researchgate.net/publication/264689494。

〔2〕 参见 RTI International, Countering Violent Extremism: The Application of Risk Assessment Tools in the Criminal Justice and Rehabilitation Process, February 2018. pp. 17－18。

关系是指极端化过程中与其他人，包括家庭、团体和密切联系人所产生的影响。最后，行动取向被认为是采取“我们对他们”的态度，越来越可疑或仇恨他人，以及随着时间的推移可能升级的轻微犯罪的增加。这 3 个维度中的每一个都有详细记录，并以因素或指标表示。RADAR 还针对每个指标实施从显著（轻微）到关注（中等）到请注意（主要）强度的不同强度度量，将指标划分为不同的强度级别，可以使评估人员评估极端化的程度。除 15 项指标外，筛查评估包括 3 个保护因素（存在有影响力/支持性家庭成员、过去社会参与的事例、通常的非暴力）以供考虑。

如果有必要，根据初步筛选的结果，对个人可能会进行深度风险评估。深度评估包含 27 个指标，这些指标围绕筛选工具中存在的相同的 3 个维度进行排列。深度分析需要收集围绕每个指标的重要细节，以便进行小组审查。评估的后续阶段，即干预和追踪阶段，包括应对和识别措施，以评估个人在极端化后发挥作用的能力以及脱离意识形态的程度。与前面所述工具相比较，在该工具中出现的维度和指标与其他工具之间存在显著的重叠。然而，RADAR 的不同之处在于，它是专门设计用于在极端化过程早期识别那些有极端化风险的人，让高危人群从旨在防止极端化的项目中受益，而不是试图预测低频率的暴力行动的可能性。

5. 恐怖分子极端化评估议定书（Terrorist Radicalization Assessment Protocol，TRAP－18）[1]

TRAP－18 是由加利福尼亚大学著名法医心理学家里德·梅洛伊（Reid Meloy）博士开发的一个结构化的专业判断工具，用于评估可能参与恐怖主义的个人。TRAP－18 的设计初衷是为了评估社区对象发生有针对性或有意的极端主义暴力的风险——无论他们的意识形态如何，以帮助精神健康、

〔1〕 参见 J. Reid Meloy（2018）：The Operational Development and Empirical Testing of the Terrorist Radicalization Assessment Protocol（TRAP－18），*Journal of Personality Assessment*，DOI：10.1080/00223891.2018.1481077。

情报、执法和安全专业人员管理有关当事人的业务数据,并根据是否存在预警行为和特征对案件进行优先排序。该工具并未采用前文所讨论工具所采取的维度方法,而是审查两大类指标:预警行为和远端特征。TRAP - 18 模型识别了 8 种近端预警行为类型(路径、固视、识别、新的攻击行为、能量爆发、泄漏、直接传递威胁和破釜沉舟的行为),它们在不同的模式下都可以被观察到,通常是在目标暴力行为的表达之前就能够被观察到。如果存在这些行为,就表明需要警惕了,意味着暴力行为可能迫在眉睫,个人应参与积极的风险管理。除了预警行为外,TRAP - 18 还可以用于评估 10 个远端、更具动态性的特征(个人不满和道德愤怒、意识形态框架、加入失败、对虚拟社区的依赖、职业目标挫败、思维和情感的变化、性亲密伴侣关系的失败、精神障碍、更大的创造力和创新、刑事暴力),这些特征在恐怖主义文献中均得到了证实。这些特征通常在有可能采取极端主义行动的个人身上观察到,但并不一定表明其即将实施暴力行为。[1] 该工具的重点是行为模式,而不是独特的变量,即它不打算预测谁会或不会实施恐怖主义行为,相反,该工具可以通过告知哪些个人应该得到优先关注来帮助分配资源。[2] 依据该工具的评估结果,可以决定某一案例是需要主动管理(存在一个或多个警告行为),还是需要监控(仅存在远端特征)。具体而言,一旦确定了"警告行为"的行为模式,就可以使执法部门更好地将资源和注意力转向更进一步迈向暴力途径的行为者身上。该工具从 2015 年开始在美国、加拿大和欧洲使用。

---

〔1〕 参见 Meloy, J. R., Goodwill, A. M., Meloy, M. J., Amat, G., Martinez, M., & Morgan, M. (2019). Some TRAP - 18 indicators discriminate between terrorist attackers and other subjects of national security concern. *Journal of Threat Assessment and Management*, 6 (2), 93 - 110. https://doi.org/10.1037/tam0000119。

〔2〕 参见 J. Reid Meloy, PhDa,, Jacqueline Genzman, BA, The Clinical Threat Assessment of the Lone-Actor Terrorist, *Psychiatric Clinics of North America*, Volume 39, Issue 4, December 2016, pp. 649 - 662。

表 4-5　应用 TRAP-18 方案评估的预警行为和远端特征[1]

行为/特征	描述
预警行为	
路径	研究、计划或为暴力行为实施做准备的任何行为
固视	对某人、事业或目标的兴趣增加(专注)
认同	发展成为战士或突击队员的愿望,或模仿其他暴力行为人的行为
新的攻击行为	与第一次犯下的攻击行为无关的暴力行为
能量爆发	增加与目标相关的活动,即使它们看起来无害
泄露	向第三方透露意图
直接传递威胁	对目标传达直接威胁
破釜沉舟的行为	表现出对暴力或采取行动的迫切需要的行为
远端特征	
个人不满和道德愤怒	失去一些重要的东西,认同被侵犯/遭受苦难的群体
意识形态框架	存在证明行为意图正当化的信仰,信仰可能是宗教的、政治的或单一问题的(比如环境保护主义者)
加入失败	未能与极端组织接触或被极端组织拒绝
对虚拟社区的依赖	通过虚拟网络与他人积极沟通,包括学习新技术或发表意见/言论
职业目标挫败	学业或职业目标失败
思维和情感的变化	发展更具体的信仰,很少质疑极端的想法。发展更具体的信念,很少质疑极端的想法。相信自我或思想的优越性
性亲密伙伴关系的失败	无法建立重要的亲密关系或有性暴力
精神障碍	过去或现在有重大精神疾病症状
更大的创造力和创新	战术思维
刑事暴力	暴力犯罪史,特别是掠夺性的

[1] 参见 RTI International, Countering Violent Extremism: The Application of Risk Assessment Tools in the Criminal Justice and Rehabilitation Process Literature Review, February 2018. p. 20。

6. 监狱极端化风险评估(Radicalisation Risk Assessment in Prisons)

监狱极端化风险评估(Radicalisation Risk Assessment in Prisons,RRAP)是在欧洲委员会的"监狱预防极端化"(Radicalisation prevention in prisons, R2PRIS)项目下开发的一个评估程序。该评估程序是包括一系列旨在对囚犯的脆弱性和极端化风险进行广泛评估的工具集,是 R2PRIS 多层次监狱极端化预防方法的一部分。[1] RRAP 主要针对监狱中容易被极端化或有极端化迹象的人。因此,该工具并不适用于被判犯有与极端主义相关的暴力或恐怖主义罪行的囚犯,也不适用于成为恐怖组织成员的囚犯。[2] 它采用了包括三种风险评估工具的多层次极端化预防方法,针对所有类型的极端主义。这些工具采用结构化专业判断方法,即专业人员得到系统指导;专业人员必须决定是否存在危险因素;风险水平由决策者依据不同类别的风险、干预需求来作出判断。这一评估的重点是一般人群的风险和脆弱性,而不是被指控或定罪的恐怖主义罪犯。[3]

第一个 RRAP 工具是"高层通盘检视"(Helicopter View,HV),是针对监狱/监狱管理层的一个组织风险评估工具,旨在提高认识和支持监狱管理者/监狱系统人来反映和评估预防极端主义的情境维度——与监狱/监狱服务相关的因素以及囚犯中存在的因素,并确定需要执行的策略和行动计划。该工具将由监狱系统管理人员、监狱管理者及其管理团队在辅助会议上使用,以评估极端化情境风险因素。

第二个 RRAP 工具是"一线行为观察指南"(Frontline Behavioural

〔1〕 参见 R2PRIS Multi-level In-prison Radicalisation Prevention Approach, https://ec. europa. eu/home-affairs/networks/radicalisation-awareness-network-ran/collection-inspiring-practices/ran-practices/r2pris_en。

〔2〕 参见 Carlos Fernandez & Fernando de Lasala, Risk Assessment in Prison, Publications Office of the European Union, 2021. p. 12. https://ec. europa. eu/home-affairs/system/files/2021 - 04/ran_cons_overv_pap_risk_assessment_in_prison_20210210_en. pdf。

〔3〕 参见 RAN EX POST PAPER: Developing, implementing and using risk assessment for violent extremist and terrorist offenders, RAN P&P Working Group Brussels, 9 - 10 July 2018. p. 4。

Observation Guidelines,FBOG)。这个工具是针对一线层面的,旨在提高对监狱极端化的认识,并支持一线工作人员(例如,监狱工作人员、教育工作者、教师、社工等)识别信号行为/行为变化,这些行为代表囚犯认知极端化的外化(重点关注囚犯的外表,监舍的装饰及其所拥有的物品,日常工作,与其他囚犯、监狱工作人员、亲属和其他人的联系方式,讲话)。这一工具是为培训人员和监狱服务协调员在与一线工作人员的讲习班或培训课程中使用而开发的,在这些课程中,要求参与者使用预先定义好的模式来制定"他们自己的"行为观察准则。

第三个 RRAP 工具是"个体极端化筛查"(Individual Radicalisation Screening,IRS),是针对技术人员,主要是心理学家或接受过心理评估培训的工作人员,旨在评估囚犯极端化的风险,从极端化前阶段可能出现的个人脆弱性,到更极端地参与极端组织(战斗)。"个人极端化筛查"遵循结构化专业判断(SPJ)方法。因此,了解它代表了一种结构化的方式来评估可能导致囚犯极端化的个人、人与人之间/团体和组织因素是很关键的。此外,在考虑这一工具时,需要结合与极端化有关的其他方面的现有数据(囚犯历史、行为和脆弱性有关的个人因素)。填写筛查表并对其项目做出答复是一个反复的过程,可能需要与囚犯面谈、收集和分析观察报告、与其他专业人员(如一线工作人员)交流,以及核对可用的信息(来自精神病学和心理学领域的其他评估工具,提供被评估囚犯行为信息的现有监狱记录)。问题集中在 9 个维度的 39 个项目(情感不确定性、自尊、激进主义、距离和社会脱节、归属需要、恐怖主义合法化、感知到的群体优势、身份融合和认同、行动主义)。所有的答案都必须有证据支持。每一个维度都在一个等级(从 1 到 5)上打分,该等级分为 3 个风险类别:低、中、高脆弱性。对不同维度的分析可以给出囚犯是否可能正在经历激进化过程的某些阶段。[1]

7. 西班牙监狱暴力极端化风险评估工具（Instrument to assess risk of violent radicalisation）

西班牙有一个专门用来评估监狱中极端化风险的工具，被称为“评估暴力极端化风险的工具”（Instrument to assess risk of violent radicalisation）。这是一份由监狱所有心理学家完成的文件，记录了所有被判犯有“圣战”恐怖主义罪行或被认为正在极端化的人（尽管他们承认犯有普通罪行）。加泰罗尼亚使用一种特定的协议来检测极端化。适应监狱环境（特别是监狱内外的青少年）的评估工具有三个等级，这三个等级不对外公开。第三级适用于恐怖主义犯罪案例，或有外部信息表明此人与极端组织有联系的案例。第二级是系统地满足几个指标。在第一级是指个人有一些因素，但不被认为是极端的，只是一个一般的预警。因此，通过这一评估工具可以发现那些被定罪/指控恐怖主义罪行的人、那些极端化的人以及那些有极端化危险的人之间相互区别。在实践过程中，西班牙政府使用不同的指标对罪犯进行分类，具体分为 A 类与 B 类两个组别。其中将那些属于恐怖组织成员或与恐怖组织有关联而被定罪的罪犯归为 A 类，而那些容易被灌输思想或极端化的囚犯被归类为 B 类，以便进行改变信仰和暴力极端化风险检测。在 A 类情况中，心理学家根据 12 个因素将罪犯的极端暴力风险分为“低、中、高”三个级别，例如，被检测者是否有“暴力倾向”；他们过去是否有过与极端主义有关的暴力行为；罪犯获释时所处的社会环境是否与暴力极端化有关；罪犯是否表现出“为了捍卫自己的意识形态而采取行动的意图”；罪犯是否似乎有“要攻击的目标”；罪犯是否表现出“行为冲动”的迹象和“精神病特征”；罪犯是否患有某种“严重精神障碍”；罪犯是否反映出“与暴力极端主义团体的亲密关系”。而在 B 类人群中，心理学家把注意力集中在 27 条线索上，例

---

[1] 参见 RAN EX POST PAPER：Developing, implementing and using risk assessment for violent extremist and terrorist offenders，RAN P&P Working Group Brussels，9 - 10 July 2018. pp. 4 - 5。

如,罪犯是否表现出希望“指导其他罪犯进行宗教活动”的迹象;罪犯是否想在监狱里获得“更高的个人地位”;罪犯是否表现出“宗教集体行为”的倾向;罪犯的态度是否反映出他不容忍他人不同的观点;表示“支持其他囚犯”;罪犯是否表现出“脆弱或个人软弱”的迹象;罪犯是否表现出“个人受害感或受到不公平待遇的感觉”,并且他觉得对该组织的攻击是对他自己的攻击。[1]

以上这些专门化的工具从不同的角度和层面,对暴力极端主义罪犯风险的专业化评估进行了积极的尝试,评估的思路、方法和结果对于暴力极端主义罪犯的评估工作具有积极的参考价值。它们的开发与推广使用,对于暴力极端主义罪犯评估专门化具有重要意义,对于深入了解暴力极端主义罪犯特有的风险和需求具有重要的指导意义和参考价值,是暴力极端主义风险评估工作的重要进步和发展。但是这些新开发工具还存在缺乏更多的公开的证据来支持其有效性,而且由于有关暴力极端主义或者恐怖主义的定义还缺乏统一的界定,可能在工具开发过程中对照组实际上的不一致。此外,参与暴力极端主义的动机可能取决于不同的文化和历史背景,这使得进一步分析与极端化和暴力极端主义相关的风险因素变得更加难以进行统计分析。[2] 因此,这些评估工具并不是完美无缺的,或者是可以毫无保留地广泛推广使用的。此外,其中许多工具不是专门为矫正环境开发和设计的,文献中确定的风险指标和制定的风险评估措施还缺乏广泛和足够的实证检验,无法提供关于极端化和暴力极端主义的明确理解和结论,尤其是在矫正背景下。因此,矫正系统在使用其中的一些工具时,应当加强实证检验,进一步验证其效用,并在明确本地暴力极端主义罪犯在风险与需求方面的特

[1] 参见 Daniela Ronco, Alvise Sbraccia, Giovanni Torrente, Antigone Edizioni, Prison de-radicalization strategies, programs and risk assessment tools in Europe, European Prison Observatory, Rome, October 2019. pp. 27 – 29。

[2] 参见 RTI International, Countering Violent Extremism: The Use of Assessment Tools for Measuring Violence Risk Literature Review, March 2017. pp. 26 – 27。

异性特征的基础上，进行本地化改造。

此外，使用结构性专业评估工具对暴力极端主义进行风险评估并不能完全取代评估人员的人为判断，但评估工具可以通过严格和标准化的分析方案来支持评估人员的判断。在使用评估工具前，应对工作人员进行使用暴力极端主义分子风险评估工具的培训。

三、评估的主要因素

从暴力极端主义罪犯的构成来看，暴力极端主义罪犯在动机、角色地位具有异质性，其面临的风险程度和需求不同。此外，从暴力极端主义形成的原因来看，意识形态、个人能力、环境影响等都会对其犯罪产生影响。因此，基于暴力极端主义罪犯的特点，对暴力极端主义罪犯的评估应当关注异质性、意识形态的极端程度、能力水平、所处环境、情感感知等因素，尤其要关注那些能够促使其脱离暴力极端主义的积极因素。

1. 暴力极端主义罪犯自身的异质性

如前所述，暴力极端主义罪犯与普通罪犯有着不同的特点。一般来说，某一类普通罪犯在特征上具有一定的共性，比如暴力类罪犯，普遍具有冲动、易怒、控制力差等特点。但是对于暴力极端主义罪犯来说，尽管在文献中描述了其相似之处，但是研究和实践证明，暴力极端主义罪犯没有单一的轮廓或路径，并非所有的恐怖主义和极端主义罪犯是一样的，他们之间具有异质性，不能把他们简单地归为一种类型或一种形象。同样，恐怖主义组织也存在异质性，比如从大的类别上有宗教恐怖主义组织、革命、无政府主义和民族主义、分裂主义的恐怖主义。这些类别还可以进一步细分，并最终可能分为成百上千的子类别。当然，这些不同类型的组织在重要因素上存在相当大的差异，不仅体现在组织的结构和成员方面，更重要的是在这些组织准备鼓励和参与的暴力的程度和性质方面。[1] 因此,对于每一个组织以及组织下的个人都需要在其自身的政治、社会和个人背景下进行考虑,在评估时应当充分考虑暴力极端主义罪犯之间异质性的特点。

一是需要考虑暴力极端主义罪犯动机的异质性。暴力极端主义罪犯加入恐怖主义组织、参与行动的动机并不都是基于对所参加组织的理论基础的认同和对事业的追求,有的可能是出于宗教的需要或者政治的需要,有的就是为了获取尊重、地位、金钱,还有的是由于一些小的个人问题或者社会问题。不同的动机,其面临的风险程度和需求就会有所不同。

二是需要考虑罪犯在暴力极端主义组织中的身份和角色。在恐怖主义活动中,也存在身份和角色上的差异,比如有的罪犯是杀手、人体炸弹、自杀式恐怖分子;有的是理论家、招募者、募捐者和网络宣传者、偶像、领导;有的是持有极端主义思想的极端主义者(真正的信徒);还有的是被领导者、监狱招募的新兵或者弱势群体。不同身份和角色的暴力极端主义罪犯在动机、风险与需求上不可能完全相同,评估时需要考虑到。

2. 意识形态

意识形态在促进暴力极端主义犯罪中扮演着重要的角色。从一些国家的调查来看,恐怖主义组织的新成员往往对该组织所依据和所支持的意识形态理解过于简单或者不能完全理解。事实上,对一些人来说,只有在与其他成员一起度过监狱时光之后,他们对组织的意识形态才会有更深层次的理解,这是由于他们有时间进行详细的辩论和讨论。在评估风险时,要考虑的关键问题是,个人对极端主义思想是否真正了解,是否支持极端犯罪的意识形态价值观以及支持的程度,是否持有僵化的“我们与他们”的二元世界观。要正确地做到这一点,评估者需要对特定组织的意识形态框架有深入

---

〔1〕 参见 Silke, A. (2014). “Risk assessment of terrorist and extremist prisoners”, in A. Silke (ed.), Prisons, Terrorism and Extremism: Critical Issues In Management, Radicalisation and Reform, pp. 108 – 121. London: Routledge。

的了解。

3. 罪犯的能力

任何行为,包括其极端形式,都是动机和能力两个普遍因素的作用。动机是行为的内在决定因素,它包含在适当情况下转化为目标的价值和期望因素,促使人们选择实现目标的行为方式。能力是行为的外在决定因素,它体现了个人对相关行为的实际控制程度。有些人可能对一个组织的意识形态有态度上的同情,但如果缺乏行动的能力,也可能不会参与相关组织或者行动。因此,评估时还要考虑罪犯的个人能力。通常来说,一个人的经验和训练越多,他的能力水平就越高。

4. 政治和社会环境

前面提到,暴力极端主义的产生是社会、政治、个人等因素综合的产物。暴力极端主义活动受到其发生的更广泛的政治和社会背景的强烈影响。这种环境可以支持和鼓励暴力,也可以抑制和破坏暴力。这里特别重要的是与暴力极端主义罪犯联系最密切的社区,要考虑个别罪犯对这个社区环境的看法。正如克伦肖(Crenshaw)所强调的那样:“恐怖分子的行动是基于对世界的主观解释,而不是客观现实。对政治和社会环境的感知是通过反映经验和记忆的信仰和态度来过滤的。”[1]

5. 归属关系

恐怖主义或暴力极端主义通常是一种群体现象。有关极端化的研究强调,社会因素可能是极端化过程中最重要的一个因素[2]。友情、社会支持和归属感都是成为和保持团体关系的强大动力。因此,相关风险评估都应

---

[1] Andrew Silke(2014),Terrorism and Extremism: Critical Issues In Management,Radicalisation and Reform, First Published 2014 by Routledge. p. 114.

[2] 参见 Silke, A. (2003). "Becoming a Terrorist." In A. Silke, (Ed.), Terrorists, Victims and Society: Psychological Perspectives on Terrorism and Its Consequences (pp. 29 – 53). Chichester: Wiley; Silke, A. (2008). "Holy Warriors: Exploring the Psychological Processes of Jihadi Radicalisation." *European Journal of Criminology*, 5/1, pp. 99 – 123。

考虑罪犯的归属关系。他们更喜欢和谁在一起,与其他恐怖主义罪犯是否相关,他们与相关罪犯的接触是基于环境所迫还是自己主动,加入相关组织是主动还是被迫,是否有脱离有关组织的想法和要求。这些都是需要重点关注的。

6. 情感因素

如前所述,在暴力极端主义成因的有关研究中,已经强调了一系列情绪动机因素,比如不满、不公正感、愤怒和复仇等。大多数恐怖主义罪犯认为,在犯罪时,他们的行为在道德上是正当的,各种心理过程似乎在促进积极参与恐怖主义方面起着重要作用。[1] 因此,情感因素也是评估的重点。

7. 监狱中的行为

行为是一个人心理的外在表现。在羁押期间的行为表现是罪犯风险评估应当考虑的重要因素。比如,暴力极端主义罪犯是否有对工作人员和其他罪犯施加暴力、参加政治抗议活动(如绝食抗议)或积极试图破坏监狱的运作或安全(如逃跑企图)等行为。如果有这些行为,明显能够表明罪犯对极端组织事业的坚定承诺,并愿意代表它进行严重暴力。相反,具有良好行为记录的罪犯显示出有能力遵守这一制度,这可能表明他们真正有改变的愿望。比如,罪犯与监狱工作人员或者宗教人员之间的关系可以让我们深入了解他们的总体观点和态度。罪犯是否愿意完成专门为极端主义罪犯设计的监狱矫正项目也是一个考察指标,如果他们参加了这样的项目,那么这

---

[1] 参见 Bandura, A. (1990). "Mechanisms of moral disengagement." In W. Reich (Ed.), Origins of terrorism: Psychologies, ideologies, theologies, states of mind (pp. 161 – 191). Cambridge: Cambridge University Press; Silke, A. (2003). "Becoming a Terrorist." In A. Silke, (Ed.), Terrorists, Victims and Society: Psychological Perspectives on Terrorism and Its Consequences (pp. 29 – 53). Chichester: Wiley; Silke, A. (2008). "Holy Warriors: Exploring the Psychological Processes of Jihadi Radicalisation." European Journal of Criminology, 5/1, pp. 99 – 123; Pyszczynski, T., Abdollahi, A., Solomon, S., Greenberg, J., Cohen, F. and Weise, D. (2006). "Mortality salience, martyrdom, and military might: the great satan versus the axis of evil." Personality and Social Psychology Bulletin 32/4, 525 – 537。

种参与的结果显然是要考虑的重要问题。

此外,还要考虑性别与年龄的因素。不同性别和年龄层次的罪犯在风险与需求方面也有明显的不同,在评估时也是一个值得考虑的问题。

8. 脱离因素

在对暴力极端主义罪犯进行风险评估时,经常会存在一个问题,就是评估者往往更关注与个人成为恐怖分子或者极端分子相关的因素,而忽视与个人脱离恐怖主义相关的因素。其实,从监狱角度来说,根本的问题可以说不是参与有关活动的因素是否存在,因为这些因素不可避免已经存在;而是当前与脱离相关的因素是否存在,这些因素的存在对于能否成功脱离至关重要。但是这些要素相互作用,找出每个人的主要因素是非常困难的。但以下是一些值得考虑的因素:(1)年龄的变化。一般来说,年龄越大的人继续积极参与恐怖主义活动的可能性越小。(2)经历了某些转折性事件,比如监禁、重伤、朋友死亡、离婚等。(3)延迟威慑的发展。比如对人身伤害和未来监禁的恐惧有所增加;认识到继续参与暴力极端主义活动将不可避免付出沉重的代价,同时又质疑他们应对这些代价的能力;与其生活有关的焦虑情绪总体上有所增加等。(4)表达出对极端组织的失望。了解个人是否对组织的政策、领导和活动表现出越来越多的不满。(5)其他因持续参与恐怖主义而产生的负面情绪。这可能与团队成员之间的人际纠纷和冲突有关。越来越多的人认为,个人不再适应或被其他成员和支持者背叛或忽视。(6)意识到更广泛的政治和社会环境已经改变,政治暴力不再是必要的,导致重新评估继续进行恐怖主义的必要性或理由。(7)优先事项的改变。比如更加关注"正常"的生活;表达对婚姻和事业投资的渴望;对孩子,尤其是自己的孩子表现出更多的尊重和关心等。

四、评估的信息来源

在明确了暴力极端主义罪犯风险评估时最有用的问题之后,确定评估的信息来源也是一个关键步骤,因为这是评估成功的重要依据。从信息来源来看,用于其他类型罪犯风险评估的主要数据来源也将广泛适用于恐怖主义和极端主义罪犯,主要有三种信息获取渠道:一是与被评估者面谈;二是进行专业的测试;三是利用第三方信息,比如法院报告、监狱文件、警察报告等。

首先,与罪犯的面谈是最重要的信息来源。但是,不应仅靠访谈来进行评估,因为罪犯经常试图将其行为的严重性降至最低(包括否认其对某些或全部定罪在内),并尽可能地展示他们最好的行为和态度,在某些情况下还可能公然撒谎。尽管如此,对罪犯详细的访谈还是了解罪犯最主要的途径和基础。

其次,专业测试也是一个获得信息的主要来源。专业测试主要是指利用专门的风险评估工具。如前文所述,国际社会专门开发了针对暴力极端主义罪犯的风险评估工具,包括个人、群体风险评估等,比如"极端主义风险指南""暴力极端主义风险评估"、RADAR、"多层次指南"等。这些评估工具所得到的信息,可以为制定有效的管理和干预措施提供重要参考和依据。

最后,就是利用第三方信息。第三方信息包括法院报告、监狱报告和其他监狱文件、警察报告、监狱和缓刑人员进行的评估等。这通常是风险评估过程中最容易获得的信息。这些材料在形成整体评估中起着重要作用,对于指导与罪犯的面谈也至关重要。在罪犯拒绝接受访谈的情况下,风险评估基本上仅取决于第三方信息材料。虽然这种材料通常更可靠,但在使用时应当慎重对待。这些评估涉及评估人员的能力和水平。因此,所有证据,无论是来自罪犯还是其他来源,都需要在一个关键的框架下加以考虑。此外,机构间罪犯信息共享是一个关键的问题,尤其是对于暴力极端主义罪犯来说,信息共享尤为重要。

五、关于我国暴力极端主义罪犯评估的思考

罪犯评估是有效管理和干预的重要前提，暴力极端主义罪犯参加相关犯罪具有不同的动机和需求，通过评估了解其动机原因、需求及其风险水平，对于采取切实可行的风险管理和干预措施具有重要意义，同时评估也是接收和分类的一个组成部分。为提高我国暴力极端主义罪犯的评估工作的科学化、专门化水平，建议开发适合我国暴力极端主义罪犯特征的专门评估工具。理由是：一方面是由于暴力极端主义罪犯本身具有不同于普通罪犯的特点，适用于普通罪犯的评估工具不一定适合暴力极端主义罪犯。另一方面，尽管作为国际性犯罪，我国暴力极端主义罪犯与国际社会上的暴力极端主义罪犯具有共同性，但是仍具有明显的地域性特征，国外已经开发的专门性工具还需要进一步验证，也并不一定适合我国国情。因此，我国应当开发专门适合我国国情犯情、内容全面、科学有效、操作规范的危安犯风险和需求评估工具量表，为暴力极端主义罪犯风险和需求评估提供“利器”，不断提高监狱风险管控水平。

关于我国暴力极端主义罪犯的评估工具的开发，可以采取两种途径：一种是采取从国外引进并加以本土化改造的方式。国外有关工具的思路、角度以及技术方法为我们的工具开发提供了很好的思路，有关评估指标具有很好的参考与借鉴价值，我们可以引入相关工具，在相关监狱进行实验验证。通过实验不断去伪存真，实现工具的本土化，在此基础上发展适合我国罪犯特点的专门性评估工具。另一种途径是利用现有知识和研究，自行研究适合我国罪犯特点的评估工具。通过开展暴力极端主义罪犯的实证研究，了解我国罪犯犯罪原因特点、风险需求，在此基础上选取相关评估因子，自行研制暴力极端主义评估工具，并开展对照实验，加以验证。

此外，在开发专门的风险评估工具时，明确识别评估工具的目标与评估

的风险类型是至关重要的。就暴力极端主义罪犯群体而言,风险评估工具的重点是脆弱性还是实施犯罪行为的意图或能力在开发过程中应予以明确。

第五章　暴力极端主义罪犯的分类及关押

维护监狱安全和促进罪犯改造是监狱的两大重要职能。保护工作人员和其他罪犯,尽量减少干扰和暴力,减少暴力极端主义罪犯极端化他人的风险,让暴力极端主义罪犯参与改造方案,降低暴力极端主义以及非暴力极端主义再犯,是暴力极端主义罪犯管理的主要目的。罪犯分类、分级与关押是罪犯管理的一个重要方面。良好的罪犯分类、分级对于科学管理罪犯具有重要意义。而基于暴力极端主义罪犯的特殊性,关押模式也是暴力极端主义罪犯管理必须考虑的一个重要问题。

一、暴力极端主义罪犯的分类、分级

无论普通刑事罪犯还是暴力极端主义罪犯,分类、分级都是合理安置的一个重要环节,因为分类分级与风险和需求评估结果结合在一起,可以为合理管理罪犯、制订个性化的服刑计划提供基础。鉴于暴力极端主义罪犯的特殊性质,对其进行适当分类与分级尤为重要。

根据《联合国囚犯待遇最低限度标准规则》(纳尔逊·曼德

拉规则)规则的规定,首先要按照罪犯的法律地位、性别和年龄对其进行分类,分开关押,以保护罪犯的人权。《联合国囚犯待遇最低限度标准规则》规则 11 规定,不同类别的囚犯应按照性别、年龄、犯罪记录、被拘留的法定原因和必须施予的待遇,分别送入不同的监所或监所的不同部分。也就是说,女犯与男犯、已决犯与未决犯、青少年犯与成年犯应当分开关押。当然,这种分类称为初始分类,是最基础性的分类,也是最简单的分类,它不需要依赖任何的评估结果。这一准则同样适用于暴力极端主义罪犯。

在基础分类或者初始分类后,为了确定罪犯的适当监管级别、将罪犯安置到合适的监狱或者监区以及确定罪犯的教育改造计划,还需进行深入的评估,并依据结果对罪犯进一步分类,也是二次分类。在这个过程中,获得有关罪犯背景、犯罪史、精神健康状况、个性特征、意识形态、重要社会关系、在组织中的地位等信息,对于做出合理的分类决定是非常重要的。通常来说,有关部门将依据二次分类的结果将罪犯安置在不同戒备等级的监狱。在世界上大多数国家,监狱的安全级别通常划分为高度安全戒备、中度安全戒备、低度安全戒备三级。在决定罪犯分配时,应根据其个人风险评估和不受歧视的原则,确保所有罪犯都处于其安全和有保障监禁所需的限制最少的环境中。一般来说,被评估和分级为高风险的罪犯应该被分配到高度安全戒备的监狱或者高度安全戒备监区。被认为特别危险的极少数罪犯可能需要被关押在特别的最高安全戒备设施中,这些设施可能是特殊监狱或另一监狱内的独立单元(例如,在其他高风险罪犯的高度安全监狱内关押)。而风险程度较低的罪犯,会安置在戒备程度较低的监狱或者监区。从实践来看,对于暴力极端主义罪犯的监管与限制程度,不同的国家有不同的选择。比如在拉脱维亚,在许多情况下,恐怖主义被认为是一种特别严重的罪行,实行的监狱制度涉及最大限度的安全和监督。在意大利,当囚犯被告或被判犯有以恐怖主义为目的的罪行,包括国际恐怖主义,或者通过实施暴力行为来颠覆国家秩序基于其恐怖主义罪行,囚犯会被分配到高安全级别的监狱巡回区,特别是高安全级别 2(AS 2)。他们被与其他囚犯分开,以避免他们对弱势对象进行传教,并与其他犯罪组织(如黑手党)的囚犯建立伙伴关系。在西班牙,一旦有人被判犯有恐怖主义罪,就会被自动列入所谓的“特别监控囚犯的档案”。对于那些被判犯有这类罪行的人,包括每天 22 小时的绝对隔离,未经司法授权可以干预所有通信,例行的牢房变更,监狱分散以及其他限制。起初,在加泰罗尼亚监狱管理部门内部并不存在这个档案,被判犯有这类罪行的人被分配到所谓的“封闭管理的特别部门”,尽管监禁条件非常相似。在葡萄牙,相关法律没有提供任何此类指导,但在实践中,那些因涉嫌恐怖主义活动而被监禁的少数人被隔离在该国唯一的最高戒备设施。只有在奥地利和德国,适用的监狱制度不会产生自动后果,基本上,监狱应该遵循正常化的原则,没有特定的安全制度和待遇;然而,事实上,如果囚犯被其他囚犯极端化的风险很大,监禁管理部门可能会采取特别措施,如隔离、高度监视等。[1]

当然,对罪犯的分类分级并不是一劳永逸的,还需要根据定期或者不定期的评估进行调整。“入监时适当的筛选和分类不是过程的结束”。正如《关于暴力极端主义罪犯改过自新和重新融入社会的良好做法的罗马备忘录》良好做法 3 所指出的那样,“定期重新管理”风险评估方案对于通报风险评估、管理决策至关重要。这些定期评估的结果也可以帮助监狱工作人员评估干预策略的影响,并检测罪犯态度的变化。通过适当和不断地评估和分类分级,工作人员可以适时更新有关在监狱中可能容易极端化为暴力的个人的信息和潜在警告标志,并将筛查结果纳入每个罪犯的动态和个性化管理需求评估和干预计划。

---

〔1〕 参见 Daniela Ronco, Alvise Sbraccia, Giovanni Torrente, Antigone Edizioni, Prison de-radicalization strategies, programs and risk assessment tools in Europe, European Prison Observatory, Rome, October 2019. pp. 19 – 20。

二、暴力极端主义罪犯的关押模式

如前所述,防止监狱内的极端化、招募等问题是各国监狱系统在管理方面面临的最大难题。因此,相比普通罪犯,暴力极端主义罪犯的关押方式也是一个特别重要的问题。其问题主要体现为暴力极端主义罪犯能否很好融入主流罪犯群体,与一般罪犯是混合关押还是分开关押,如果分开,暴力极端主义罪犯是应该集中在一起关押还是分散在少数监狱中,暴力极端主义罪犯之间是否需要相互自我隔离,这些问题都需要监狱管理部门慎重考虑。

从当前世界主要国家的做法来看,主要是依据本国所关押的暴力极端主义罪犯的背景以及人数,采取不同的关押方式。概括起来有分离、隔离、集中、混合四种模式。

1. 分离模式

就是将暴力极端主义罪犯分散关押在不同的普通犯监狱,但与普通罪犯分开关押。这样做的主要目的既是防止暴力极端主义罪犯之间继续形成网络,也是防止暴力极端主义罪犯和"普通罪犯"之间出现新的联系,阻止极端化和招募一般罪犯。在这种模式下,暴力极端主义罪犯采用与普通罪犯相同的管理制度。但这并不意味着是把罪犯关在普通单元中,而是根据风险评估进行安置,风险程度高的罪犯要么会被分配到监狱的一个单独的高度安全戒备的单元关押,要么安置在提供和配备高水平安全戒备的监舍。采用该政策的国家有印度尼西亚、阿尔及利亚等国。印度尼西亚之所以采取分离模式,是鉴于其监狱人口的总体规模和相当小的暴力极端主义罪犯的数量。这些罪犯相对分散安置在监禁系统中,被关押在大约 26 个不同的监狱中,其中一些更顽固的罪犯被关押在 Nusakambangan 岛的各种监狱设施中。暴力极端主义罪犯最集中关押的地方可能是雅加达的 Cipinang 监狱,该监狱在2013年关押了54名该类罪犯。[1] 阿尔及利亚之所以采取将暴力极端主义罪犯关押在普通罪犯监狱,与监狱其他罪犯严格分开关押的模式,是因为监狱设施和重返社会管理局认为,不应将大量与恐怖主义有关的犯罪囚犯集中在单一监狱设施内。[2]

摩洛哥也采取这样的分离政策。2015年,摩洛哥监狱系统中约有600名罪犯被宣称为政治极端分子。这些罪犯的动机通常是对某些宗教的极端解释,而且往往与暴力极端组织有联系。摩洛哥监狱当局最初决定将极端主义囚犯集中在少数监狱中,并将其与主流监狱人员分开。这样做,部分原因是担心极端主义囚犯会激化其他囚犯。但是,这种集中政策被认为是失败的。实践中发现,集中关押恐怖囚犯导致这些囚犯日益极端化,并且破坏了其他去极端化的努力。在与类似背景的囚犯一起监禁的情况下,会让囚犯对极端主义变得更加坚定。为了解决这个问题,摩洛哥推出了新的分散政策,将600名极端主义囚犯分散到大约40个不同的监狱关押。[3]

2. 集中模式

集中关押是将暴力极端主义罪犯集中关押在专门的监狱或者专门的监狱分支机构中。法国、荷兰、美国、英国等国采取集中关押的方式。由于暴力极端主义罪犯人数较少,因此,荷兰对暴力极端主义罪犯实现全面集中管理。罪犯被集中关押在高度安全戒备监狱的“恐怖主义监区”。在美国的联邦监狱系统中,几乎所有的恐怖主义罪犯集中关押在3所监狱中,但这些监

---

〔1〕 参见 United Nations Office on Drugs and Crime, Handbook on the Management of Violent Extremist Prisoners and the Prevention of Radicalization to Violence in Prisons, New York 2016, p. 49。

〔2〕 参见 United Nations Office on Drugs and Crime, Handbook on the Management of Violent Extremist Prisoners and the Prevention of Radicalization to Violence in Prisons, New York 2016, p. 50。

〔3〕 参见 United Nations Office on Drugs and Crime, Handbook on the Management of Violent Extremist Prisoners and the Prevention of Radicalization to Violence in Prisons, New York 2016, p. 52。

狱中没有专门的“恐怖主义单元”。[1] 英国在2016年8月前,大多数暴力极端主义罪犯被分散关押在全国8所高度安全戒备监狱,这些监狱关押着被认为是最有潜在风险的“A类”囚犯。然而,在政府下令对监狱极端化情况进行审查之后发现,一些具有煽动性的罪犯正在对具有相同信仰的同胞施加“激进的影响力”,有人被鼓动成为激进宗教极端分子或参与了对监狱神职人员的恐吓。于是英国司法部宣布将最危险的伊斯兰极端分子从一般监狱人口中移出,将其关押在高度安全设施中的“特别单元”。[2]

在法国[3],为暴力极端主义罪犯建立专门的监区(prsion wings)是法国监狱管理部门在打击恐怖主义方面采取的一项主要措施。法国共有5个专门的监狱单元关押暴力极端主义罪犯。承担这样任务的监狱是根据场地的建筑结构、位置和容量来决定的。被分配到这些监区工作的工作人员要接受为期3周的培训课程。在5个监狱分监区中,有两个分监区主要是关押那些被评估为处于极端化暴力过程中的罪犯或者已经被极端化的罪犯,而另外3个监狱分监区则是用来管理暴力极端主义罪犯。只有成年男性罪犯会被分配到暴力极端主义罪犯专用的监狱分监区。罪犯的筛选是在包括监狱主管、重返社会服务部门主管与缓刑服务部门主管参加的会议期间做出的,分配决定是基于罪犯的个人资料、背景和接受度。通常,暴力极端主义罪犯被安置在监狱机构专用的独立监舍,审前拘留者与被判刑人分开。在专门的监区中,就囚犯的权利和义务而言,包括维持与家人联系的权利,进行建

[1] 参见 Neumann, P. (2010). Prisons and Terrorism: Radicalisation and Deradicalisation in 15 Countries. London: International Centre for the Study of Radicalisation and Political Violence (ICSR). p. 18。

[2] 参见 United Nations Office on Drugs and Crime, Handbook on the Management of Violent Extremist Prisoners and the Prevention of Radicalization to Violence in Prisons, New York 2016, p. 49。

[3] 参见 United Nations Office on Drugs and Crime, Handbook on the Management of Violent Extremist Prisoners and the Prevention of Radicalization to Violence in Prisons, New York 2016, pp. 46 – 48。

设性活动等罪犯待遇符合正规的监狱制度。对暴力极端主义罪犯的管理，在不同的暴力极端主义监区中会有所不同。例如，在一些监狱机构中，项目是强制性的，即意味着罪犯必须参加一般培训活动（由国家教育部的教师提供的课程）、讨论小组和针对已确定的风险的所有的其他必要活动。而在其他监禁机构中，罪犯的管理将是个别化的，即不同学科的专业人员将依据个人的基本情况分别提供服务和行为面谈。暴力极端主义罪犯的管理包括三个阶段：(a)获得囚犯的信任；(b)开展意识形态和信仰方面的工作；(c)自我评估和对未来进行预测。专门监区的工作是多学科的：在第一层面，有监狱看守人员、负责重返社会的监狱工作人员、缓刑官员以及心理学家和教师参与；在第二层面，还有其他与罪犯相关的合作伙伴参与，如来自国家教育系统、卫生保健单位的工作人员。

3. 隔离模式

在一些国家，暴力极端主义罪犯被单独隔离关押，每个罪犯都被关押在一个独立的牢房内，与外界和其他罪犯完全隔离。他们与工作人员的接触也保持在最低限度，每天一小时的锻炼，通常不涉及与其他罪犯或工作人员的任何接触。有的观点认为这是一种相当于长期单独监禁的做法。[1] 这种模式下，在一定时间内，对分散潜在的危险可能是一个有用的安全工具；但对罪犯的教育改造、未来规划可能不利。在管理过程中，如果不能以公平、一致的方式处理问题，可能会对监狱的职责使命造成声誉的危害和负面影响，并可能向相关工作人员传递一些不适当的信息。

4. 混合模式

该模式是根据风险评估，决定将暴力极端主义罪犯安置在专门的监狱还是普通的监狱。加拿大是采取混合安置模式的国家。加拿大矫正局没有

---

〔1〕 参见 United Nations Office on Drugs and Crime, Handbook on the Management of Violent Extremist Prisoners and the Prevention of Radicalization to Violence in Prisons, New York 2016. p. 49。

将其定罪的恐怖主义罪犯安置在专门的监狱中,而是利用混合安置模式。这种方法主要侧重于将暴力极端主义罪犯融入开放的普通人口环境中。但是,如果安全信息表明两名或两名以上极端化的罪犯直接结合将对其他罪犯、机构或工作人员构成威胁时,则可以将这些罪犯实行物理/地理隔离。分散可以通过将极端主义罪犯安置在同一个矫正设施的不同居住单元内,或通过安置在不同的机构或矫正机构中来实现。对被定罪的恐怖主义罪犯与其他类型持有安全威胁的罪犯采取一致的管理,可以避免给极端主义犯罪分子提供毫无理由的地位,并消除任何潜在的"招募/极端化"权力基础。[1]

还有一些国家依据暴力极端主义罪犯在其组织中的作用采取混合方式。例如,暴力极端主义理论家和魅力领导人被认为比追随者和士兵更有可能极端化其他人,并对已经是暴力极端主义罪犯的同胞罪犯起到强化作用,因此应将这些人与普通人口分离,而追随者和士兵与普通罪犯相融合。[2]

西班牙对恐怖主义分子罪犯安置政策是一个特例。该国依据本国罪犯的实际情况,对具有不同动机和目的的暴力极端主义罪犯采取不同的管理模式。历史上,自 20 世纪 70 年代以来西班牙的主要恐怖主义威胁来自巴斯克分离主义组织埃塔(ETA)。最初,西班牙当局对 ETA 罪犯实施了集中政策,将其集中在少数设施中。在 20 世纪 80 年代后期,这一政策改变为将 ETA 罪犯分散到整个监狱系统。相比之下,由于暴力恐怖主义罪犯在 2000 年开始成为重大威胁,西班牙当局对这些罪犯集中管理,并避免将其分散到

---

〔1〕 参见 United Nations Office on Drugs and Crime, Handbook on the Management of Violent Extremist Prisoners and the Prevention of Radicalization to Violence in Prisons, New York 2016, p. 53。

〔2〕 参见 United Nations Office on Drugs and Crime, Handbook on the Management of Violent Extremist Prisoners and the Prevention of Radicalization to Violence in Prisons, New York 2016, p. 53。

整个体系中。因此,西班牙的监狱服务同时运行分散和集中两种不同模式的分配政策。

对于ETA罪犯采取分散的政策是基于对该组织的分析。ETA是一个相对较大的恐怖组织,具有高度结构化的组织,并采用了军事风格的层次结构。1986年以前,ETA罪犯被集中关押。当局指出,这样做使得该组织能够继续保持对其成员的严密控制,并保持罪犯的凝聚力和组织性。为了破坏这一点,1986年以后,西班牙当局开始在整个西班牙监狱系统中更广泛地分散ETA罪犯。最初,将罪犯分配到54个不同的监狱,ETA罪犯的数量从1到41之间不等。一些罪犯被派往巴斯克地区超过4000公里远的加那利群岛监狱。分散策略的另一个动机是它为政府提供了与ETA谈判时讨价还价的理由。ETA罪犯更愿意将他们安置在离他们家乡较近的监狱中,而分散策略也允许政府做出让步,以换取ETA组织或罪犯的其他让步。

然而,西班牙监狱当局认为暴力恐怖罪犯是一个截然不同的挑战。与ETA形成鲜明对比的是,暴力恐怖主义罪犯并不属于一个单一的紧密的组织,也没有明确的层级结构或指挥链。因此,ETA罪犯的训练和组织并不是暴力恐怖主义罪犯的特征。此外,与ETA相比,人们担心暴力极端主义罪犯更有可能试图让其他罪犯变得极端化。于是,西班牙当局没有对暴力伊斯兰罪犯实行分散策略。虽然大多数暴力极端主义罪犯被单独关押,但其中的一些人则被允许与其他罪犯混合,这与罪犯极端化的情况有关。[1]

我国《反恐怖主义法》第29条第2款规定,监狱、看守所、社区矫正机构应当加强对服刑的恐怖活动罪犯和极端主义罪犯的管理、教育、矫正等工作。监狱、看守所对恐怖活动罪犯和极端主义罪犯,根据教育改造和维护监管秩序的需要,可以与普通刑事罪犯混合关押,也可以个别关押。

---

〔1〕 United Nations Office on Drugs and Crime, *Handbook on the Management of Violent Extremist Prisoners and the Prevention of Radicalization to Violence in Prisons*, New York 2016, pp. 53 – 54.

三、有关暴力极端主义罪犯关押的思考

防止暴力极端主义罪犯的狱内极端化是监狱管理中的一个重要问题，而关押方式对于防止狱内极端化至关重要。笔者认为，暴力极端主义罪犯的关押方式，应当依据罪犯特征和风险程度以及监狱关押能力来综合考量。

（一）完善监狱戒备等级制度，优化暴力极端主义罪犯关押模式

监狱设不同戒备等级并关押相应安全级别的罪犯，是优化监狱资源配置、提高管理运营效益的必然要求。从国外已有实践来看，对于暴力极端主义罪犯，首先要进行安全分类，根据危险程度关押安置在不同安全等级的监狱；其次再根据罪犯具体情况等确定关押模式，如集中模式、隔离模式、分散模式。未来应完善监狱戒备等级分类制度，加快高度戒备监狱或者高度戒备监区的建设，在此基础上，依据风险需求评估结果将不同风险与需求的暴力极端主义罪犯安置在不同戒备等级的监狱，对危险程度较高的暴力极端主义罪犯关押在高度戒备监狱或监区，危险程度较低的则关押在中度戒备监狱或监区。

（二）结合监狱关押能力与罪犯实际，进行综合考量，采取混合的关押模式

从各国情况来看，如何对暴力极端主义罪犯关押没有统一的标准，不同的关押方式各有利弊。

在分散关押模式下，可以有效解决暴力极端主义罪犯之间的联系和建立新的组织、极端化和招募新人等问题。暴力极端主义罪犯也不会有因自己的意识形态而被边缘化之感。在某种程度上，他们将被当作普通罪犯对待。另外，与具有不同心态的不同罪犯群体在一起，可能对暴力极端主义罪

犯产生积极的影响。但是分散模式下,可能存在暴力极端主义罪犯极端化其他罪犯的风险,也存在极端主义罪犯混入其他犯罪网络的风险。另外,为了发现和防止一切不利影响,监狱可能需要对暴力极端主义罪犯及其周围环境进行密切监视,而这需要消耗比较多的资源。另外,分散模式下,由普通工作人员负责而非由比较了解极端主义罪犯的工作人员负责管理和教育改造,管理和教育改造的专业性和针对性可能不强,因此影响效果可能也不尽如人意。

在集中关押模式下,由于暴力极端主义罪犯与一般监狱人口分开,便于监狱集中资源,采取统一的政策和措施,对罪犯进行充分的监控,也可以降低和避免极端化或招募其他罪犯的风险,从而使管理更加容易。同时,由于只需要在有限的几个地点部署必要的资源,包括额外的安全措施和对监狱官员和专门人员的培训,由此也可以节省资源。此外,集中管理模式下,工作人员每天都与极端主义罪犯打交道,专门从事相关管理和干预,因此也可能成为相关方面的专家。另外,集中关押的做法还可能会使公众相信,政府正在采取切实有力的措施来保护社会。然而,将暴力极端主义罪犯集中在一起,罪犯之间可以相互沟通和互动,可能为罪犯们进一步极端化和实施极端主义行为提供便利,极端化程度较低的罪犯可能会受到极端化程度较高的罪犯的影响,去极端化与脱离干预可能会受到阻碍,罪犯可能会变得更加极端。在此模式下,罪犯可能重新组建行动指挥结构,并联合起来对抗监狱当局,极端主义罪犯之间也可以建立新的联系,这可能增加他们出狱后策划袭击的风险。而对不公平的看法可能会导致罪犯和监狱外支持者的进一步极端化,可能导致集团内部更大的凝聚力,或者会建立一个具有巨大象征力量的集团。

单独隔离关押与集中关押一样,可以完全解决极端化他人的问题,管理更容易。但是在隔离模式下,会让暴力主义罪犯暴露给其他罪犯,可能会因为被关在单独的监舍而给罪犯带来耻辱感;可能给暴力极端主义罪犯群体带来不必要的地位和感受，提高他们在其他罪犯或社区群体眼中的地位；也可能会成为公众关注和抗议的焦点。一些罪犯被释放后，由于长期缺乏与人交流可能会导致社交困难，对于重新融入社会不利，可能增加再犯风险。此外，集中关押和隔离关押模式下，设施费用昂贵，对管理者的应急能力提出了特别要求。

因此，暴力极端主义罪犯的关押没有统一的模式，采取何种方式关押应该取决于暴力极端主义罪犯的数量，监狱的基础设施状况和确保安全监禁的能力，工作人员的能力、规模和水平，管理暴力极端主义罪犯人口的财政资源、文化政治和社会背景，罪犯表现出的被进一步极端化和极端化他人的风险，暴力极端主义组织的运作方式和组织结构等。

第六章　暴力极端主义罪犯的干预

长期以来,暴力极端罪犯的干预受到的重视程度远远不够,相比之下,许多国家的政府更重视打击恐怖主义,而不是改造暴力极端主义罪犯。即使现实中有些国家愿意激励罪犯发生改变,但这并不意味着这是监狱当局有意为之。这一方面是由于对暴力极端主义罪犯的改造(主要是去极端化)涉及改变一个人的思想和意识形态,难度较大;另一方面是由于绝大多数暴力极端主义罪犯被认定为高度危险罪犯,被关押在高度戒备监狱。因而相比一般罪犯,他们被关在监舍的时间更长,监控更密,通信受到的审查更严,这些高度戒备的制度规定使得对他们的改造几乎没有空间。[1] 但是,无论从维护监狱安全,还是预防再犯,进而维护社会安全以及国家安全的需求来说,对暴力极端主义罪犯进行有效干预是必然要求。实践也证明,监狱对暴力极端主义罪犯的干预是有效打击和预防暴力极端主义战略的重要组成部分。但是,相比普通罪犯,当前监狱在暴力极端主义罪犯干预方面也面临着一系列挑战:比如对暴力极端主义罪犯的认

---

〔1〕 参见 Neumann, P. (2010). Prisons and Terrorism: Radicalisation and Deradicalisation in 15 Countries. London: International Centre for the Study of Radicalisation and Political Violence (ICSR). p. 19。

识不足,干预方法缺乏,干预的有效性有待于进一步检验,干预人才欠缺,社会关注带来的额外压力,公众的接受和理解程度较低,国家与公共服务以及民间社会组织之间的伙伴关系面临困难等问题。在这种情况下,对暴力极端主义罪犯能否进行有效干预,如何进行干预,需要进行深入的研究和探索。

一、干预的界定

干预是一种介入的行动和过程,是指参与本未参与的事情,达到干扰别人的效果。《剑桥英语词典》将干预(intervention)界定为有意参与困境的行为,目的是改善或防止其恶化。《韦伯斯特词典》将干预界定为参与的行动或实例。本书所称的暴力极端主义罪犯的干预,是指直接或间接促进暴力极端主义罪犯的改造或防止罪犯再次犯有极端主义罪行的任何行动或活动,包括一般的教育改造和专门针对罪犯的极端意识形态根源进行的,使其消除实施暴力恐怖主义犯罪的内心驱动的去极端化和脱离的矫治活动。

脱离干预,即通过干预让暴力极端主义罪犯发生行为转变,承诺不再实施暴力或者参加团体暴力活动的过程,是行为的一种修正。去极端化,是指通过干预措施,改变行为人的认知,让其放弃暴力极端主义思想和世界观的过程,是意识形态的修正。“去极端化或脱离的过程包括行为和认知等方面,例如信念。脱离是指行为改变,例如离开团体或改变小组中的角色。它并不一定要改变价值观或思想,而是要求个人放弃通过暴力实现改变的目标。然而,去极端化意味着认知上的转变,即思想上的根本变化”[1]。去极

---

〔1〕 Radicalisation Awareness Network, Dealing with radicalisation in a prison and probation context, RAN P&P-practitioners working paper. https://ec. europa. eu/home-affairs/sites/default/files/what-we-do/networks/radicalisation _ awareness _ network/ran-news/docs/ran _ p _ and _ p _ practitioners_working_paper_en. pdf. p. 1.

端化计划旨在解决导致某人卷入暴力极端主义的意识形态、社会和个人问题。他们的目的是支持摆脱恐怖主义,以保护公众,减少公众再次陷入暴力极端主义的风险,并使个人能够追求更积极的未来。

相对来说,说服罪犯放弃暴力行为比放弃暴力极端主义思想和世界观更加容易,而且行为上的改变比思想上的改变更容易衡量。因此,国外许多国家的多数关押暴力极端主义罪犯的监狱主要考虑的是剥夺和遏制暴力极端主义罪犯的犯罪能力,而不是对其改造,即把干预的重点放在脱离上——说服恐怖分子罪犯离开他们的团体或拒绝暴力,但不一定要改变他们潜在的极端主义观点或意识形态。[1] 21 世纪初,多数国家的干预重点发生了转变,干预方案开始尝试改变与暴力极端主义有关的观念和态度。一些最早的倡议是在中东和东南亚制定的,如印度尼西亚、马来西亚和沙特阿拉伯等。自 21 世纪初以来,去极端化干预已成为全世界反恐努力中日益重要的一部分。

笔者认为,由于脱离干预重点在于让罪犯承诺放弃或者停止实施暴力,并不重点关注推动暴力极端主义罪犯实施犯罪行为的暴力极端意识形态,因此,这些罪犯没有完全否认其极端主义意识形态,仍然可能保留其极端主义目标,在意识形态上仍然坚持极端主义的世界观。显然这种干预是一种治标政策,是一种权宜之策,效果可能是暂时的,已经停战但没有去极端化的暴力极端主义罪犯仍可能继续构成安全风险,可能为将来留下更大的隐患。相反,由于去极端化注重从根本上改变暴力极端主义罪犯的意识形态和思维方式,其作用和效果会更长远,因而是消除暴力极端主义犯罪的治本之策,是暴力极端主义罪犯干预的终极目标。对于监狱来说,应当更加注重

---

〔1〕 参见 Lorenzo Vidino and Bennett Clifford, A Review of Transatlantic Best Practices for Countering Radicalisation in Prisons and Terrorist Recidivism. presented at tt the 3rd conference of the European CounterTerrorism Centre (ECTC) Advisory Network on terrorism and propaganda, 9 – 10 April 2019. p. 8。

去极端化的干预策略。从我国的实践来看，在打击恐怖主义的同时，一直非常重视对于危安犯或者暴恐犯实施积极的教育改造和去极端化工作。

二、干预的理论基础

尽管暴力极端主义罪犯相比普通罪犯，在干预方面面临较大的挑战，尤其是在去极端化干预方面。这也是许多国家不太关注去极端化干预的理由之一。但是，从实践来看，仍然可以通过有效干预，使暴力极端主义罪犯放弃使用暴力或者实现更高的目标，即彻底放弃极端主义的意识形态思想。因为与普通犯罪一样，暴力极端主义犯罪的产生是社会、经济、个人因素综合的产物。如前所述，一个人并不是生来就是暴力极端主义者，而是在个人的经历、记忆情感、情绪、思想和信仰等因素的综合推动下，其信仰和态度的逐渐转变，并形成暴力极端主义的取向。这样就为暴力极端主义罪犯的干预，提供了理论前提和假设：既然暴力极端主义罪犯极端化到暴力是因为相关因素导致其信仰、观点、态度的变化，那么通过改变这些导致变化的因素也可以让罪犯转变其信仰和态度。实践也证明，尽管难度很大，但大多数暴力极端主义罪犯是可以改造转化的。[1] 因此，对于暴力极端主义罪犯的干预来说，应着重于个人极端化的社会和心理过程，重点解决那些促使其极端化的因素，为他们提供学习新技能和应对机制的机会，从而使个人对暴力极端主义的承诺和参与程度降低到不再具有参与暴力活动风险的程度。

---

〔1〕 参见李卫国、孟钢：《从对危安犯的改造浅谈罪犯矫正制度与和谐社会建设》，载中国犯罪学学会等：《中国犯罪学研究会第十五届学术研讨会论文集（第一辑）》。

三、干预目标与原则

(一)干预目标

如前所述,对暴力极端主义罪犯的干预,既有彻底改变其极端观点、价值和态度的去极端化干预,也有相对简单的只是让其从有关组织、事业中脱离出来,放弃使用暴力行为的脱离暴力干预。干预目标不同,预示着监狱要采取不同的措施和付出不同的努力。因此,监狱必须明确对暴力极端主义罪犯进行干预要实现什么样的目标,以及如何评价干预的成功和失败,这对于干预的效果能否实现至关重要。在《关于暴力极端主义罪犯改过自新和重新融入社会的良好做法的罗马备忘录》中,也将明确干预目标确立为良好做法,并将其列为首要的良好做法。良好做法 1 规定:在制订改造计划时,重要的是首先明确定义计划的目的和目标,并确定成功和失败的指标。[1]

在确立干预目标的过程中,有关决策和相关干预项目应当仔细权衡监狱短期的安全需求目标和长期的改造目标。对于暴力极端主义罪犯的干预,短期目标的重点应当是防止暴力极端主义罪犯的进一步极端化、对其他罪犯进行极端化宣传、招募以及指挥或参与监狱内外的袭击。然而,从维护社会安全稳定、预防再犯的需求来看,干预的长期目标应当消除罪犯的极端化思想,进而寻求释放后再犯的风险最小化、防止极端化或招募他人,并实现低再犯率。

前面提到,实施暴力极端主义犯罪的人群中,尤其是在一个极端组织中,每个人承担的角色和任务不同,其参与的动机、程度也不相同。因此,在

---

〔1〕 参见 Global Counterterrorism Forum, Rome Memorandum on Good Practices for Rehabilitation and Reintegration of Violent Extremist Offenders, https://theiij. org/wp-content/uploads/2021/09/GCTF-Rome-Memorandum-ENG. pdf. p. 3。

确定干预目标过程中，也应当考虑根据对象不同，设定不同的干预目标；比如对于领袖人物，干预目标应当是引导集体脱离，或者激励其追随者在脱离过程中跟随他们。

此外，在确立目标时，还应当考虑到暴力极端主义罪犯与“普通”罪犯的不同，干预的目标也应与普通罪犯有所不同。对于暴力极端主义罪犯来说，干预的重点应当是消除罪犯的极端化思想，实现防止极端主义犯罪的明确和具体目标。

（二）干预应遵循的原则

根据前文所述，个体的极端化，是受其内在的生理、安全、社会交往、自尊和自我实现身份、政治变革、经济利益等需求驱动的，而这些常常被极端组织所利用，通过满足个体的这些需求来招募人员参加组织和参与相关恐怖主义犯罪。因此，了解罪犯实施或支持暴力极端主义活动的风险需求，然后依据这些风险和需求进行针对性的响应是干预中应当遵循的主要原则。风险需求响应模式也被证明是当今比较成功的罪犯干预模式。

1. 风险原则

风险原则是指要将干预强度与个人的风险水平相匹配。如果干预强度与这些维度不匹配，可能会导致各种问题出现。根据研究，如果对低风险罪犯施加高强度的干预，会产生相反的效果；而需要高强度干预的罪犯，如果对其干预不足，则不会产生预期的效果。比如，对于那些可能只是外围的或机会主义的罪犯，即低风险罪犯，提供过于密集的干预，该罪犯具有极端主义身份的感觉实际上可能得到发展或加强而不是减少；而对于那些可能已经面临更大的承诺或风险的罪犯，提供强度较低的干预，则不足以使其脱离或对停止犯罪产生有意义的影响。因此，应当评估罪犯过去和现在对极端主义团体、原因或意识形态的认同以及支持或实施暴力行为意愿（也被认为具有风险的维度）的程度。干预工作的强度应反映罪犯过去和当前与暴力极端主义团体、事业或意识形态的联系情况，个人犯罪的意愿以及个人的犯罪能力（包括其犯罪网络）。干预项目的设计应适应所交付内容的类型、数量、频率和强度的灵活性。

2. 需求原则

需求原则是指稳健评估和针对犯罪需求，强调干预措施必须以犯罪需求为目标，重点关注犯罪史、反社会人格特征（如冲动性和攻击性）、亲犯罪态度、社会环境、药物滥用、学校或工作生活等变量。每个个体参与暴力极端主义罪犯的需求并不相同。评估是了解这些犯罪需求的最好手段。此外，评估者还可以利用评估过程来引导罪犯参与干预、与工作人员建立信任关系，并对先前或当前暴力极端主义团体、事业或思想的兴趣或参与质疑。强有力的评估也可以帮助参与者了解干预中所采取的具体措施、涉及的问题，从而减少罪犯对项目相关主题的不必要抵抗或挑剔。需求评估还可以向罪犯传递监狱制定的干预措施是个性化的，是针对每个人的情况而不是同质性的信息。而这些可能会影响到个人如何与工作人员接触、参与项目，以及如何看待某些群体。

对暴力极端主义罪犯来说，需求评估应当重点关注和了解其参与暴力极端组织的动机、原因，暴力极端犯罪史，人格特征情况等，然后根据个人的特定需求和情况制订相应的干预计划。

3. 响应原则

响应原则通常是指在干预中采用有效地改变行为的动态干预方法，通常是那些采用行为、认知行为和社会习得等方法，即所谓的一般反应性原理。此外，它也指在干预中应用对罪犯的特殊需求和情况做出反应的方法，以便使他们能够最大限度地参与、学习和做出个人改变，即具体的反应性原则，其中包括对年龄、性别、性格、动机、学习能力和文化环境等特征的反应。干预措施的制定应当充分结合暴力极端主义罪犯的个人特征、能力、组织角色、刑期长短等因素。

此外,在设计、开发和实施干预措施时,应考虑当地条件、文化、法律传统、监狱人口和文化、资源以及工作人员的能力。

四、干预的重点领域

不同的干预目标,干预的重点不同。具体来说,去极端化干预是让一个人从根本上放弃极端的意识形态或思维方式,拥抱“主流价值观”或接受基本的“社会契约”。也就是说,去极端化不是简单地让罪犯放弃极端的思维方式,而是要用积极的态度和建设性的、主流的世界观取代这种思维和世界观。因此,去极端化干预重点应当是对主观意识、思维方式、世界观的改造,特别是要促进罪犯社会基本核心价值观的形成。

在去极端化的过程中,要围绕促成暴力极端主义犯罪形成的动机和需求因素进行。而暴力极端主义罪犯参与和实施暴力极端主义犯罪的原因和动机既有个人因素,也有社会因素、政治因素,还有意识形态和宗教因素、文化因素等。通常来说,社会因素、政治因素相对比较复杂,许多因素是监狱无法直接解决的,因此,对相关罪犯干预的重点应当集中于解决导致暴力极端主义罪犯支持、参与暴力极端主义行为的个人因素、意识形态和宗教因素以及其他触发机制,并帮助降低或防范风险因素和环境。因此,干预措施应当围绕满足罪犯需求、培养独立的思考能力、正确的价值观等方面来考虑:一是为暴力极端主义罪犯创造能够满足个人需要(如归属感、目的、重要性)的机会和活动,而不是让其通过参与极端主义来满足这些需要;二是赋予个人力量并使之通过合法手段而不是不正当、非法的手段追求目的和目标成为可能;三是要加强个人对自己的决定和行为的个人能动性,包括反思和质疑他人想法、信仰和行为的能力;四是强化去极端化措施,防止个人愿意并准备实施暴力和有害的极端主义行为;五是鼓励并使个人能够以亲社会的方式而不是通过反社会的极端行为来表达自己的价值观、信仰和情绪;六是防止个人有能力犯下极端主义罪行,包括破坏促进极端主义和助长极端主义罪行的关系、网络和通信。

对于脱离干预来说,联合国《暴力极端主义罪犯管理与狱内极端暴力预防手册》中,从成功脱离暴力融入社会的前极端分子身上总结了六大重点有效脱离干预的领域和过程。具体包括社会关系、应对能力、身份认同、意识形态、行动导向和幻灭六个方面。[1] 这六大领域值得我们实践中予以参考和借鉴。

(1)社会关系。社会关系是指一系列支持和有意义的关系。人际关系是脱离暴力极端主义的主要手段之一。研究表明,与家人或朋友的联系可以起到将人们从暴力极端主义中拉出来的作用。许多国家都强调了社会关系在将人们从暴力群体中拉出来的重要性。这些联系也可以成为那些脱离暴力极端主义的人的安全港。因此,维持或重建家庭和社区的联系对于帮助那些希望摆脱暴力的人是至关重要的。

(2)应对能力。是指解决个人健康问题的能力,包括心理和生理方面的问题。一个脱离暴力极端主义团体的人很可能在身体或情感问题上需要专业支持。一个人通常会因为失去目标、友谊、归属感和身份而感到痛苦。有些人偏执地认为,极端组织会惩罚他们;另一些人认为(有时是正确的)他们打算在释放后返回的社区会拒绝他们。由于个人的经历,一些人可能会出现抑郁、焦虑、创伤、信任和关系问题。应对技巧和学会自我照顾对于任何面临个人挑战的人来说都是必要的。因此,监狱应将心理和保健服务需要纳入所有脱离干预活动中。

(3)身份认同。实践证明,许多人参与暴力极端主义是基于宗教或者民族身份的强烈认同。脱离干预就是一个身份认同变革性过程,在此过程中,

---

〔1〕 参见 United Nations Office on Drugs and Crime, Handbook on the Management of Violent Extremist Prisoners and the Prevention of Radicalization to Violence in Prisons, New York 2016, pp. 71 –74。

一个人要与暴力极端主义团体脱离联系,并在其他地方重建联系,重塑自我意识。根据一些已经释放的前暴力极端主义罪犯的说法,个人和社会身份的稳定性和凝聚力,巩固了他们与极端组织以外的其他人联系的能力。个人身份的出现和发展通常是影响福祉的一个关键因素,对于许多已经释放的前暴力极端主义罪犯尤其是在暴力极端主义团体中长期生活的人来说,这是一个特殊的挑战。他们中的大多数需要发展多个新的身份网络来确定他们属于哪里。

(4)意识形态。意识形态是暴力极端主义犯罪的思想基础。意识形态的改变,使人们不再相信暴力手段是正当的,也能够容忍或接受他人持有不同的信仰和属于不同群体的身份,一套连贯的思想和信仰,也让和平共处成为可能。根据一些国家的调查,一些已释放的前暴力极端主义罪犯指出,从受人尊敬的来源处获得有关其信仰或意识形态传统的基础和基本知识的指导对于他们改变观点至关重要。用尊重的方式来挑战支持暴力的思想和信念对于支持脱离进程是非常有价值的。

(5)行动导向。非暴力行动导向,使个人能够在获释后充分参与自己的生活或更广泛的社区生活。根据罪犯加入暴力极端主义团体之前的社会化程度,一些离开这些团体的人需要额外的支持,以找到建设性和守法的方式来追求自己的事业或生活。积极参与家庭、工作、社区或亲社会活动都是非暴力行动取向的不同表现。向暴力极端主义罪犯提供就业技能,帮助他们找到工作,可以为在促进非暴力的行动导向方面作出重大贡献。

(6)幻灭。幻灭是在文献中最常被提到的与摆脱所有类型的暴力极端主义有关的因素。人们可能对该组织的运作方式、意识形态、领袖的行为或组织的规则感到失望。一些人反映,"事业"的动员愿景与"实地"经历之间存在差异,这也是一些暴力极端组织成员决定摆脱暴力的一个因素。另一些人对战术性使用暴力以实现其目标的有效性越来越失望,这可能成为重新评估使用暴力和他们参与暴力极端主义团体的有力催化剂。

有鉴于此,实践中可以通过支持所有六个领域变革的一系列复杂的相互作用的过程来实现与暴力极端主义的脱离。

还有一些可能影响暴力极端主义罪犯脱离暴力的因素发生在监狱管理部门的控制之外,比如老龄化(人们越老越不可能积极参与暴力极端主义)和经历一些转折点事件(如密友或家人的死亡)。罪犯个人优先事项的改变,如希望开始过一种平静的生活、成家或就业,以及远离暴力极端主义组织的时间,也与暴力极端主义罪犯脱离暴力有关。此外,脱离不是在真空中发生的,国家对罪犯家庭和社区的行动将直接影响监狱环境中可能发生的情况。其他一些因素,如对社会不满,也不在监狱干预措施所能解决的范围之内。但是,正如极端化的道路是高度复杂和个性化的,去极端化的道路也是如此,没有速效药或万能药。因此,在制订干预计划时还要考虑个人特点、年龄和刑期。

五、主要干预措施

对暴力极端主义罪犯的干预可以针对重点的干预目标采取了不同的措施。干预的形式可以多种多样,从普遍的、提供支持性和变革性的制度环境,到高度特定的、提供有条理的高层次干预。需要指出的是,尽管暴力极端主义罪犯具有特殊性,但是在干预方面,比如教育、职业培训、心理和行为的疗法以及后续照管方面与普通罪犯仍具有重叠性,尤其是在需求评估方面与普通罪犯具有相似性。不同的是,大多数暴力极端主义罪犯强调宗教或者意识形态动机的干预。而宗教或者意识形态的干预涉及认知的改变。这些认知改变中大多数都需要跨越多个学科和专业,以及一系列干预措施的整体方法。因此,发展暴力极端主义罪犯的干预措施,首先应当围绕那些将他们推向暴力极端主义行为的问题制定目标并确定和实施解决方案。每种干预都可以用来专注于一个特定的问题,比如:正确解释宗教教义的基础上,消除暴力正当化的思想基础;教育干预,反击极端民族主义思想和发展批判性思维;心理干预,促进暴力极端主义罪犯再社会化;社会工作干预,以确立更美好未来的清晰愿景;通过职业培训获得释放工作所需的技能;运动和锻炼,以开展不需要暴力的团队合作,信任和自我实现;艺术疗法,如戏剧,作为表达情绪的机会。基于不同的干预重点,干预项目可以归纳为基于信仰的辩论和对话,心理咨询和支持,认知行为项目,社会工作干预,教育,职业培训,创造性疗法,物理疗法(如运动、瑜伽和锻炼),家庭活动,社会文化和娱乐等项目。

1. 宗教正本清源法

在宗教引发的暴力极端主义的情况下,在监狱中进行宗教咨询和教育有助于减少暴力极端主义极端化的脆弱性。这种干预措施会促进或产生对参与暴力极端主义者、团体或原因的怀疑,即鼓励脱离接触;加强正确的宗教认同,以保持积极的自我意识以及相关的目标、意义、自我价值和归属感;为那些支持暴力极端主义人提供其他叙事;基于对宗教经文的解读,挑战暴力的观点和正当性,包括“我们和他们”的思维方式,鼓励囚犯以不同的方式思考问题。[1]

根据研究,许多宗教极端主义者参与暴力极端主义犯罪是由于对其所信奉的宗教本意理解不够或歪曲,常常被灌输错误的教义解释。对于这部分人来说,可以通过宗教咨询和辩论,对宗教正本清源,修正他们对相关教义的理解,让罪犯回归到对宗教的正确理解上,消除罪犯的极端化意识形态和极端主义思想。此外,通过神职人员与罪犯之间的积极交流,创造出更有利于建立相互信任和尊重的环境。

西方的实证研究也证明宗教在促进罪犯改造方面具有积极贡献。马

---

〔1〕 参见 Christopher Dean and Eelco Kessels, Compendium of Good Practices in the Rehabilitation and Reintegration of Violent Extremist Offenders, Global Center on Cooperative Security, August 2018, p. 29。

克·哈姆进行了一项为期两年的研究,采访了监狱牧师、情报官员和因暴力犯罪而被关押在佛罗里达州和加利福尼亚州的罪犯。他认为,宗教对改变进程的贡献在于它为罪犯提供了一种结构和认同感;此外,它还能够加强自律。[1] 美国学者克利尔(Clear)和萨姆特(Sumter)调查了来自12个州监狱的769名罪犯,发现宗教信仰水平的提高与高水平的狱中适应能力呈正相关,并且与在较少的场合违反监狱规则而被处以纪律监禁的囚犯有显著的关系。[2] 2010年,英国监狱总督察安妮·奥尔斯夫人(Dame Anne Owers)发表的一份报告也得出了类似的结论。她强调了宗教在罪犯生活中所扮演的改造角色,宗教仪式在紧张的监狱环境中能够带来平静。许多有宗教信仰的罪犯,包括皈依者承认斋戒和祈祷等仪式使他们自律,并帮助他们重新认识事物。[3]

许多国家开展了宗教干预实践,让神职人员参与干预,例如,神职人员与罪犯之间就"圣战"的合法性及其对古兰经的正确解释开展辩论。在马来西亚,关押暴力极端主义罪犯的监狱普遍开展宗教咨询,由监狱的宗教学者向罪犯提供宗教教育,宗教课每天举行,平均每次持续90分钟。同时,邀请大学教授到监狱为罪犯做报告,由于大学教授被视为独立于政府,因而特别受罪犯欢迎和尊敬。通过宗教咨询,让罪犯回归到对宗教的正确理解上,消除罪犯的激进意识形态和极端主义思想。[4] 在沙特阿拉伯,主要通过制定和提供咨询项目来改变暴力极端主义罪犯的极端化意识形态。具体是通过

---

〔1〕 参见 Julia Rushchenko, Prison Mangment of Terrorism-related Offenders: Is Separation Effective?, Published in 2018 by The Henry Jackson Society, p. 12。

〔2〕 参见 Clear T. and M. Sumter, Prisoners, prison, and religion, *Journal of Offender Rehabilitation*, 2002; 35(3-4):125-156。

〔3〕 参见 HM Chief Inspector of Prisons, Muslim prisoners' experiences: A thematic review, June 2010. pp. 23-24. https://www.justiceinspectorates.gov.uk/hmiprisons/wp-content/uploads/sites/4/2014/04/Muslim_prisoners_2010_rps.pdf。

〔4〕 参见 United Nations Office On Drugs And Crime, Handbook on the Management of Violent Extremist Prisoners and the Prevention of Radicalization to Violence in Prisons, New York, 2016, p. 75。

深入的宗教辩论和心理咨询,使暴力极端主义罪犯及其同情者去极端化。[1] 在这个过程中,宗教小组委员会中的神职人员、学者和大学教授直接与囚犯进行对话,以及宗教辩论和指导。[2] 在尼日利亚,宗教干预被认为是一种基于信仰的改造措施,要求在干预中要首先了解暴力极端主义罪犯的意识形态,然后用更加先进的学术观点去反驳它。为此,该项目向罪犯反复重申各类宗教的基本宗旨,教导罪犯有关宗教中的关于和平、正义、人权、宽容和共存,以及克制和反对极端主义等内容主张。[3] 印度尼西亚的宗教干预,主要是通过悔过的"圣战"者来影响其他罪犯放弃自己的观点,改变过去的极端主义思想。[4]

针对许多暴恐罪犯走上危害国家安全犯罪道路是由于其对宗教教义的歪曲的事实,我国也积极采用宗教正本清源的方法,组织广大宗教人士把法律许可、符合教义精神、适应社会发展要求、体现社会主义核心价值观的宗教思想和主张挖掘出来,把宗教正信和倡导爱国、和平、团结、友善等理念融入讲经、解经之中,有针对性地批驳歪理邪说。[5] 通过正确的、权威的经文经义的讲授和解释,提高罪犯对宗教的正确理解。

2. 心理咨询与支持

如前所述,还有许多暴力极端主义罪犯参与暴力极端主义运动和犯罪,是基于低自尊、偏执的思想认识。因此,加强心理咨询与支持也是一项重要

---

[1] 参见 Christopher Boucek, Saudi Arabia's " Soft " Counterterrorism Strategy: Prevention, Rehabilitation, and Aftercare, 2008 Carnegie Endowment for International Peace. p. 11。

[2] 参见 Christopher Boucek, Saudi Arabia's " Soft " Counterterrorism Strategy: Prevention, Rehabilitation, and Aftercare, 2008 Carnegie Endowment for International Peace. p. 11。

[3] 参见 Atta Barkindo, Shane Bryans, De-Radicalising Prisoners in Nigeria: developing a basic prison based de-radicalisation programme, *Journal For Deradicalization*, 2016. Nr. 7, ISSN: 2363 - 9849. p. 16。

[4] 参见 Leila Ezzarqui, M. A., De-Radicaliation And Rehabilitation Program: The Case Study of Saudi Arabia. Washington, DC, April 23, 2010. p. 14。

[5] 参见朱志杰:《去极端化原理:思路与方法构建》,新疆人民出版社、伊犁人民出版社 2016 年版,第 284—285 页。

的改造措施。心理干预可以围绕促进行为改变、增强应对和情绪管理技巧、促进决策能力、改善关系、建立自尊心、促进罪犯潜力发展和增长、提高自我认识和理解、重新构建生活的经验和性格、治疗情绪上的痛苦和解决困惑、提高批判性思维和解决问题的能力以及促进获得有效的应对机制等进行。此外,对暴力极端主义罪犯还应该开展认知治疗。《关于暴力极端主义罪犯改过自新和重新融入社会的良好做法的罗马备忘录》良好做法 15 倡议,改造工作可以包括认知技能项目。除了心理健康支持外,各国还可以考虑制定认知方案,帮助罪犯首先确定促使他们采取暴力极端主义行为的问题,然后制定目标,确定和实施解决方案。[1]

多数国家也把心理干预和支持作为去极端化的重要措施。在马来西亚,聘请心理学家对罪犯开展心理咨询支持。心理学家根据需要为罪犯提供集体的和“一对一”的咨询支持,以提高罪犯的自尊心和心理健康水平。在尼日利亚,把心理干预措施作为改变囚犯信仰系统、解决与这些改变有关的心理冲突、放弃相关反社会行为和获得人际交往技能以重新融入社会所需决策过程的基础。监狱对暴力极端主义罪犯开展心理咨询,通过个体风险评估准确发现罪犯的心理预兆和改造需求,然后进行针对性的心理和辅导服务,协助解决导致罪犯走向暴力极端主义的那些问题,诸如严重酗酒、吸毒和心理不健康等。[2] 此外,尼日利亚还运用动机访谈方法,与访谈者建立信任,鼓励罪犯参与关于暴力极端主义的对话,质疑他们的信仰、态度和

---

〔1〕 参见 Global Counterterrorism Forum, Rome Memorandum on Good Practices for Rehabilitation and Reintegration of Violent Extremist Offenders, , https://theiij. org/wp-content/uploads/2021/09/GCTF-Rome-Memorandum-ENG. pdf. p. 10。

〔2〕 参见 Atta Barkindo, Shane Bryans, De-Radicalising Prisoners in Nigeria: developing a basic prison based de-radicalisation programme, *Journal For Deradicalization*, 2016. Nr. 7, ISSN: 2363 – 9849. p. 17。

行为,为罪犯去极端化奠定基础。[1]

3. 文化和价值观教育与职业培训

教育是促进一个人发展的重要因素。教育和职业培训对于提升罪犯文化素质、理解能力、文化认同、就业能力具有重要作用。对暴力极端主义罪犯的教育也有助于拓宽视野、发展批判性和复杂的思维,以建立对灌输的适应能力;培养罪犯独立思考和开放心态;挑战扭曲的思维和信仰;培养公民价值观和关于法治、民主、公民责任和文化多样性的知识;提高自尊、自信和地位;以及使个人能够在生活中寻找新的选择和机会。[2] “教育可以教会罪犯自己去认识世界,不再依赖别人告诉他们该怎么想。改善罪犯的教育能力将提高他们的自尊、自信、机会和在社区中的地位。教育往往是一种直接的、可以消除过去恐怖主义带来的恶意、暴力极端主义信息的解毒剂”[3]。从实践来看,许多暴力极端主义罪犯文化程度低,理解能力较低,容易受到极端主义思想的蛊惑,缺乏对主流价值观的认同。因此,对暴力极端主义罪犯的教育项目,可以侧重于多个领域,重点在于加强暴力极端主义罪犯的文化和价值观教育,比如培养基本教育技能(如阅读和写作);支持个人反思和修正自己的信仰和信念;培养生活、沟通和决策技能;学习法治,正义与公平等特定主题;以及学习在不诉诸暴力的情况下以合法方式表达价值观。[4]

---

[1] 参见 Atta Barkindo, Shane Bryans, De-Radicalising Prisoners in Nigeria: developing a basic prison based de-radicalisation programme, *Journal For Deradicalization*, 2016. Nr. 7, ISSN: 2363 - 9849. p. 15。

[2] 参见 Council of Europe Handbook for Prisons and Probation Services Regarding Radicalisation and Violent Extremism, Strasbourg, 1 December 2016, PC - CP (2016) 2 rev 4. para. 77.; United Nations Office on Drugs and Crime, Handbook on the Management of Violent Extremist Prisoners and the Prevention of Radicalization to Violence in Prisons, United Nations, New York 2016. p. 80。

[3] Global Counterterrorism Forum, Rome Memorandum on Good Practices for Rehabilitation and Reintegration of Violent Extremist Offenders, https://theiij.org/wp-content/uploads/2021/09/GCTF-Rome-Memorandum-ENG.pdf. p. 10.

[4] 参见 United Nations Office on Drugs and Crime, Handbook on the Management of Violent Extremist Prisoners and the Prevention of Radicalization to Violence in Prisons, United Nations, New York 2016. p. 80。

《关于暴力极端主义罪犯改过自新和重新融入社会的良好做法的罗马备忘录》良好做法16倡议,暴力极端主义罪犯的改造计划可以包括可能和适当的基础教育课程。在可能和适当的情况下,改造计划可以包括基础教育课程。基础教育,包括识字课程、数学、历史和公民教育。[1]

此外,由于文化素质低,就业能力不足,许多人因追求物质利益而加入极端组织。因此,应加强职业培训,提高罪犯的文化素质和就业能力,增加就业和职业的机会,减少暴力极端主义的吸引力,并维持脱离接触。同时,就业也可能有助于建立新的关系,建立自我价值和目标,并提供希望。《关于暴力极端主义罪犯改过自新和重新融入社会的良好做法的罗马备忘录》良好做法,认为,罪犯成功地重新融入社会,至关重要的是,必须有就业机会并能够养家糊口。就业可以减少重新加入恐怖组织的需求和吸引力,并有助于前暴力极端主义罪犯重新融入社会。因此,职业技能培训和就业援助可能是改造计划的重要组成部分。在监狱服务和就业服务之间建立联系,有利于使刑满释放人员的职业技能培训与社区和国家的就业市场相匹配。因此,在可能和适当的情况下,改造计划可以包括职业技能培训和就业援助。[2]

一些国家根据罪犯的实际情况,积极开展教育和职业培训。在马来西亚对暴力极端主义罪犯开展公民价值观教育和职业培训。大部分师资由监狱工作人员担任,同时也聘请外部工作人员。在尼日利亚,监狱针对"圣战"分子,对他们进行社会经济文化的教育,引导他们对社会经济因素的理解,同时还通过教育提升罪犯的基本读写(英语和阿拉伯语)、算术能力以及计

〔1〕 参见 Global Counterterrorism Forum, Rome Memorandum on Good Practices for Rehabilitation and Reintegration of Violent Extremist Offenders,. https://theiij. org/wp-content/uploads/2021/09/GCTF-Rome-Memorandum-ENG. pdf. p. 10。

〔2〕 参见 Global Counterterrorism Forum, Rome Memorandum on Good Practices for Rehabilitation and Reintegration of Violent Extremist Offenders, Good Practic, No. 5. https://theiij. org/wp-content/uploads/2021/09/GCTF-Rome-Memorandum-ENG. pdf. p. 10。

算机使用技能等。监狱认为职业培训不仅有助于缓解可能对罪犯身心健康产生不利影响的无聊和空虚,同时还有助于罪犯获得工作技能,促进获释后就业。比如 Kuje 监狱为罪犯提供了木工、裁缝和基本电工等行业性技能的培训,以满足其获释后可能返回社区的服务需求。[1] 我国对于危害国家安全罪犯开展时事政策、公民道德、认罪服法、社会主义荣辱观教育,以脱盲教育为重点的文化教育、"双语"教育以及多种职业技能教育。[2]

4. 创意活动与艺术治疗

许多罪犯会因为监禁而经历焦虑、抑郁或其他不利的健康影响,精神疾病是监狱中最普遍和最具挑战性的问题之一,它与羁押期间自杀率和自残率高密切相关。一系列艺术项目的证据表明,艺术在减轻监禁影响、促进学习、改善心理健康、支持心理健康问题恢复和康复方面发挥着积极作用。循证证据也证明在现有改造方案中整合艺术疗法可以提高其有效性。艺术可以为罪犯提供距离和参与感,激发其反思和同理心。创意活动与艺术治疗被证明能有效地提高参与者的注意力和专注力,并逐渐增强他们的信心和自尊。许多暴力极端主义罪犯存在低自尊、思想偏执、极端的特征,而且抗拒改造,甚至试图自杀自残。因此,可以考虑将创意活动艺术治疗纳入对暴力极端主义罪犯的矫正活动中。许多国家也有相关实践。比如,尼日利亚的 Kuje 监狱针对罪犯的兴趣爱好,开展了一系列的创造性活动,将其作为教育改造项目,如音乐、击鼓、舞蹈、书法、团体表演、传统手工艺等。而且,他们将这种艺术元素与职业技能的习得相结合,为罪犯提供念珠制作课程,使其最终能够制作可用于销售的珠宝和装饰品。这种创造过程还有利于重大

---

〔1〕 参见 Atta Barkindo, Shane Bryans, De-Radicalising Prisoners in Nigeria: developing a basic prison based de-radicalisation programme, Journal For Deradicalization, 2016. Nr. 7, ISSN: 2363 – 9849. p. 15。

〔2〕 参见张爱国:《勇担使命 履行职能 为充分发挥监狱在构建和谐社会中的作用而奋斗》,载《亚洲中心时报(汉)》2007 年 1 月 18 日,第 8 版。

生活事件相关感受和情绪的交流。[1]

5. 体育和游戏

科学界早就证明了体育运动对身心健康的益处。体育运动能够增强体质、降低患病风险、使人们获得更健康、更快乐和更强壮的能力。它能够培养韧性和纪律性,促进队友、教练和竞争对手之间的社会联系。研究还表明,参加体育运动可以提高自尊,增强社会联系,给参与者一种目标感。近年来,体育活动已经成为许多减少犯罪和非犯罪化战略的中心原则。[2] 对罪犯进行体育干预,不仅可以为罪犯提供室外运动的机会,还可用来促进罪犯的个人发展和成长,促进罪犯亲社会的思维和行为形成。此外,体育还可充当参与和改造的平台。近年来,利用体育作为减少社区和监狱犯罪以及减少年轻人极端行为的干预手段已变得越来越普遍。例如,尼日利亚组织暴力极端主义罪犯进行体育活动和游戏,由暴力极端主义罪犯、监狱工作人员和普通罪犯群体各自组队并创建足球联盟,借此改善了相互信任和交流的氛围。[3] 沙特阿拉伯也将体育运动纳入去极端化的综合干预项目中,在照管改造中心组织罪犯开展足球运动和比赛等。[4]

6. 身份干预

有关极端主义的文献综述指出[5],身份和与身份相关的问题在解释为

---

〔1〕 参见 Atta Barkindo, Shane Bryans, De-Radicalising Prisoners in Nigeria: developing a basic prison based de-radicalisation programme, *Journal For Deradicalization*, 2016. Nr. 7, ISSN: 2363 - 9849. p. 16。

〔2〕 参见 Hearne, E., & Laiq, N. (2010). A new approach? Deradicalization programs and counterterrorism. International Peace Institute. June 2010. https://www.ipinst.org/wp-content/uploads/publications/a_new_approach_epub.pdf。

〔3〕 参见 Atta Barkindo, Shane Bryans, De-Radicalising Prisoners in Nigeria: developing a basic prison based de-radicalisation programme, *Journal For Deradicalization*, 2016. Nr. 7, ISSN: 2363 - 9849. p. 15。

〔4〕 参见 Christopher Boucek, Saudi Arabia's "Soft" Counterterrorism Strategy: Prevention, Rehabilitation, and Aftercare, 2008 Carnegie Endowment for International Peace. p. 18。

〔5〕 参见 Jacobson, M. (2010). Terrorist Drop-outs: Learning from those who have left. Policy Focus 101, Washington Institute for Near East Policy.; Bjorgo, T., and Horgan, J. (2009). Leaving Terrorism Behind: Individuals and Collective Disengagement. Oxon: Routledge。

什么个人会参与极端主义，并犯下极端主义罪行方面很重要。参与极端主义犯罪的个人似乎经历了一个参与的过程，出于各种个人原因（例如，想要纠正一些真实的或感知到的不公，寻找意义或目的，或获得地位），逐渐对一个群体、事业或意识形态做出越来越多的承诺。随着个人越来越认同一个群体、事业或意识形态，他们在极端主义方面的身份会取代其他方面，并帮助他们克服可能阻止犯罪行为的禁忌。可以说，身份问题是人们犯下暴力极端主义犯罪的核心，也是他们选择放弃和停止犯罪的原因。因此，应当加强身份干预，使暴力极端主义罪犯脱离暴力极端主义组织或者团体，断绝与暴力极端组织或团体的联系，重新连接其他地方，重建自我意识，确立新的身份认同。英国国家罪犯管理局专门研发了健康身份干预项目（Healthy Identity Intervention，简称 HII），对暴力极端主义罪犯进行干预。[1] 该项目对身份概念进行重点干预，试图通过干预，阻止暴力极端主义罪犯再进行此类犯罪。为实现这一目标，项目鼓励并支持参与者脱离极端主义团体、事业或意识形态。它既解决那些激发个人参与和犯罪的因素和环境，也改变那些导致他们犯罪的态度、信念和看法。干预为参与者提供了一个机会让他们反思他们是谁，以及他们的生活将走向哪里。鼓励罪犯重新考虑他们对极端主义团体、事业或意识形态的承诺是否真的让他们"发迹"，满足他们的个人需要，并使他们成为他们想成为的人。干预以"一对一"的方式进行（或两名引导者对一名参与者）。为了促使脱离和阻止暴力，干预的模块和课程旨在帮助参与者满足他们的个人需求，而不需要致力于极端组织、事业或意识形态；在其做出有关现在和未来承诺的决策时，强化个人的自主意识；解决他们对犯罪的支持性态度、信仰和思想；不需要通过犯罪来表达自己的价值观和追求自己的目标；增加他们对挑战性情绪的容忍度和接受度。这些目标对于每个参与者都会有所不同，但是基本上是要解决那些容易导致极

〔1〕 参见 National Offender Manager Service, Healthy Identity Intervention: Summary and Overview, National Offender Management Service, 2013。

端主义者犯罪和促成那些鼓励脱离的因素和情况。这方面的具体课程包括参与和洞察课程、基础课程、正念课程、个人身份课程、小组参与课程、自我形象课程、小组冲突课程、寻求变革课程、推动课程等。

7. 内观矫治

内观矫治方法是一种将内观心理治疗方法进行适当改造后运用于罪犯改造的矫正方法。其目的是让罪犯通过内省、自我检讨、自我教育、自我启发,来引导其转变思维方式,放下既定的经验、思维、逻辑、知识,使其更加理性、客观地看待他人和自己,激发社会责任感和人际共情能力,提高其社会认知能力。内观矫治项目近几年被应用到危安犯的教育改造中。[1] 通过对暴力极端主义罪犯开展内观矫治,结合罪犯参与暴力极端主义犯罪的动机,引导罪犯进行内省,让其认识到自我思维的偏见,进而消除民族偏见和民族隔阂,实现对国家的认同。

六、干预的实施

干预措施要取得成效,除了干预的目标明确、措施得当外,干预的实施也很重要。干预的实施包括实施者的选配、干预工作的整体安排与协调、被干预者的参与、实施者和参与者的关系、干预的设置、干预的管理与支持等。

(1)干预措施和项目的实施者的选择和配备。干预的实施者是干预的主体,从事干预的工作人员的能力和知识决定着干预能否成功。由于各种动机和因素可能促使个人走向暴力极端主义,对暴力极端主义罪犯的干预涉及心理学、宗教、社会学、法学等不同的专业知识,因此需要多学科的专业人员参与,比如心理学家、导师、宗教学者、社会工作者和后续照管专家等,以确保暴力极端主义背后的复杂问题能够得到适当解决。另外,为提高干

---

[1] 参见张韧、周勇:《内观对罪犯的改造作用》,载《犯罪与改造研究》2017 年第 8 期;朱志杰:《内观矫治程式化研究》,载《犯罪与改造研究》2016 年第 10 期。

预措施的实施效果和容易被罪犯接受,干预实施者还应当包括不同性别、不同种族和具有特定语言能力的人。

(2)干预工作的安排和协调。干预涉及监狱内外的各类学科专家以及多种干预方法的实施,因此必须做好干预工作的整体协调和安排,以最大限度地提高效力,并确保所有干预工作人员都能够步调一致,向罪犯传达一致的信息。因此,建议采取综合的案件管理办法,包括各利益相关者和机构的投入,协调评估、目标制定、干预规划和执行、角色和责任的划分以及对进展情况的集体审查,不同类型干预方法的目标、主题和结果相互补充和加强等。

(3)吸纳罪犯参与。罪犯参与干预的动机对于干预的成功至关重要,因此,在实施干预过程中应当向暴力极端主义罪犯告知干预措施的目的、运作方式、时间安排以及干预措施的限制等,并采取相应措施激发罪犯参与干预的动机。在干预过程中,可以通过采取适当的激励措施鼓励罪犯参与干预活动,比如增加家人探视的次数、时间,对于完成干预的罪犯给予表彰奖励,举行结业典礼,颁发结业证书,邀请家人出席等。

(4)干预者与被干预者之间的关系。在项目实施过程中,干预者与被干预者之间建立尊重和信任的建设性关系对于干预效果的保障也非常重要,因为这可能对罪犯参与干预的动机、信念、行为、身份和关系的变化至关重要。积极的关系可以为有意义的对话和对话提供基础,找出人与人之间的共同点而不是差异,挑战那些用差异为暴力辩护的信念和"我们和他们"敌对的思维,消除怀疑以及传达宽容。[1]

(5)干预的管理支持。只有在安全和稳定的环境下,包括管理人员在内的所有工作人员都支持这种干预的努力,干预才可能有效。因此,应当为干预措施创造支持性的工作环境。管理支持具体包括监狱对干预工作人员提

---

〔1〕参见 Tina Wilchen Christensen, "How Extremist Experiences Become Valuable Knowledge in EXIT Programmes", Journal for Deradicalization, no. 7 (July 2015), p. 109。

供培训和支持,提供适当的监督,为干预提供充足的资源,对不直接参与干预措施的工作人员开展培训,使他们了解如何支持干预措施的实施和目标,以及将不同背景的工作人员纳入干预工作等。

(6)干预的监测和评估。干预是否按照预先设计的步骤、方法开展,在实施过程中是否需要进行调整和改进,实施效果如何,都需要进行适时的监测和评估。通过监测和评估,可以及时了解干预的进展,干预中需要调整和改进的地方,督促干预措施的落实,总结干预措施达到预期结果的原因和程度等。其中监测应包括:罪犯行为的变化、参与干预的程度、机构事件的数量、完成的干预数量。评估干预措施应包括:确定目标是否合适,活动是否得到有效实施以及达到目标的程度。

七、关于完善我国暴力极端主义罪犯干预工作的思考

尽管我国监狱系统对暴力极端主义罪犯采取了积极的教育改造措施,也取得了较好的效果,但是由于这类罪犯的特殊性,有关实证研究还比较缺乏,对这类罪犯特征的认识还不够系统、深入,在如何更加有效进行教育改造方面还面临着严重挑战。为了提高去极端化和教育改造的成效,应当进一步加强相关研究和相关专业人员的配备和培养。

(1)加强暴力极端主义罪犯的实证研究,以便准确了解和把握我国暴力极端主义罪犯的特征与改造规律。暴力极端主义罪犯是一类不同于普通罪犯的特殊罪犯,有其固有的一些心理、行为特点和改造规律。当前我国对于暴力极端主义罪犯的特征了解还不够深入,尤其是在了解这种行为背后的动机和因素方面仍然存在很大的局限性。如果对这类罪犯这些特殊心理、行为特点缺乏较为准确、深入地认识和掌握,那么就很难对他们进行比较有效的监管和改造。暴力极端主义罪犯监管改造实践中出现的问题和不足、遇到的困难和挑战,在很大程度上就是因为没有摸清这类罪犯的特殊心理

和行为特点,没有掌握这类罪犯的特殊改造转化规律,而只是简单照搬普通罪犯的监管改造方法与措施。因此,应大力开展暴力极端主义罪犯研究,重点研究暴力极端主义罪犯的成长经历和人生轨迹,犯罪行为的动机、思想根源以及极端化的路径和过程,研究暴力极端主义罪犯服刑的典型行为及潜在危害,研究暴力极端主义罪犯心理和态度的改造转化规律,为制定完善暴力极端主义罪犯相关监管改造政策规定提供科学依据,为提升暴力极端主义罪犯监管改造工作水平提供强有力的理论支撑。

(2)加强教育改造方法研究,提高暴力极端主义罪犯的干预效果。如前所述,一个人变得极端化的方式有很多种,导致其极端化的因素也众多,如缺乏社会支持、个人因素,或出于不同的意识观念(比如宗教、民族、环保等),不同个体的极端化的程度也不尽相同。鉴于不同类型的罪犯和不同的相关风险和需求,在解决这些问题时,我们需要考虑到,极端化和去极端化的路径有各种不同的起点、发展和终点,当然也没有任何单一的去极端化方法和脱离模式是普遍适用的,因此,不能采取"一刀切"的方法。由于各国的政治、经济、文化、法律背景的不同,干预措施也不能简单地从一个国家复制到另一个国家,干预措施必须适应当地的条件、文化以及当地、国际法律和法律传统,即使在同一地区也是如此。因此,干预措施要想取得成效,需要加强教育改造和去极端化方法的研究,以便根据国情和文化、暴力极端主义团体的性质、罪犯的类型、极端化程度、个人需求以及最终释放前暴力极端主义者的环境,制定与暴力极端主义罪犯需求相适应的罪犯干预制度和措施。

(3)加强教育改造效果的评估,总结经验教训,不断优化教育改造方法。教育改造效果评估有助于了解教育改造措施所确定的目标是否适当、活动是否得到有效执行,改造目标实现的程度。此外,通过评估也可以总结成功经验,吸取失败教训,建立关于如何最好地实现某些干预目标的知识。暴力极端主义罪犯是一种特殊的罪犯,去极端化是其教育改造的主要目标。目前我国监狱针对暴恐罪犯开展文化教育、思想教育、心理矫治、法治教育等去极端化的教育改造措施;那么,这些教育改造措施到底在去极端化层面上的效果如何,内容方法是否适当,对于降低其再犯危险性是否有效等,都需要进行科学的评估。通过评估,发现不足,总结成功经验,不断改进和完善教育改造的内容、方法,进而为形成规范化的教育改造模式,为大范围推广奠定良好基础。

(4)加强专业人员的培养,提高教育改造的保障。暴力极端主义罪犯不同于普通刑事罪犯的特征,要求从事暴力极端主义罪犯干预工作的矫正人员具有额外的能力,这些能力包括识别极端化迹象的能力,更强的人际沟通能力,反操纵能力,语言能力,要具有丰富学识(包括宗教学、历史学、心理学、医学、教育学)等,这就需要加强相关专业人员的配备和职业能力培养,建设教育改造暴力极端主义罪犯的专门队伍,为暴力极端主义罪犯的干预提供人力保障。

第七章 暴力极端主义罪犯的重新融入与再犯预防

促进罪犯重新融入社会是指通过将刑满释放的罪犯与实际服务(如就业、住宿、教育等)以及亲社会的机会和社会网络重新联系起来,使其重新融入社会的过程。与普通罪犯一样,绝大多数暴力极端主义罪犯最终会被释放回社区,面临重新融入社会的问题。但研究证明,许多刑满释放人员由于犯罪和监禁的经历回到社会后常常面临无住房、无就业、无社会支持等恶劣的生存环境,无法顺利融入社会。相关研究也表明,刑满释放人员不能顺利融入社会对其再犯具有重要影响。暴力极端主义罪犯释放后由于其犯罪行为的危害性和曾经产生的社会影响,可能面临的重新融入问题会更甚。而如果暴力极端主义罪犯不能顺利融入社会,不仅会导致其再犯,再次威胁社会安全与人民生命财产安全和国家安全,还会直接关系到国家打击和预防暴力极端主义整体战略的成败。因此,国家和社会必须重视暴力极端主义罪犯的重新融入问题,应制定切实可行的政策,采取综合性的措施,积极发挥监狱、政府、民间社会与非政府组织、家庭、社区以及其他利益攸关方的作用,共同促进暴力极端主义罪犯的重新融入,减少再犯的可能。

一、暴力极端主义罪犯的重新融入问题

当今全世界有10万多人因与恐怖主义有关的罪行而入狱。[1] 欧洲刑警组织2019年发布的《恐怖主义形势和趋势报告》(TE-SAT)指出,2015年至2018年期间,欧盟有4000多人因与恐怖主义有关的活动被捕,其中大多数是“圣战”分子。[2] 根据我国最高人民法院的统计,2015年危害国家安全、暴力恐怖主义案件大幅度增长,全国各级法院审结危害国家安全、暴力恐怖主义犯罪案件1084件,判处罪犯1419人,同比增长近一倍。[3] 除了极少数外,绝大多数暴力极端主义罪犯会最终被释放回社区。比如,自2001年的9·11事件以来,美国政府已起诉了400多名恐怖分子,虽然其中一些罪犯将在监狱中度过余生,但绝大多数有一天会重新进入社会。实际上,在未来5年内,美国将近1/4的恐怖罪犯将完成其监禁。[4] 到2025年,法国1700名恐怖分子和极端主义罪犯中大约有90%将被释放。[5]

随着这类罪犯的逐步释放,这些人能否顺利融入社会,是否会继续参与暴力极端组织或者团体或者继续从事极端主义活动,实施再犯,是各国政府

---

〔1〕 参见 Reintegrating Violent Extremist Offenders, ICCT-The Hague Barcelona, 4-7 July 2017. https://www.euforumrj.org/sites/default/files/2019-11/plenary-2_reintegrating-violent-extremist-offenders_liesbeth-van-der-heide.pdf。

〔2〕 参见 European Union Terrorism Situation And Trend Report 2019, European Union Agency for Law Enforcement Cooperation 2019. p. 15. https://www.europol.europa.eu/sites/default/files/documents/tesat_2019_final.pdf。

〔3〕 参见最高人民法院研究室:《2015年全国法院审判执行情况》,载《人民法院报》2016年3月18日,第6版。

〔4〕 参见“US Homegrown Violent Extremist Recidivism Likely.” NCTC Current, January 24, 2017. https://assets.documentcloud.org/documents/3873025/NCTC-Report.pdf, located in De Luce, Dan, et al. (2017)。

〔5〕 参见“Twenty-third report of the Analytical Support and Sanctions Monitoring Team submitted pursuant to resolution 2368 (2017) concerning ISIL (Da'esh), Al-Qaida and associated individuals and entities,” United Nations Security Council, S/2019/50, January 15, 2019, p. 14。

必然会面临的问题。现实中,暴力极端主义者再犯的情况也并不少见。从欧洲和北美近年来发生的恐怖主义事件来看,许多都有前极端主义罪犯参与,比如2015年11月巴黎发生的恐怖主义袭击和2016年3月布鲁塞尔发生的恐怖袭击。而负责这两次袭击的几名成员均在欧洲的监狱中服过刑,其中一些人员第一次见面就建立了联络。这种趋势绝非异常:海牙国际反恐中心(ICCT)和国际政治研究所(ISPI)极端主义项目在2017年进行的一项联合研究发现,2014年至2017年间,西方所有恐怖主义袭击者中57%的人员有犯罪记录,其中34%的人员在实施袭击之前在监狱服刑。[1] 在其他地方,对具有恐怖分子或极端主义背景的囚犯的再犯率也提出了类似的关注。[2] 著名的先例有2015年1月法国《查理周刊》袭击事件的参与者谢里夫·库阿奇(Cherif Kouachi)[3]、伊拉克基地组织的创始人阿布·穆萨布·扎卡维(Abu Musab al-Zarq,1993年曾入狱)[4]、基地组织的前领导人艾曼·扎瓦希里(1981年入狱)[5]、时间比较近的是2019年11月29日制造伦敦桥刺杀事件的乌斯曼·汗(Usman Khan)[6],他因策划恐怖活动而在2012年被判刑[7];以及2020年2月2日在南伦敦斯特雷汉姆因刺伤过路人不久后被枪杀致死的苏德什·安曼(Sudesh Amman),在他被监狱释放后

---

〔1〕参见 Vidino Lorenzo, Francesco Marone, and Eva Entenmann. 2017. "Fear Thy Neighbor: Radicalization and Jihadist Attacks in the West." GWUPoE-ICCT-ISPI Joint Report. https://icct.nl/wp-content/uploads/2017/06/FearThyNeighbor-RadicalizationandJihadistAttacksintheWest.pdf。

〔2〕参见 Pluchinsky DA. (2008). Global Jihadist recidivism: A red flag. Studies in Conflict & Terrorism, 31, 3: 181 – 200; Arianti, V. (2011). Jihadi recidivism: The case of Indonesia. Eurasiareview, February 17. http://www.eurasiareview.com/17022011-jihadi-recidivism-the-case-of-indonesia/。

〔3〕参见"Charlie Hebdo attack: Three days of terror", http://wwwnews.live.bbc.cn.uk/news/world-europe – 30708237. January 14, 2015。

〔4〕参见 Jeffrey Gettleman, "Abu Musab al-Zarqawi Lived a Brief, Shadowy Life Replete With Contradictions", New York Times, June 9, 2006。

〔5〕参见"Profile: Ayman al-Zawahiri", BBC, August 13, 2015。

〔6〕参见"London Bridge: What we know about the attack", BBC, December 3, 2019。

〔7〕参见 Daniel De Simone, "London Bridge: Who was the attacker?" BBC, Decem-ber 5, 2019。

仅10天就实施了该犯罪[1],他于2018年11月因拥有和传播与伊斯兰国有关的恐怖主义材料被定罪入狱40个月。[2]

因此,无论从国家打击和预防暴力极端主义的整体战略出发,还是为应对暴力极端主义罪犯的释放潮和再犯威胁,国家和政府都应立足长远,未雨绸缪,采取积极的、综合的促进刑满释放暴力极端主义罪犯重返的社会政策和措施,帮助暴力极端主义罪犯顺利融入社会,预防其重返暴力极端主义组织和团体或者再次实施相关犯罪。

二、国际社会有关促进暴力极端主义罪犯重新融入的倡议和做法

(一)联合国有关倡议

联合国积极呼吁会员国重视暴力极端主义罪犯的重新融入问题。为会员国有效应对暴力极端主义罪犯重新融入和再犯的挑战,联合国区域间犯罪和司法研究所(United Nations Interregional Crime and Justice Research Institute)专门提出了促进暴力极端主义罪犯重新融入社会的倡议。[3] 该倡议指出,促进暴力极端主义罪犯重新融入社会确实是各种打击暴力极端主义的全面战略的必要组成部分,也是建立更具弹性的社会和减少再犯的关键因素。重新融入社会的倡议应在罪犯仍处于监禁环境中准备、释放时开始,并应制定不同的措施,从赋予个人权力到发展就业机会和预防性奖励,以减少社会疏远和再次犯罪的可能性。除了监禁机构对罪犯开展工作外,罪犯重新融入社会还需要社会的大力参与,以弥合监狱内外的差距,促进观

[1] 参见"Streatham attacker named as Sudesh Amman," BBC, February 3, 2020。

[2] 参见Daniel De Simone, "Sudesh Amman: Who was the Streatham attacker?" BBC, February 3, 2020。

[3] 参见"Promoting Social Reintegration of Violent Extremist Offenders (VEOs)", www.unicri.it/topics/counter_terrorism/reintegration。

念的改变和社会凝聚力。最后,罪犯重新融入社会的努力必须与旨在处理法律和政策以及导致极端化的结构和社区动态的干预措施结合起来。

此外,联合国区域间犯罪和司法研究所还确立了与暴力极端主义罪犯改造和罪犯重新融入社会有关的一些关键方面和建议,其中特别侧重于个人重新融入社会方面。具体建议包括:为暴力极端主义罪犯做好从监狱到社区过渡的准备;为暴力极端主义罪犯绘制重返路线图,以确定本地现有和潜在的资源;进行个性化的风险与需求评估,并确保释放后支持的连续性;让家庭参与重新融入社会和改造进程;强化宗教人士和心理学家的作用;在社区层面促进和创造宜人的环境,以促进暴力极端主义罪犯的社会融合;让民间社会组织参与重新融入社会和改造计划;发挥监狱工作人员、执法和缓刑官在促进和重新融入暴力极端主义罪犯的进程中的作用;明确监督和监测措施;加强多机构合作。此外,根据所确定的关键方面和建议,联合国区域间犯罪和司法研究所确定优先行动顺序:第一优先事项是要评估监狱和社区支持暴力极端主义罪犯融入社会的能力。第二优先事项是制定关于暴力极端主义罪犯重新融入社会的行动计划,弥合监禁与非监禁环境之间的差距。第三优先事项是在负责支持暴力极端主义罪犯进入社区的利益相关者之间建立和加强网络。第四优先事项是提升参与设计、制定和实施监狱和社区方案的相关行为者的能力,这些方案针对暴力极端主义罪犯和社区,目的是促进和维持重新融入社会。第五优先事项是改进参与释放后暴力极端主义罪犯的监测和监督工作的利益相关方(监狱管理、缓刑服务、社区、情报、执法等部门)之间的协调和信息共享。第六优先事项是提高人们对建立接纳性环境重要性的认识,以促进暴力极端主义罪犯重新融入社会。[1]

---

〔1〕 参见“Promoting Social Reintegration of Violent Extremist Offenders (VEOs),” http://web.unicri.it/topics/counter_terrorism/reintegration/。

(二)各国的实践

面临暴力极端主义罪犯重新融入问题的国家,立足各自国家的实际,采取积极措施,制定了各种方案,比如中东的沙特阿拉伯的综合重新融入社会和康复方案,西欧为特定个人制定的政策,旨在使暴力极端主义罪犯出狱后能够适应日常生活,促进暴力极端主义罪犯重新融入社区和预防其再犯。概括起来,主要有以下一些做法:

1. 加强狱内培训,提高罪犯生存能力培养

减少再犯是监狱的职能之一。多数国家的监狱也把帮助暴力极端主义罪犯释放后就业、找到住房、取得家庭和社会的支持作为干预的重点。在促进就业方面,监狱对罪犯现有技能进行评估以确定可能的就业机会,包括帮助罪犯制定求职和演讲以及面试技巧的服务,组织进行关于期望的联合讨论,解决与求职过程相关的焦虑,提供有关就业市场信息,制作简历和申请表,与公共和私营雇工单位沟通和联系,与可能提供援助的个人或以前的雇主联系寻求就业机会等。还有的国家在狱内设立创业项目,让罪犯能够建立自己的小企业,学习管理和运营,并在释放时可以自给自足。还有的设立专门项目,由专门人员对罪犯进行帮助,包括释放后的就业、住房、与家人和社区联络等。有一些国家的监狱管理部门与其他政府机构之间签订正式的“重返社会合同”,要求这些机构承担暴力极端主义罪犯释放后的就业、培训和住房等重返社会问题的责任。在土耳其,监狱对暴力极端主义罪犯进行职业培训,提供讲习班和教育。当监狱接收罪犯时,监狱导师要与罪犯进行“面谈”,以确定他的教育需求。在面谈结束时,为其准备一个涵盖罪犯参与教育活动的教育计划。监狱将提供不同层次的教育服务,包括:基本识字、小学、高中和继续教育,并利用远程教育,在监狱内组织进行相关考试。其中监狱的讲习班制度于 1997 年成立,目的是帮助失业罪犯获得一项职业技能并改善他们目前的状态。2015 年,约有 47000 名罪犯在土耳其境内的 262

个监狱中工作时获得了职业技能。罪犯能够获得收入并且也有保险。讲习班有三个独立的体系为罪犯提供职业。在第一种体系中,罪犯可以在监狱里的工作间工作;在第二种体系中,开放式监狱中的罪犯可以在城市和法院等公共机构工作;在第三种体系中,罪犯可以在开放式和封闭式的监狱内由私营部门设立的工作室工作。[1] 在马来西亚,监狱管理部门与运输部门达成了合作伙伴关系,通过这一部门,罪犯可以参加驾驶技术培训并领取驾驶执照,从而有利于他们在获得释放后找到工作。[2]

2. 给予释放后援助和支持,帮助渡过难关

罪犯刚刚释放后的时期是最关键的时期,对于刑满释放的前暴力极端主义罪犯的家人和社区来说可能是最困难的时期。当释放后暴力极端主义罪犯重返家庭和社区后,家庭结构和社区将会有相当长的调整期。有些国家以提供工作、住房,或以新的社交网络形式向刑满释放的极端暴力罪犯提供援助,并在极少数情况下甚至帮助其结婚。[3]

土耳其于2005年建立了缓刑制度。在这一制度下,成立了137个保护委员会。这些委员会由地方官员组成,包括:首席检察官、司法代表、监狱长、缓刑局长、国民教育主任、社会服务、农业银行和热门银行等成员;[4] 目的是帮助从监狱中释放出来的罪犯获得职业、商业或工作机会。这些委员会还会帮助建立小企业并希望通过提供工具和信贷帮助从事农业生产的罪

---

〔1〕 参见 United Nations Office on Drugs and Crime, Handbook on the Management of Violent Extremist Prisoners and the Prevention of Radicalization to Violence in Prisons, New York 2016, p. 82。

〔2〕 参见 United Nations Office on Drugs and Crime, Handbook on the Management of Violent Extremist Prisoners and the Prevention of Radicalization to Violence in Prisons, New York 2016, p. 128。

〔3〕 参见 Bjorgo, T. and Horgan, J. (2009): Leaving Terrorism Behind: Individual and collective disengagement, London: Routledge, p. 253。

〔4〕 参见 United Nations Office on Drugs and Crime, Handbook on the Management of Violent Extremist Prisoners and the Prevention of Radicalization to Violence in Prisons, New York 2016, p. 128。

犯。这些委员会在阿拉伯联合酋长国,监狱和当地技术学院之间建立了工作安置计划,确保培训和就业支持的连续性,包括为期两至三年的财政支持,以帮助罪犯自己创业。

美国政府的各种反恐官员和机构,包括联邦监狱局(BOP),都将降低恐怖分子的再犯率列为优先事项。[1] 基于罪犯释放后最初的一段时间是最困难时期,美国为了给予暴力极端主义罪犯支持,在部分州建立了宗教性过渡中心和重返单位。比如印第安纳州,建立了一个以宗教为基础的转型中心和一个为罪犯提供自由活动的重返单位,试图创造一种模仿市民社会的文化,其目的是通过加强罪犯的愿景满足以最好地避免极端化。[2]

3. 设立相应组织,加强释放后的持续监督和支持。

对于暴力极端主义罪犯来说,释放后的持续监督也很重要,一些国家设立相应组织,以加强释放后的监督与支持。新加坡为了防止暴力极端主义再犯,对释放后的前暴力极端主义罪犯进行持续的监督,同时要求其继续参与去极端化工作。罪犯被监禁期间与其一起工作的宗教康复小组(Religious Rehabilitation Group,RRG)辅导员在其释放后继续与其一起工作,以保持计划执行的连续性。依据"限制令"计划获得释放的罪犯,必须遵循有关设定的各种条件:宵禁、在特定时间必须在自己的住处、必须在特定的时间和日期向新加坡国家安全局报告,并且必须保证自己可以参加咨询和面谈,在搬迁地址或更换工作之前,需要获得国家安全局的批准。此外,未经国际新闻司的事先批准,已释放的前暴力极端主义罪犯不得公开发表言论、在媒体露面或加入任何组织。新加坡释放后项目的另一要素是机构间后续照管小组(Interagency-After-Care Group,ACG)。这是特别为与罪犯家属合作而建立

---

〔1〕 参见 Bennett Clifford,Radicalization in Custody Towards Data-Driven Terrorism Prevention in the United States Federal Correctional System, Program on Extremism Policy Paper,November 2018。

〔2〕 参见 Useem, B. and Clayton, O. , "Radicalization of U. S. Prisoners", Criminology & Public Policy, Vol. 8, No. 3 (August 2009), pp. 585 – 586, http://onlinelibrary. wiley. com/doi/10. 1111/j. 1745 – 9133. 2009. 00574. x/pdf。

的,因为认识到家庭在帮助释放罪犯远离极端主义活动方面将发挥重要作用,因此,促进家庭稳定在方案中发挥了重要作用。机构间后续照管小组旨在为家庭提供支持,包括提供女性咨询员与前罪犯的妻子一起工作,提供直接的经济援助,帮助妻子找到工作,还支持家庭子女的教育和支助学费和其他费用。[1]

4. 设立专门促进罪犯回归的项目,提供综合性支持

有些国家为促进暴力极端主义罪犯顺利回归,设置了专门的项目,对相关罪犯提供综合性的支持。

最具影响力的可能是沙特阿拉伯的去极端化综合计划。该计划把对释放后罪犯提供支持作为重要的组成部分。在罪犯从监禁设施释放后,刑满释放的暴力极端主义罪犯会继续受到当局的监督,并且还被要求继续参与去极端化工作。该计划的一个方面是通过向前罪犯提供财政支持协助其重新融入沙特社会。这通常包括政府每月向已刑满释放的罪犯发放资金,时间长达一年或者直到他们经济上独立。此外,该计划还提供就业援助,鼓励在押罪犯继续接受教育,费用由当局支付。在少数情况下,还提供了财政援助,以促进刑满释放罪犯的婚姻。这种支持的理由是鼓励男性更多地参与家庭生活,并将注意力转移到极端化的原因上。在大多数情况下,释放后提供强有力的实际和财政支持,加上持续的监督,可以使获释罪犯永久摆脱暴力极端主义。还有的国家对刑满释放的暴力极端主义罪犯提供经济奖励,对其进行释放后支持,鼓励他们放弃进一步的暴力活动。财政奖励和支持可能包括支持罪犯的家属(通过津贴,教育援助或就业)以及提供直接收入

[1] 参见 United Nations Office on Drugs and Crime, *Handbook on the Management of Violent Extremist Prisoners and the Prevention of Radicalization to Violence in Prisons*, New York 2016, p. 130。

来源。[1]

在丹麦,政府专门设立了“回到正轨培训项目”(Back on Track,BOT)。该项目由丹麦社会事务和融合部与丹麦监狱和缓刑部门于2011年联合开发,2012年首次启动,从2014年起该项目被作为一般的监狱服务项目。“回到正轨培训项目”(BOT)旨在帮助被指控或者被定罪的犯有恐怖主义相关犯罪的罪犯,或被评估为易受极端化影响的罪犯。项目所指的极端主义是广义的,不仅包括宗教动机的恐怖主义,还涉及左翼和右翼暴力极端主义以及仇恨犯罪。项目以一名导师与罪犯密切合作为基础,向罪犯提供实际问题的援助,比如释放时找工作和安排住宿,与罪犯家属联络和合作,以及帮助激励罪犯改变他们的生活方式。BOT的重点是培训和指导导师,以便导师有能力对被指导者进行“一对一”的工作。导师和导师教练来自各种背景,包括警察、监狱工作人员、社会工作者、律师等。导师接受培训的目的是提升他们指导、管理冲突和对话技巧方面的能力。此外,还要增加由儿童、性别平等、一体化和社会事务部以及丹麦安全和情报局为期两天的极端化和极端主义课程。在正式培训之后,BOT还为导师提供联络日,让导师可以见面并分享经验和见解。[2]

2012年,荷兰国家安全与反恐协调员(Dutch National Coordinator for Security and Counterterrorism,NCTV)和荷兰缓刑服务部(Dutch Probation Service)制订了一项计划,以改善极端主义罪犯在荷兰的重新融入。这一计划的目的是:促进仍在关押中的恐怖主义罪犯重新融入社会;为他们获释后提供更好的后续照管;并为今后处理这类罪犯创建一个集中协调的方法。

---

[1] 参见 United Nations Office on Drugs and Crime, Handbook on the Management of Violent Extremist Prisoners and the Prevention of Radicalization to Violence in Prisons, New York 2016, p. 129。

[2] 参见 United Nations Office on Drugs and Crime, Handbook on the Management of Violent Extremist Prisoners and the Prevention of Radicalization to Violence in Prisons, New York 2016, pp. 121 – 122。

除了缓刑和假释部门外，有广泛的利益相关者参与暴力极端主义罪犯的重新融入工作，范围从市政当局到警察、安全与情报服务部门、公诉部门、精神卫生保健提供者等。缓刑部门下设“恐怖主义、极端主义和极端化”小组负责对暴力极端主义罪犯进行监督，评估和报告累犯风险，并提出将其最小化的策略，并监督这些罪犯遵循缓刑条件。小组工作的核心原则是致力于与罪犯建立牢固的工作关系。小组采取鼓励和禁止相结合的方法实现脱离接触干预。工作人员通过鼓励罪犯参加职业教育、实习或找工作，拓展他们的就业前景，并提供自尊和其他生活方向的替代来源，以防止他们再次卷入极端主义或恐怖主义。同时，禁止相关人员会见前极端分子朋友、访问仍然活跃在社区或城市极端主义网络，或在网上获取极端主义材料，防止这些罪犯被重新拉回到极端的社会环境。[1]

以上这些措施的实施，提高了暴力极端主义罪犯生存与就业能力，对于其顺利融入社会和预防再犯具有积极作用，对中国有关工作具有一定的启示和借鉴意义。

三、关于促进暴力极端主义罪犯重新融入社会的思考

罪犯重返社会通常会面临一系列困难。社会环境可能会给罪犯带来标签化，使他们难以进入社区并被接纳。从现实来看，刑满释放的暴力极端主义罪犯在重新融入社会时会面临更多的困难。首先，因犯有恐怖主义这种危害性极大的罪行，可能对获得社会支持服务、就业或教育以及获得住房产生严重影响。暴力极端主义罪犯，尤其是恐怖主义罪犯，曾经所犯罪行给社会民众带来的伤害和心理恐惧可能长期存在，社会存在避之不及的心态，对其的接纳程度可能远远低于普通刑满释放人员（从现实来看，我们的社会对

---

〔1〕 参见 Liesbeth van der Heide, Bart Schuurman, Reintegrating Terrorists in the Netherlands: Evaluating the Dutch approach, Journal For Deradicalization, Winter 2018/19, Nr. 17。

普通罪犯的接纳程度本来也很低),从而使得这些刑满释放的前暴力极端主义罪犯在就业、生存方面会面临比普通罪犯更多的困难,更难重新融入社会。但是,值得注意的是,这一点极易被极端组织所利用,它们会对相关人员进行煽动,让其产生一种受害感,同时积极向刑满释放人员提供相应的支持,进而重新吸纳这些人员加入相关组织,参与相关犯罪。其次,暴力极端主义罪犯是基于极端的思想、观念和价值观而实施犯罪的。这种极端思想是经过一个不断积累的过程形成的,一旦形成,改变起来相当困难。从实践来看,改造一个人的行为相对来说比较容易,但改变一个人思想观念相对较难,转变长期积累形成的极端思想、价值观难度更大。因此,许多暴力极端主义罪犯的极端思想、观念和价值观在刑满释放时可能仍然还有残留。而基于残留的极端主义思想,某些前暴力极端主义罪犯可能在某一环境、某种因素、某种事件的触发下,继续实施暴力极端行为,从而给社会安全、人民生命财产安全、国家安全造成巨大的危害。因此,预防暴力极端主义罪犯再次参与暴力极端主义犯罪是重新融入社会中的一个更加困难的挑战。因此,国家需要在打击暴力极端主义犯罪的同时,还应当更加重视暴力极端主义罪犯的重新融入问题。作者认为,应当在吸收和借鉴国际社会有效经验和做法的基础上,结合中国的实际,明确重新融入的目标,制定综合性的政策,采取积极的措施,发挥职能部门、家庭、民间组织、社区的职能作用,全方位促进罪犯顺利融入社会,以减少再犯。

(一)明确促进暴力极端主义罪犯重新融入的具体目标,为制定切实可行的促进重新融入社会的措施指明方向

促进暴力极端主义罪犯融入社会是一个大的、相对抽象的目标,具体要实现哪些具体的目标应当明确。对促进暴力极端主义罪犯的重新融入来说,工作重点应放在如何支持个人坚持不重新参与暴力极端主义团体、事业和意识形态,并发展罪犯建设性的行为和适应社会环境的能力。成功脱离

暴力极端主义和重新融入的前暴力极端主义罪犯需要在社会关系、应对能力、身份认同、意识形态和行动导向以及幻灭感六个方面都有显著的改变。[1]

总的来说,有效的重新融入社会努力是指能够使个人拥有支持性和有意义的关系,包括与家庭成员、相关部门人员和其他亲社会影响者的关系;保持良好的心理和身体健康,包括能够应对与脱离和重新融入相关的挑战情绪;建立一种正确的身份认同,不再认同暴力极端组织、事业和意识形态;能够正确认识暴力极端主义行为的正当化,包括遵纪守法;积极主动并有信心建设性地参与社会活动,如就业、教育、培训、家庭和社区活动,对相关暴力极端主义群体、事业和意识形态不抱有幻想,能够注意到当前环境下的失业风险仍然很高;更有能力使用批判性思维来利用信息和挑战自己的团队想法和论点;对宗教和政治有更广泛、更具体的理解。[2] 此外,成功的重新融入社会努力还应当包括在他们的思想、行动和生活过程中培养或加强个人的能动性;解决愤怒管理和挫折容忍问题;关注他们作为公民的权利和责任;寻找替代的、非暴力的方式来解决政治和社会不满和担忧;培养对同伴负面影响的适应能力;应对拒绝和最小化问题;通过激励性访谈激励社区矫正工作人员的参与;使他们能够参与产出性活动(回馈、支持或照顾他人)。[3]

---

〔1〕 参见 Kate Barrelle, "Pro-integration: Disengagement From and Life After Extremism", Behavioral Sciences of Terrorism and Political Aggression 7, no. 2 (2015): 129 - 142; United Nations Office on Drugs and Crime, Handbook on the Management of Violent Extremist Prisoners and the Prevention of Radicalization to Violence in Prisons, New York, 2016, p. 31。

〔2〕 参见 Christopher Dean and Eelco Kessels, "Compendium of Good Practices in the Rehabilitation and Reintegration of Violent Extremist Offenders," Global Center on Cooperative Security, August 2018. p. 44。

〔3〕 参见 Christopher Dean and Eelco Kessels, "Compendium of Good Practices in the Rehabilitation and Reintegration of Violent Extremist Offenders," Global Center on Cooperative Security, August 2018. p. 44。

(二)发挥监狱作为罪犯改造的职能作用,积极开展去极端化干预,为罪犯顺利重返社会创造条件

监狱作为刑事司法系统的一个重要环节和国家反恐战略的重要组成部分,应当发挥自身职能作用,为罪犯重返社会和减少再犯做好准备。

一是准确把握罪犯个人需求,运用多学科知识,开展综合性干预,提高罪犯的去极端化率,消除罪犯的极端化思想,为降低再犯率奠定基础。暴力极端主义罪犯持有暴力极端主义思想,参与暴力极端主义犯罪是为了追求所谓的“正义和事业”,有些是为了满足个人自尊、地位、身份上的需求。监狱工作人员应充分了解罪犯参与极端组织和极端主义犯罪的个人需求,采取针对性的干预,改变罪犯的认知、行为和态度特征,培养批判性思维和解决问题的能力,消除罪犯的极端化思想和严格的二元思维。通过基础课程和职业培训来加强教育和就业机会也至关重要。重新融入社会的干预项目应该着重于加强刑满释放人员已经掌握的技能,而不是仅仅尝试传授新的技能。同样,项目应查明刑满释放人员开始新生活的动机,并设法加以强化。

二是树立系统观念,明确目标,为罪犯重返社会创造条件。除了少数罪犯外,绝大多数罪犯都将重返社会。而研究证明,许多罪犯在刑满释放后面临着许多重返问题,如无就业、无住房、无法生存和立足。而这些问题的存在常常是导致再犯的重要因素。对于这些问题,尽管作为一个罪犯教育改造机构,受限于自身职能,监狱并不能够直接解决。但是,这并不意味着监狱将无所作为。关押暴力极端主义罪犯的监狱可以积极发挥改造罪犯的职能作用,充分利用罪犯的监禁时间,在罪犯入狱的第一天起,就为其未来的释放和重返社会做好准备和规划,针对罪犯出狱后可能面临的困难和问题,制定切实可行的重返社会方案,并在整个监禁期间加强其目标,通过加强罪犯融入社会需要的能力培养,比如沟通能力、人际交往能力、就业能力、危机

应对能力等,提高罪犯出狱后的应对能力,为其重返创造条件和做准备。

三是树立动态安全观念,在工作人员与罪犯之间建立信任关系,为罪犯改造及释放后的持续照管提供支持。实践证明,罪犯愿意改变的内在动机对于教育改造效果的实现发挥着重要作用。为了促进罪犯改变的内在动机,改造专家、社会工作者和咨询师需要树立动态安全的理念,与罪犯建立一种建设性的、信任的关系。这种积极的关系有助于罪犯接纳和信任工作人员,进而促进罪犯积极参与改造。监禁期间建立起来的信任关系,对于释放后开展的后续照管也有积极意义。因此,在监禁期间工作人员与罪犯建立信任关系特别重要。同样重要的是,社会工作者和后续照管专家对罪犯的态度,工作人员树立人是可以改变的思想也至关重要。

(三)关注罪犯重返社会的时机,加强过渡管理制度,进一步发挥安置教育制度的作用,提供持续性的支持

在监禁期间,罪犯经常会经历各种心理问题,许多罪犯会形成监狱人格,这使他们的重返面临进一步的挑战。对于暴力极端主义罪犯尤其如此,他们中的许多人在出狱时非常脆弱,出狱后又缺乏基本的支持(包括情感、经济或家庭支持)。这些困难常常被极端组织所利用,它们向刑满释放的前暴力极端主义罪犯提供相应的支持,来弥补政府留下的空缺。因此,在释放之前就开始为暴力极端主义罪犯重新融入做好计划,并建立相应的后续照管机制,将重返计划纳入精心制定和实施的后续照管机制中,由从业人员、监狱工作人员和所有其他行动者仔细管理移交工作,防止出现可为极端主义组织利用的各机构衔接之间的漏洞和空白,从而重新吸纳这些人员加入极端组织,从事极端犯罪。在这个过程中,根据工作人员的能力、业务领域和责任明确划分角色,以避免混淆和遗漏很重要。

需要特别注意的是,要关注罪犯重返社会的时机。研究证实,罪犯释放后的头几个月尤其是关键期。在此阶段,制订个人重返计划及其实施至关

重要。在某些情况下,暴力极端主义罪犯的改造工作将在释放后持续数年,包括持续的监测活动以及提供援助。

出狱后就业难是罪犯面临的一个重大问题。就业对罪犯来说往往是困难的,但将是迈向成功和长期的社会和经济重新融合的一个重要步骤。因此需要监狱与后续照管机构之间做好衔接工作,努力帮助刑满释放人员找到工作。在这方面,可以与公私伙伴建立关系,帮助刑满释放的罪犯就业。在后续照管期间,还应继续提供心理和宗教咨询,以及就业帮助和对家庭的支持(必要时包括经济支持),以监测和评估他们的态度、行为和环境的变化。同时,政府应充分考虑所有参与实施重返社会和后续照管计划的人员的安全要求,并且应向从事重返社会和后续照管工作的人员提供其职能相关的专门培训。

为了防止暴恐罪犯再犯,我国《反恐怖主义法》也规定了对于刑满释放的前恐怖活动罪犯和前极端主义罪犯的安置教育制度。《反恐怖主义法》第30条规定,对恐怖活动罪犯和极端主义罪犯被判处徒刑以上刑罚的,监狱、看守所应当在刑满释放前根据其犯罪性质、情节和社会危害程度,服刑期间的表现,释放后对所居住社区的影响等进行社会危险性评估。经评估具有社会危险性的,监狱、看守所应当向罪犯服刑地的中级人民法院提出安置教育建议,并将建议书副本抄送同级人民检察院。罪犯服刑地的中级人民法院对于确有社会危险性的,应当在罪犯刑满释放前作出责令其在刑满释放后接受安置教育的决定。安置教育制度的实施,对于防范再犯风险,维护社会安全,促进罪犯融入社会发挥了积极的作用。因此,为有效促进暴力极端主义罪犯顺利融入社会,我国应当进一步完善安置教育制度,制定明确的安置教育适用程序,加强刑满释放的前暴力极端主义罪犯的风险评估工具研发,提高识别风险的科学性,加强教育的针对性,进一步发挥安置教育制度在教育、帮扶、安置罪犯中的积极作用。

(四)发挥政府的主导角色,提高重返成效

罪犯重新融入社会和预防再犯是一个综合性的工程,在这个工程中政府应当是主要的行动者,尤其是从长期来看,政府有责任在战略一级领导罪犯改造和重新融入社会的进程,并确保有一个适当的法律框架来指导和规范重新安置和后续照顾方案的设计和执行,包括所有利益相关方的工作和责任。首先,政府应营造一个有利于促进罪犯重返社会的有利环境,特别是在其释放后时期。政府应确定可能用来解决暴力极端主义罪犯的现有做法和程序,并考虑采取新的措施。应有明确重返社会方案的牵头政府机构的任务和权限,并设定现实可行的目标,以及实现这些目标所需的权力和资源。政府应该负责设计和传播主要政策,并负责确保正确适用相关政策和措施。重新融入社会方案的规划必须有前瞻性,同时考虑到短期和长期目标、机制和手段以及行动者的责任和义务。所有这些元素都必须明确定义,并传达给所有相关的合作伙伴和利益相关者(包括公众)。在设计阶段,重要的是确保有足够的选择和手段来成功地处理和响应个别评估所产生的需要。重返社会的方案应具有足够的灵活性,以便能够加强其最成功的方面,并调整那些无效的方面。政府应带头建立与民间社会组织的关系。建议制定规范非政府组织与政府关系的正式准则和议定书;这些准则、协定应正式化,以保证计划的执行。在罪犯释放之前政府应仔细考虑释放罪犯及其家属的安全问题。政府还应负责鼓励和促进研究,特别需要进一步研究个人极端化的原因和过程,以及监狱环境在释放后暴力极端主义中所起的作用。政府应确保制定有效的监测和评估方案,应明确要衡量的内容以及由谁衡量。

(五)积极发挥民间社会和非政府组织的作用

如果社会不接受个人,单靠政府是无法确保个人完全重新融入社会的。除政府外,相关民间社会组织和其他非政府行为者和干预提供者在罪犯干

预和重新融入方面也可以发挥重要作用。它们可以参与设计、实施和评估暴力极端主义罪犯重返社会方案,提供新的专门知识、技能培训、就业和设备资源,帮助填补官方方法的空白,比如可以协助释放人员就业、提供精神指导以及提供社会和心理支持服务,进而更好地促进刑满释放人员的重新融入进程,而且这些支持可以贯穿整个监狱期间以及释放后到社区。因此,政府应当与民间社会和非政府组织之间建立良好的协作机制,积极发挥民间社会和非政府组织的作用。但是在合作之前,政府要了解当地非政府组织的存在情况、可能的协调问题以及建立伙伴关系和有效交流信息的必要性。在确定参与的民间社会组织时,应了解社会组织的声誉和过往记录;它们打算开展的工作的透明度和重点,以及工作如何符合总体重返社会战略;它们的信誉和能力,包括提供这项工作的专业技能;它们与更广泛的社区和政府机构的关系和联系;资金结构。在服务过程中,应当强调非政府组织必须保持中立,以建立和维持与刑满释放罪犯及其家人的信任。非政府组织和民间社会也应该对重返社会和后续照管方案进行独立研究,为政府部门的决策提供更多的参考和依据。为了有效发挥民间社会组织的作用,政府也应向民间社会组织提供资金、培训和信息共享,并在必要时为其运作和保护提供足够的政治和法律空间。

(六)努力发挥家庭的支撑作用

在罪犯改造以及重返社会和后续照管过程中,家庭的参与对于支持罪犯成功脱离接触和重新融入社会至关重要。在监狱期间,罪犯与家人的定期接触和联系,可以提升他们的责任感和亲情观念,密切他们与家人之间的关系,强化纽带关系,为罪犯提供持续的希望和归属感,为其出狱后的支持奠定基础。在罪犯释放后,家庭可以成为主管当局、社区和罪犯之间的对话者,为罪犯重新融入提供支持,也可以在释放后的监督中发挥重要作用。在大多数情况下,罪犯被释放后家庭将承担起使其重返主流社会的责任。同时，家庭也可以是受益人，而且也需要支持。通常，在罪犯入狱期间，家庭的常规和动态生活可能会发生变化，特别是在罪犯是家里唯一养家糊口的人的情况下。这种情况下，家庭可能变得脆弱，可能需要经济支持。家庭也可能受到极端主义组织的威胁，需要政府采取一些保护措施。因此，为了发挥家庭的支撑作用，政府有关部门应向家庭提供多方面的支持，使他们能够发挥其在暴力极端主义罪犯改造和重新融入中的重要作用，比如向其提供培训或指导，帮助提高他们自己对暴力极端主义的理解和抵御能力；吸纳他们参与罪犯在监狱早期阶段的改造；提供经济、情感和社会服务援助；提供社会服务资源等。但是在发挥家庭作用时需要注意的是，在某些情况下，家庭成员的影响可能并不总是积极的，也可能是产生问题的一部分：比如家庭成员可能拒绝合作或试图破坏改造和重返社会的干预措施和活动；他们可能支持暴力极端主义组织，甚至可能将获得的经济援助转移给极端主义组织；罪犯可能会被视为英雄，或者被排斥在家庭外。因此，需要根据家庭关系情况、家庭成员情况及其更广泛的社会网络信息，包括在监狱探访期间对家庭罪犯互动的观察和信息，对家庭成员进行仔细评估和审查。

（七）发挥社区的作用

罪犯从社区中来，绝大多数都将返回到社区。一个愿意接受刑满释放的前暴力极端主义罪犯并协助其过渡的、受欢迎和积极的社区环境，对于支持刑满释放的前暴力极端主义罪犯长期重新融入社会的努力至关重要。如果接收刑满释放人员的社区认为社会对刑释人员的改造努力是不公平的（例如，给予刑满释放人员或给予某些社区比其他社区更多的权利和经济利益），重新融入社会很可能会因公众，甚至他们的家人的反对或拒绝而受到阻碍。此外，社区对刑满释放人员是否已改变或者能否改变的态度和信任程度也会影响到重新融入的过程，如果社区不相信刑满释放人员能够重新融入社会，那么成功的重新融入过程就不可能得到促进。因此，为了创建一个有利于重返社会的环境,重要的是,在必要时改变接收刑满释放人员的社区的认知、行为和社会经济特征,加强社区宣传和社交意识活动,应向社区传递刑满释放人员有效重返社会不仅仅关乎刑满释放人员自身的未来,也关乎社区的安全与稳定的理念,加强对刑满释放人员的信任感。在这个过程中,政府应当与社区建立亲密的合作关系,取得社区的支持,帮助专业人员(如社区矫正工作人员或者安置帮教工作人员)与社区之间建立联系,促进相互之间在相关问题上的了解,减少前暴力极端主义罪犯对社区其他成员的影响,加强社区人员培训,提高他们对罪犯重新融入社会重要性的认识,为发挥社区在实施重返社会和后续照管项目的作用提供支持。政府应寻求社会各界的参与,以发挥所有潜在的影响力。

(八)发挥其他利益相关者的作用

在规划罪犯重返社会和后续照管方案时,政府也应注意发挥传统媒体与社交媒体的作用。媒体的宣传可以帮助减少对因极端主义相关指控而被定罪的罪犯的污名化,也可以用来传播正确的叙事。当然,在这个过程中应该要注意媒体宣传带来的两面性问题,即媒体既可以产生积极的影响也可以产生消极的影响,媒体的不当宣传可能增强公众和社会对罪犯的消极态度,也可能在传播和宣传暴力极端主义方面发挥作用。

除了媒体外,在促进暴力极端主义罪犯重返社会过程中,前暴力极端主义罪犯有时也能够发挥重要作用。前暴力极端主义罪犯具有一些特定的优势,比如根据亲身经历、现身说法更具可信度;可以作为成功脱离接触、停止接触和重返社会的榜样;能够充分理解暴力极端主义罪犯面临的困难,包括监禁和重返社会的困难;能够挑战与暴力极端主义有关的信仰和思维方式;能够展示另类思维、行为、认同和生活的亲社会方式等,因此可以通过前罪犯的现身说法来教育公众和发展正确的叙事,促进罪犯的转变。但是,需要注意的是,在与前暴力极端主义罪犯合作时,需要通过安全背景调查和确认他们在合法组织登记从事重返社会工作等方式，确定他们已真正脱离暴力极端主义团体、事业和意识形态，不再支持和纵容极端主义暴力。此外，与前暴力极端主义罪犯合作时，可能存在前罪犯隐藏动机的风险。因此应对前暴力极端主义罪犯的活动和行为动机进行结构性的评估，并仔细观察他的反应，可能有助于避免这种风险。在某些情况下，被认为为国家工作可能削弱前暴力极端主义罪犯在暴力极端主义罪犯眼中的信誉，他们也可能被视为极端组织的叛徒，这也可能影响到他们的人身安全，因此要监控他们的人身安全。另外，考虑到这些活动可能对前暴力极端主义罪犯的身心健康产生影响，也要监控他们的心理健康。最后，并不是每个前暴力极端主义罪犯都适合参与这项工作，他们的能力、素质很重要，因此必须根据适当素质和能力标准来审慎审查和挑选。

（九）加强教育和宣传，解决污名化和歧视问题

许多罪犯无法顺利融入社会，是由于罪犯的污名化。罪犯的污名化可能对在获得社会支持服务、就业、教育、生活等各个方面产生严重影响。为了创建一个有利于重返社会的环境并减少污名化，必须加强对社会公众和舆论的教育，以树立一种宽容的社会意识，并努力打破对刑满释放人员的偏见。重要的是，要教育人们学会在行为与人之间做出明确区分，应当给犯罪行为打上烙印，而不是犯罪的人。广泛的新闻报道带来的不良影响，也可能进一步助长污名化，并使重返社会复杂化。因此，应加强新闻媒体有关宣传的要求，教育新闻媒体在描述刑满释放罪犯时，最好使用中立的术语，并将他们的过去身份与新身份区分开来。此外，罪犯本身通常会经历自我贬低，并根据政府和其他利益相关者在羁押和释放期间看待和对待他们的态度来认识和看待自己，如果政府和相关机构能够以平等、尊重、友好的态度对待他们，他们能够感到被尊重和接纳，进而愿意尝试改变自己，因此，政府和利益相关者对待罪犯的态度与做法也非常重要。

第八章　监狱保障能力建设

如前所述,基于暴力极端主义罪犯的特殊性,监狱在教育改造、管理、安全稳定等方面面临着许多额外的挑战。这些挑战对监狱的保障能力提出了特殊要求,监狱需要加强包括人员配备、安保、情报等方面的保障能力建设。

一、人员保障能力建设

(一)监狱工作人员

监狱工作人员是监狱系统中最重要的部分。监狱工作人员以及相关人员的能力素质、角色定位、作用发挥至关重要。随着监狱罪犯日趋复杂化,对监狱工作人员的素质和能力要求越来越高。尤其是对与暴力极端主义这种特殊的罪犯打交道的监狱工作人员来说,更是如此。前文提到,暴力极端主义罪犯相比普通罪犯在管理上具有更大的挑战性,工作人员除了保持平衡安全与控制外,还要提供脱离暴力和去极端化的干预措施,了解罪犯的文化、宗教规范、价值观等内容,与罪犯建立良好的工作关系等,这就对从事相关罪犯管理、教育改造的工作人员的素质和能力提出了更高的要求。因此,监狱系统应确保关押暴力极端主义罪犯的监狱拥有足够数量的能力强和训练丰富的工作人员,并重视相关监狱工作人员的管理、培训、能力素质提升与保障等。

1. 素质要求

在应对暴力极端主义方面,监狱工作人员的素质往往起着关键的作用。工作人员对其他民族文化和宗教规范、价值观和表达的敏感性和理解直接影响到警囚良好工作关系的建立以及管理和干预的效果。罪犯对工作人员的偏见和恐惧,可能会导致警囚之间的消极互动,进而破坏去极端化的努力。应对暴力极端主义罪犯的工作人员既需要综合的能力,也需要具备良好的个人素质和相应的技术技能,而且需要将个人素质和技术技能良好结合起来,要求他们以平等、人道、公正的方式应对所有罪犯,包括应对困难、危险和操纵。因此,并不是人人都能够胜任这一工作,需要加强监狱工作人员的挑选和培训,以有效应对极端化和暴力极端主义带来的特殊挑战。《欧洲委员会关于极端化和暴力极端主义监狱和缓刑服务手册》认为,从事暴力极端主义罪犯教育改造的工作人员,除了具备与罪犯发展合作关系以及能够示范亲社会行为,以支持而不是对抗的方式挑战有问题的思维的一般能力外,还应具备某些特定的素质和能力可能特别重要。这些特定的素质和能力包括:示范反极端主义的态度和行为,例如,灵活、质疑、思想开放、宽容和包容;采用一种坚韧、协作、同理心和对他人的价值观、信仰和背景敏感的风格(身份敏感);在个人层面而非政治或学术层面上与个人互动的能力;使个人能够重新审视并采取措施改变其与极端主义团体、事业或意识形态的关系;自信并有能力讨论与寻求政治变革和人权(如言论自由)相关的问题,同时在导致变革的行为存在问题并需要干预时认识到并保持自信。[1]

---

〔1〕 参见 Council of Europe Handbook for Prisons and Probation Services Regarding Radicalisation and Violent Extremism, Strasbourg, 1 December 2016, PC-CP (2016) 2 rev 4. para. 172. 173。

2. 工作人员的招聘和遴选

一些国际规则强调了招聘和遴选监狱工作人员的重要性。比如《联合国囚犯待遇最低限度标准规则》第46条第1项规定:监狱管理部门应仔细挑选各级人员,因为监狱的适当管理取决于他们的正直、人道、专业能力和个人是否适合从事工作。《联合国囚犯待遇最低限度标准规则》第47条第1、2项规定:所有监狱工作人员均应具备适当的教育水平,并应具备以专业方式履行职责的能力和手段。由于管理暴力极端主义罪犯需要更多的专业技能和人格健全的工作人员,监狱需要精心挑选工作人员,以确保他们具有必要的额外的素质、知识和经验。

在招募工作人员时,防止暴力极端组织的渗透非常关键。必须建立相应的保障措施,确保所选定的工作人员不是暴力极端主义团体成员、犯罪团伙的成员或与有组织犯罪有关的人员,而且也不是被用来渗透监狱的。必须有效地审查工作人员与暴力极端主义罪犯之间是否存在合作或者敌对关系。考虑到女性罪犯的特定需求,还要招聘和培训女性工作人员,设计和实施针对性别的干预措施。对新招聘的工作人员应进行全面而深入的培训和支持。

目前,一些国家关押的暴力极端主义罪犯中有少数族裔、外国恐怖主义分子。为有效管理,应当尽一切努力招募来自民族、宗教和少数种族群体的工作人员,使员工和领导层多元化,并培育宽容和尊重多样性的组织文化,以适应不同的文化需求。这一方面有助于确保工作人员更好地了解不同文化,建立对少数群体罪犯的非歧视态度,培养罪犯和工作人员之间的信任;另一方面,招募少数群体工作人员也有助于解决与语言和口译有关的挑战,因为语言不通,常常使工作人员难以理解同罪犯的对话或其中某些词语和陈述的确切含义,导致在进行干预时出现曲解、信息错误和挑战(有效的交流是至关重要的)。值得监狱管理部门特别注意的是,在某些情况下,那些与暴力极端主义罪犯具有相同种族、宗教或文化背景的工作人员可能被这些罪犯视为叛徒，这本身可能会引起冲突。此外，如果有监狱工作人员赞同某个暴力极端主义团体的观点和信仰，则不应该分配他们参与该集团罪犯的管理工作。

3. 工作人员的培训和发展

培训对任何环境都至关重要，尤其是管理和干预暴力极端主义罪犯的工作人员更应加强培训。国际标准表明，监狱工作人员应该在入狱前接受职前定向培训和在监狱管理工作期间的在职培训。而管理暴力极端主义罪犯的工作人员还需要额外的培训，以能够识别极端化和招募的迹象，确保自己和其他罪犯的安全，并了解罪犯的独特需求和要求，开展有效干预。《关于暴力极端主义罪犯改过自新和重新融入社会的良好做法的罗马备忘录》良好做法5：确保所有相关人员均经过专业培训和教育，以应对重返社会或改造工作的复杂性。对监狱和其他专门从事暴力极端主义罪犯工作的工作人员进行适当的培训和教育，使他们了解和处理重新融入社会和改造工作的复杂性。监狱工作人员和参与改造计划的专业人员可以接受识别极端化迹象、以建设性方式进行沟通、避免冲突、并对潜在的极端主义威胁做出适当反应的培训。[1] 比较好的做法是在工作人员开始工作之前，就应接受额外的培训。应向新的工作人员提供“如何管理监狱中的暴力极端主义罪犯”或识别监狱内暴力极端化迹象等入门级培训，以及有关语言、文化和宗教多样性的课程。对于每天都与暴力极端主义罪犯打交道的工作人员应该接受更高级的培训，包括了解暴力极端主义，识别暴力极端化的行为、迹象，评估暴力极端主义罪犯，对暴力极端主义罪犯实行积极的制度，评估关于暴力极端主义罪犯的情报和其他信息，应对操纵训练，以保护员工的方式处理个人或群体暴力，人际交往能力，情报收集，压力管理，宗教多样性和宗教或信仰

---

〔1〕 参见 Global Counterterrorism Forum, Rome Memorandum on Good Practices for Rehabilitation and Reintegration of Violent Extremist Offenders, p. 7. https://theiij. org/wp-content/uploads/2021/09/GCTF-Rome-Memorandum-ENG. pdf。

自由,针对特定群体的语言、行为、文化和宗教问题的宣传和认识课程。同时尽量减少使用武力,坚持道德和职业标准。

一些国家针对相关工作人员进行专门的培训。比如加拿大惩教署(CSC)认识到需要通过员工意识和教育培训来建立组织对极端化和暴力极端主义的抵御能力,因此对一些管教人员、安全和假释人员进行安全威胁群体的识别和管理方面的培训,其中包括对CSC操作构成安全风险的个人和团体的迹象和行为进行培训。这些培训也得到了外部刑事司法合作伙伴[即加拿大皇家骑警(RCMP)反恐信息官员方案]的支持和指导。[1] 意大利司法部监狱局培训办公室在2010年为现有暴力极端主义罪犯相关工作人员开设关于如何管理某暴力极端主义罪犯的培训课程,帮助员工避免以可能冒犯某罪犯的宗教敏感性的方式行事,并给予工作人员足够的宗教知识培训,确保不会因工作人员的知识缺乏而被罪犯利用。具体培训课程包括:宗教的文化和宗教知识,宗教活动;国际恐怖主义、意识形态背景及其传播,皈依和极端化,国际恐怖分子的监狱管理,以及操作技巧。[2]

对于监狱中参与脱离和去极端化的所有人员(包括学者、宗教领袖、一线的工作人员和其他相关的工作人员)也都需要接受培训,使他们了解干预的目标和目的,他们正在面对的暴力极端主义罪犯的类型,如何在出现危机时进行管理,以及如何区分极端化的标志以及信仰或意识形态的合法表达。

对于关押暴力极端主义罪犯的监狱的监狱长也需要进行“政治情报”方面的培训。也就是说,他们需要能够管理那些在政客、媒体和公众中有名望的罪犯,以便有关这些罪犯的任何行动决定都更加仔细和敏感。因此,监狱

---

[1] 参见 United Nations Office on Drugs and Crime, Handbook on the Management of Violent Extremist Prisoners and the Prevention of Radicalization to Violence in Prisons, New York, 2016, p. 30。

[2] 参见 United Nations Office on Drugs and Crime, Handbook on the Management of Violent Extremist Prisoners and the Prevention of Radicalization to Violence in Prisons, New York, 2016, p. 31。

长应该了解更广泛的领域，并能够克服额外的压力。

4. 监狱工作人员的保障

暴力极端主义罪犯对监狱的管理和教育改造工作都提出了特殊挑战，对工作人员的能力、素质也提出了更多的要求，因此，为与暴力极端主义囚犯打交道的工作人员提供服务的条件应能够反映他们角色的挑战和重要性。正如联合国《囚犯待遇最低限度标准规则》第46条第3项所明确指出的那样，监狱工作人员应具有适当的地位、工资水平和就业条件。首先，基于暴力极端主义罪犯带来的特殊压力，关押暴力极端主义罪犯的监狱的工作人员尤其是一线工作人员配备比例应当高于普通罪犯监狱；应当配备足够的工作人员，确保能够开展有效的教育改造，实现监狱的安全管理，确保监狱秩序安全稳定。其次，应当提高相关监狱工作人员的工资待遇，给予从事相关工作的工作人员特殊津补贴等。

当前，有些国家监狱的工作人员由于从事与暴力极端主义罪犯相关工作而遭到暴力极端主义团体的袭击和杀害。因此，监狱管理当局应当采取适当措施，确保在狱中和监狱外执勤的工作人员的人身安全。有些情况下，一些案件会直接威胁到工作人员及其家属的安全，甚至他们会成为“杀害目标”，特别是如果不与暴力极端主义罪犯合作的情况下。因此，要根据特定时间的风险等级，考虑提供一些额外的保障，例如，为工作人员及其家属提供安全的住房、搜索车辆的设备以及个人报警器。在土耳其，会为参与暴力的极端主义罪犯工作的工作人员提供公共住房和特种车辆。[1]

当然，每个关押暴力极端主义罪犯的监狱的适当人员配置水平应取决于国家的社会经济发展水平，以及确保任何时间都可以维持监狱安全、稳定与秩序所需要的工作人员的数量。

---

〔1〕参见 United Nations Office on Drugs and Crime, Handbook on the Management of Violent Extremist Prisoners and the Prevention of Radicalization to Violence in Prisons, 2016, p. 33。

(二)发挥专业人员和其他相关人员的作用

由于各种动机和因素都可能促使个人走向暴力极端主义,因此暴力极端主义罪犯的干预是一项复杂的工作,需要将各种不同类型的专家纳入计划。这些专业人员包括宗教人士、教师、咨询师、医护人员、后续照顾专家。此外,为解决这一特定罪犯群体的复杂需求,关押暴力极端主义罪犯的监狱还应该有足够数量的专家,如精神病医生、心理学家和社会工作者。《关于暴力极端主义罪犯改过自新和重新融入社会的良好做法的罗马备忘录》良好做法建议:改造计划可吸纳广泛的跨学科专家,并在有关部门和有关人员之间密切协调。心理学家、社会工作者、宗教学者、善后专家,甚至家庭成员和社区都可能在成功的改造计划中发挥作用。其他人员,如矫正人员和执法人员也可能在这一敏感时期与罪犯互动。[1] 此外,受害人也可能发挥积极的作用。

1. 宗教人士

基于宗教人士在去极端化过程中能够发挥重要作用,应考虑将适当的宗教人士纳入罪犯的脱离干预和去极端化过程。尤其是在由意识形态和宗教信仰引起的暴力极端主义活动的情况下,有些暴力极端主义罪犯参与犯罪活动可能是由于他们对所接收的宗教知识知之甚少。应该鼓励经过适当培训的宗教人士与暴力极端主义罪犯进行广泛的对话,激发罪犯思考进而质疑其自身使用暴力行为的正当性。但是,并不是每个宗教专业人士都适合做罪犯的干预工作。尽管有些宗教专业人士在他们的传道工作中拥有令人信服的知识和经验,但可能会发现他们在监狱环境中很难施展,因为改造暴力极端主义罪犯需要具备一套不同的技能和能力。因此,评估宗教专业

---

〔1〕 参见 Global Counterterrorism Forum, Rome Memorandum on Good Practices for Rehabilitation and Reintegration of Violent Extremist Offenders, Good practice No. 7. p. 7. https://theiij. org/wp-content/uploads/2021/09/GCTF-Rome-Memorandum-ENG. pdf。

人员在改造环境中工作的意愿和能力应该是甄选过程中的关键因素。

在宗教人士开始这项工作之前,政府应向他们提供与其职能有关的专门培训。培训包括如何在监狱环境中运作,如何与罪犯打交道,以及如何从传统的传道角色过渡到在改造环境中具有更积极的立场。因为罪犯改造工作将涉及很多的心理学知识,因此心理学的基础训练也将是宗教人士训练的一个重要组成部分。政府应采取措施,在允许宗教人士进入改造机构工作之前,对他们进行审查,以确保他们的实质性知识和观点是可以接受的,符合改造目标,而且不可能出现导致反向效果的活动。政府还应审查宗教学者使用的、带进监狱的材料,以确保这些材料支持改造目标,而不是纵容或支持极端主义意识形态。

在某些情况下,与暴力极端主义罪犯来自同一种族或语言群体的信仰专业人士比来自社区不同阶层的人更有影响力。然而,由于这些学者可能成为暴力极端主义罪犯的目标,国家应考虑采取措施确保他们在整个过程中的安全。

2. 心理学家

心理学家可以在暴力极端主义罪犯干预的过程中发挥关键作用,他们可以帮助确定影响个人意识形态的社会背景、心理构成因素以及促使其决定从事恐怖活动的动机因素。而这些信息有助于了解风险和需求过程,为分类过程提供信息,并为每个暴力极端主义罪犯设计个性化的干预方案。除了与“脱离”相关的活动,心理学家对更一般的领域也很重要,包括那些与意识形态几乎或根本没有关系的心理健康问题。解决这些更普遍的问题可以间接影响改变或脱离。对从事这类工作的心理学家也应该进行专门的训练。他们至少对暴力极端主义和恐怖主义应该有一个基本的了解,并且在可能的情况下,对监狱背景下的脱离和重返社会干预的基本要素有基本的了解。

3. 受害者和受害者的支持者

《关于暴力极端主义罪犯改过自新和重新融入社会的良好做法的罗马

备忘录》良好做法12提出：受害者及其支持者可以发挥重大作用，各国可以酌情考虑将其纳入改造计划。恐怖暴力的受害者可以成为改造计划中强有力的声音。如果处理得当，受害者与犯罪者之间的接触可能有助于受害者的身心健康。这也可能对犯罪者有利。直面其暴力给普通民众造成的伤害，可能会唤起暴力极端主义罪犯的思维转变。此外，罪犯和受害者及其辩护人之间的对话可以减少心理紧张感，并有助于罪犯的成功改造。重要的是，要仔细考虑何时、如何和哪些受害者被引入，以使罪犯最容易接受他们的信息，也许更重要的是尽量减少对受害者的潜在负面影响，因为有可能再次受害。

4. 已释放的前暴力极端主义罪犯

"暴力极端主义罪犯前科人员可能会对在矫人员产生影响，可适当的情况下将其纳入改造计划。"[1]已经实现了脱离的改过自新的前暴力极端主义罪犯，特别是那些自己经历过改造进程的罪犯，可能会对那些正在经历脱离过程的罪犯产生影响，并可能在适当的情况下被暴力极端主义罪犯所接纳。他们的现身说法可以作为改变能够带来好处的显著证据。他们可以就教化过程、摆脱暴力等问题提供解答。作为一名曾经的暴力极端主义罪犯，他们经历的严酷的生活现实可能对现暴力极端主义罪犯产生重大影响。但是，这些前暴力极端主义罪犯必须经过仔细的审查和挑选。由于这些前暴力极端主义罪犯本身可能成为暴力报复的目标，国家应考虑采取措施，确保他们在整个过程中的安全。

5. 家庭成员和其他重要人员

家庭在罪犯教育改造中具有重要的作用，在暴力极端主义罪犯的脱离干预的成功方面具有不可或缺的作用，并且在罪犯获释后，能够帮助罪犯释

---

〔1〕 Global Counterterrorism Forum, Rome Memorandum on Good Practices for Rehabilitation and Reintegration of Violent Extremist Offenders, Good Practice, No. 13. p. 9. https://theiij. org/wp-content/uploads/2021/09/GCTF-Rome-Memorandum-ENG. pdf.

放后重新融入社会,阻止其重返暴力极端主义的生活。因此,脱离干预应该让罪犯家人积极参与。这也将有助于家庭了解并同情罪犯所经历的情况,在罪犯释放后更容易为罪犯提供一个支持性的环境。当然,只有在家庭成员感到安全且不受恐吓的情况下,家庭才有可能发挥有意义的作用。他们与国家的关系最初可能是怀疑和恐惧的关系,因此,他们的经历可能需要更多的保证。然而,在有些情况下,家庭成员助长了罪犯的暴力倾向,监狱管理部门应根据风险评估仔细评估家庭成员在这些情况下的参与情况。[1]

6. 社区成员

社区成员,既包括名人和其他有影响力的人物,也可以帮助激发暴力极端主义罪犯的改变,并可以参与脱离干预。他们所传达的激励主题和公共服务信息非常吸引人,也非常有效。“社区参与对有效设计和实施成功的暴力极端主义罪犯和去极端化计划至关重要”[2]。此外,还应考虑让非政府组织、社区组织和私营部门参与。这些机构往往不被看作该系统或国家的一部分,因此可能与暴力极端主义罪犯更容易建立关系,获得他们的信任。让这些群体参与,为暴力极端主义罪犯释放后的重新融入社会提供了持续的照顾。比如,德国的非政府组织“预防暴力网络”(Violence Prevention Network)成功地减少了青年人的意识形态动机、宗教动机、严重犯罪和极端暴力行为。[3]

为确保安全,监狱应该在允许有关机构与暴力极端主义罪犯接触之前对其仔细评估,并与有关机构签订书面协议,明确规定组织应该做什么和不

---

〔1〕 参见 Global Counterterrorism Forum, Rome Memorandum on Good Practices for Rehabilitation and Reintegration of Violent Extremist Offenders, p. 10.. https://theiij.org/wp-content/uploads/2021/09/GCTF-Rome-Memorandum-ENG.pdf。

〔2〕 See United Nations Office on Drugs and Crime, Handbook on the Management of Violent Extremist Prisoners and the Prevention of Radicalization to Violence in Prisons, New York 2016, p. 39.

〔3〕 参见 United Nations Office on Drugs and Crime, Handbook on the Management of Violent Extremist Prisoners and the Prevention of Radicalization to Violence in Prisons, New York 2016, pp. 39 – 40。

应该做什么。

二、安全能力建设

监狱安全与稳定是一切工作的基础，确保监狱安全与稳定是监狱的首要任务。监狱应当采取适当措施，确保其设施的运作方式是让罪犯、工作人员和社区感到安全可靠。“妥善关押罪犯的能力，即防止罪犯逃跑并在监禁状态下进一步实施犯罪的能力是监狱体系信誉的基础。妥善关押罪犯是监狱管理的一项基本活动，它可以保护公众免受进一步犯罪行为的伤害，提高公众、媒体和政治家对法治和刑事司法体系的信心，并使罪犯从监狱体系提供的改造活动中受益”[1]。对于关押暴力极端主义罪犯的监狱来说，保持一个安全和人道的环境尤其重要。因为暴力极端主义意识形态将有时间、空间和机会来瞄准可能容易极端化的个人，所有罪犯的脆弱性都为招募和极端化提供了潜在的机会，安全的环境可以早日发现暴力极端化，恐怖主义的招募者也较少有机会针对弱势群体。此外，如果一个机构不安全，那么罪犯可能会与暴力极端主义团体建立联盟，为自己的生存而努力。安全的监狱可以通过确保这些暴力极端主义团体不提供监狱本身提供的保护和其他服务来减少这些暴力极端主义团体的吸引力。防止逃跑是监狱管理的一项基本活动，因为它可以保护公众免受进一步的犯罪行为的侵害。暴力极端主义罪犯逃跑的后果可能是严重的。有些情况下，逃跑的暴力极端主义罪犯会实施恐怖主义行为、谋杀或者严重伤害公众和执法人员，并犯下其他严重的犯罪活动。需要注意的是，目前发现，越狱企图不仅涉及试图从监狱内部越狱的暴力极端主义囚犯，还有暴力极端主义团体，特别是那些拥有控制着大量领土和资源的大型准军事组织的团体，越来越频繁地对监狱发动袭击，

---

〔1〕 United Nation Office on Drugs and Crime, Handbook on Dynamic Security and Prison Intelligence, New York, 2015, p. 17。

并煽动大规模监狱骚乱,以便使被监禁的成员逃脱。[1] 因此,监狱必须加强安全能力建设,以便更好地维护监狱安全稳定,为教育改造创造条件,切实保护罪犯和工作人员的人身安全,防止脱逃,确保社会安全。

1. 提高监狱关押能力

根据《联合国囚犯待遇最低限度标准规则》的规定,监狱应当保障罪犯的人道待遇和安全。监狱管理的良好实践也表明,当囚犯的人权和尊严得到尊重、得到公平对待时,他们不大可能造成破坏和混乱,反而更可能接受监狱工作人员的管理。尊重地对待暴力极端主义罪犯也可能会削弱"我们和他们"的敌对思想,削弱他们妖魔化、非人化和正当化犯罪的态度;心理上,它可以直接挑战那些促进暴力极端主义的团体的思维方式和观念。[2] 但保障人道和安全行动的一个关键问题是监狱中的罪犯人数。如果监狱关押人数超出其关押能力,会造成监狱的拥挤。而拥挤会削弱监狱的安全性,而且由于减少了监督,可能为恐怖主义招募者提供招募的空间与机会。过度拥挤的监狱也会给罪犯造成压力、沮丧和愤怒;反过来,罪犯的压力、沮丧和愤怒反而会成为暴力事件的催化剂,对工作人员和罪犯的生活构成真正的危险。警囚比过低也会影响正常管理秩序的维护以及教育改造的正常实施。在一些监狱帮派盛行的国家,还可能造成弱势罪犯被迫通过与监狱帮派和暴力极端主义团体的联盟来寻求保护免受掠夺性暴力的环境。因此,为保障罪犯能够在一个安全、人道环境中接受教育改造,应当依据本国条件,扩建或者新建专门的关押暴力极端主义罪犯的监狱,减少监狱拥挤,提高关押暴力极端主义罪犯监狱的警囚比,提高监狱的关押能力。

---

〔1〕 参见 United Nation Office on Drugs and Crime, Handbook on Dynamic Security and Prison Intelligence, New York, 2015, p. 17。

〔2〕 参见 United Nation Office on Drugs and Crime, Handbook on Dynamic Security and Prison Intelligence, New York, 2015, p. 11。

2. 加强监狱实体安保

监狱的安全首先是通过实体手段来保证的，例如，围墙、护栏、金属探测器、无线通信设备、门锁和警报系统等。对于关押暴力极端主义罪犯的监狱，应当根据良好实践原则，设定与暴力极端主义罪犯风险相匹配的最低限度的实体安保标准。例如，周边安保措施的设置可包括外部混凝土墙和内部网状围栏。它们的高度、宽度、基座、建筑材料和建筑方法，以及外墙与内网之间的距离、周边照明系统、周边警报系统和触发摄像头工作的CCTV（闭路监视）系统的类型和位置等，都应有明确规定。

近年来，在一些国家，恐怖组织、贩毒集团和犯罪团伙对监狱周边实施攻击的现象显著增加，目的是帮助高安全级别罪犯越狱。[1] 因此，相关监狱应采取系列措施就这类攻击的应对做好准备。将高安全级别罪犯安置在监狱中心地带，而不是在靠近边界的地方，以有效拖延企图逃跑的罪犯并给工作人员以应对和请求支援的机会。此外，利用技术（通常被称为"目标强化技术"）对监狱周边进行处理也能防范或拖延越狱行为。这些技术包括：挖掘壕沟、创设雷区、设立警戒线、设置混凝土或强化钢材障碍及安全护柱、安装"老虎式陷阱"（即塌陷区）等。这些措施有助于确保装有炸药的车辆无法靠近监狱周边。此外，监狱周边地区的植被和建筑物应予以清除，以形成清晰视线和可防护区域。

在世界范围内，利用直升机营救高风险罪犯的企图已有大量记录。在这类越狱中，直升机通常会在运动区域或屋顶降落并短暂停留，然后放下绳索或梯子供越狱罪犯攀爬，或用抓钩将安全围栏拉倒，以便罪犯逃跑。[2] 实际上，监狱可采取多种措施防止直升机协助类越狱行为。这些措施包括在

---

〔1〕 参见 United Nation Office on Drugs and Crime, Handbook on Dynamic Security and Prison Intelligence, United Nations, New York, 2015. p. 11。

〔2〕 参见 United Nation Office on Drugs and Crime, Handbook on Dynamic Security and Prison Intelligence, United Nations, New York, 2015. p. 12。

监狱运动和体育场所上方安装防直升机凯夫拉绳缆(悬索)或钢丝网、在每一运动场所建设俯瞰式武装哨位、安装诸如电网和带刺铁丝网之类的防攀爬装置防止罪犯上到屋顶等。现代监狱还有专门防止直升机降落的设计,如创造上升气流等。

监狱可以利用一系列物理技术方法如影像数码分析、热成像、微波、电磁场和物理压力等技术方法强化其安保措施。但是,监狱应确保其不对某类物理技术安保方法过度依赖,以防止在发生自然灾害、人为错误和技术故障时所有物理安保技术均不可用这一现象的发生。

3. 加强程序安保

程序在防止罪犯逃跑方面扮演着重要角色,是监狱安保的一个基本方面。程序安保可定义为一个旨在实现监管、一致性和公平等目的并协助管理者和工作人员履行其职责的标准化方法。监狱要有一整套为所有人明确理解的、描述如何及何时履行某些职能的程序。程序通常包括提供额外控制以确保工作正常执行的清单。程序还可以提供已知发生的特殊问题的详细信息。程序规定了执行某一任务的最佳方法,并保证了它们在所有监狱的一致运用。监狱领导层需要确保这些政策和程序得到适当和持续的执行。这可以通过确保将最佳做法和知识明确传达给一线工作人员及其管理人员来实现。在先进技术,特别是在闭路监视系统、周边安保系统和电子锁的监控方面使用增加的情况下,程序就显得更加重要了。

4. 强化动态安保

所谓动态安保是指通过监狱一线工作人员与罪犯建立积极的工作关系,及时了解罪犯个体特征,并为罪犯开展建设性活动,进而实现监狱安全和促进罪犯顺利回归的安保制度。[1] 动态安保在维护监狱安全中发挥着积极作用。"动态安保……使我们在一些不幸事件发生之前就提供预警信息

---

〔1〕 参见张桂荣:《监狱安保新理念:动态安保》,载《犯罪与改造研究》2018年第8期。

成为可能,而这又使监狱工作人员能够采取预防性措施防止不测事件的真实发生”[1]。联合国有关监狱工作人员培训手册中指出:安全这一概念绝不是仅涉及旨在防止罪犯逃跑的实体障碍。安全还取决于一支时刻保持警惕、同时又与罪犯进行互动、了解监狱动态并能确保罪犯忙于积极活动的工作人员队伍。这种方法通常被称为“动态安保”。[2] “只有在逃跑发生之后,周边岗楼上的警察才可能发现企图逃跑的罪犯。但是,在罪犯逃跑之前,与罪犯接触密切且了解他们正在做什么的工作人员对潜在安全威胁的了解要深入得多。动态安保绝不仅仅是防止罪犯逃跑。它还涉及维护与罪犯之间的良好关系并注意他们的心情和情绪”[3]。

基于动态安保的重要性,《欧洲监狱规则》还专门规定了动态安保的使用。《欧洲监狱规则》第 51 条第 2 项规定,实体障碍及其他技术手段提供的安保应以动态安保作为补充,而动态安保是由时刻保持警惕且了解其管理的罪犯的工作人员提供的。

目前,由于暴力极端主义罪犯的特殊性,许多国家的监狱对暴力极端主义罪犯的管理比较严厉,工作人员与罪犯之间的接触较少,甚至没有,这非常不利于暴力极端主义罪犯的教育改造。对于暴力极端主义罪犯来说,尽管存在一些暴力极端主义罪犯可能会尽其所能企图逃跑或发起旨在破坏监狱良好秩序的活动,但大多数罪犯在条件公平合适的情况下,在监禁期间会接受现实,遵守监狱规制。因此,建议相关监狱在强化实体安保、程序安保的同时,确立动态安保制度。通过监狱工作人员与罪犯建立良好的关系,了解罪犯思想和心理、行为状况,及时发现问题并采取应对措施,对罪犯给予

---

〔1〕 United Nation Office on Drugs and Crime, Handbook on Dynamic Security and Prison Intelligence, United Nations, New York, 2015. p. 6.

〔2〕 参见 United Nation Office on Drugs and Crime, Handbook on Dynamic Security and Prison Intelligence, United Nations, New York, 2015. p. 29。

〔3〕 Human Rights and Prisons: A Manual on Human Rights Training for Prison Officials, Vol. I, Office of the United Nations High Commissioner for Human Rights, 2005, p. 98.

帮助和支持,采取有效的教育改造方法,有效发挥一线干警在维护监狱安全与秩序方面的积极作用,进而夯实监狱安保基石。

三、情报能力建设

许多暴力极端主义罪犯入狱前通常属于某个极端主义组织的成员。当他们在监狱服刑时,该极端主义组织会想方设法与他们进行联络,指挥他们在监狱内开展各种非法活动,包括鼓动其他罪犯、抵制监狱管理、建立“地下”组织、脱逃等。收集、评估、整理、分析和传播与暴力极端主义罪犯有关信息的能力,不仅对监狱设施的安全运行至关重要,还对防止暴力极端化至关重要。因此,应建立专门的监狱情报系统。通过建立专门的监狱情报系统,一方面可以全面和及时了解和掌握暴力极端主义罪犯的基本情况、思想动态、极端化状态,与外部组织联络情况等,进而采取有效的管理措施和制定相应的改造措施,有效防范危安犯各种非法活动以及外部暴力极端主义组织对监狱的渗透等,确保监狱安全稳定;另一方面,通过情报共享机制,监狱情报机构可以及时向国家反恐中心和相关机构提供掌握的相关信息,为制定实施有效的策略措施提供参考和依据。因此,应充分认识监狱情报工作在国家打击暴力极端主义整个战略中的重要作用,依托狱内侦查部门,建立专门的危安犯情报系统,切实提高暴力极端主义风险防范能力。

监狱情报系统也有助于保障安全、协助入监、评估和分类,并提供干预措施和改造措施。准确的情报信息还有助于监狱管理部门就罪犯的安置和人力资源分配以及监狱资金的分配问题做出合理的战略决定,以解决安全问题,包括防止大规模监狱罪犯极端化为暴力极端主义。

从国际社会来看,都特别强调关押暴力极端主义罪犯的监狱的情报工作。比如德国黑塞州监狱服务部于 2016 年成立了新的部门,该部门的总体目标是建立一个中央联络点和权限中心,收集通过项目实施产生的相关知识，并将这些知识提供给其他机构。此外，还在黑塞州各监狱部署了7名“结构观察员”(Strukturbeobachter)。他们的工作涉及与各部门和各学科的监狱工作人员、预防暴力网络的培训员、监狱的伊玛目、其他监狱的结构观察员以及司法部、国家刑事调查局(Landeskriminalamt)、国内安全机构等密切合作和共享信息。他们的任务也涉及监督和监控暴力极端主义囚犯的邮递信件、电话、汇款、根据情况进行面谈以及参与和启动与暴力极端主义囚犯有关的个案会议。[1] 美国为了促进所有联合恐怖主义工作队(JTTF)与全国所有矫正机构之间在恐怖主义问题上的协调，设立全国性的矫正情报计划，该计划由美国联邦监狱局和联邦调查局联合开发。[2] 此外，在英国，国家罪犯管理服务局的极端主义组织处(The Extremism Unit)负责制定适合恐怖分子、极端主义分子和极端化分子的风险战略、政策和程序性政策。它接收来自英格兰和威尔士所有监狱的极端主义情报和信息，并利用这些信息进行战略分析，以协助监狱的实践工作人员，并为未来的情报收集提供信息。[3]

因此，为了能够确定非法活动和确保安全，监狱系统应专门设置中央级别的信息收集单位，构建合理的情报系统，按照国家立法和国际标准，在安全的环境中收集相关信息，为监狱管理提供有关极端化活动的准确、及时的信息，并改进监狱的安全策略。监狱所有的工作人员都有责任收集安全信息，并将这些信息传递给情报部门。这也是动态安全的一个关键方面，要求

---

〔1〕 参见 United Nations Office on Drugs and Crime, Handbook on the Management of Violent Extremist Prisoners and the Prevention of Radicalization to Violence in Prisons, New York, 2016, pp. 19 –20。

〔2〕 参见 United Nations Office on Drugs and Crime, Handbook on the Management of Violent Extremist Prisoners and the Prevention of Radicalization to Violence in Prisons, New York 2016, p. 115。

〔3〕 参见 United Nations Office on Drugs and Crime, Handbook on the Management of Violent Extremist Prisoners and the Prevention of Radicalization to Violence in Prisons, New York 2016, p. 21。

工作人员积极参与和维护与罪犯的专业关系,以获得高质量的信息。

情报能力构建中,机构间、政府间和国际的信息共享至关重要。监狱需要与执法、检察机关和负责处理极端主义的其他安全机构密切合作、共享信息、互通有无,以避免在交叉目的下工作,并形成打击和预防暴力极端主义合力。

为防止狱内极端化和与狱外极端组织的联系,对暴力极端主义罪犯的监控也非常重要。监狱工作人员应在法律允许的范围内对罪犯自身及其通信(包含电话、邮件、信件)进行监控。这可能有助于确定暴力极端化、活动或计划。在法律允许的范围内,也应监控罪犯之间的联系。工作人员必须确定与罪犯分类相称的适当的联系控制。此外,控制措施应客观透明。工作人员在确定如何监控通信时,需要考虑的首要问题是在安全问题和罪犯与家人、社区保持联系的需要之间实现适当的平衡。

附录1 《关于暴力极端主义罪犯改过自新和重新融入社会的良好做法的罗马备忘录》[1]

引 言

各国政府越来越注重制定更有效的战略,以减少恐怖主义的吸引力,并限制潜在的人员招募。深入了解极端化进程和恐怖分子形成的原因,更广泛地了解滋生恐怖主义的根本条件,才能制定打击暴力极端主义思想的措施。

作为打击各种形式的暴力极端主义的一部分,监狱受到越来越多的关注,原因有以下几个。首先,在缺乏适当和必要的保障措施的情况下,监狱可能提供一个"避风港",恐怖分子可以在那里建立网络,比较和交换战术,招募和极端化新成员,甚至

---

〔1〕《关于暴力极端主义罪犯改过自新和重新融入社会的良好做法的罗马备忘录》(*Rome Memorandum on Good Practices for Rehabilitation and Reintegration of Violent Extremist Offenders*)是 2016 年 8 月 25 日由"全球反恐论坛"(GLOBAL COUNTERTERRORSIM FORUM)发布的一个有关暴力极端主义罪犯出狱的指导文件。

直接指挥监狱外的致命行动。其次,大多数被监禁的极端分子最终会被释放。为了降低这些人获释后重返恐怖主义的可能性,必须找到能够帮助他们脱离暴力活动的方法。

最后,虽然监狱有时是暴力极端主义滋生的环境,但监狱环境也提供了积极变革的机会——在这里,暴力极端主义的浪潮可以被逆转。囚犯生活在一个受控制的环境中,那些过去驱使他们走向暴力极端主义的负面影响可以被最小化。相反,他们周围的人会鼓励他们走上更积极的道路。有一些例子表明,有些人以极端分子的身份进入监狱,后来改恶从善,然后又作为反对暴力极端主义哲学的热心使者被释放。

各国政府认识到监狱既可以成为暴力极端主义思想的温床,也可以成为改造的机构,于是纷纷发展监狱改造项目。这些项目旨在帮助暴力极端主义罪犯改过自新,让他们重新融入社会,降低再犯的风险。鉴于这一威胁的全球性和日益扩散和弥漫的性质,改造项目数量的增加是一个有希望的发展,应该进一步鼓励这一发展。但是,进行这些努力的国家必须与其他有关国家分享有关信息。虽然"一刀切"的办法不太可能奏效,但了解其他国家在国家或地方层面的做法可能是有用的。了解更多的成功案例和失败案例以及原因,可以为政府发展或改进自己的项目提供宝贵的经验。

虽然项目必须根据当地的条件、文化和法律传统量身定制,但"全球反恐论坛"(Global Counterterrorism Forum,GCTF)的成员国已经确定了一系列不具约束力的良好做法,这些做法有可能成为各国政策和项目的基础。因此,鼓励所有国家在寻求完善这一领域的现有方案或政策,或制定新的方案或政策时,考虑下列建议原则和良好做法清单,同时要认识到这些做法的实施必须符合适用的国际法以及国内法律和条例,顾及各国不同的历史、文化和法律制度。正如联合国反恐怖主义委员会执行局(United Nations Counterterrorism Committee Executive Directorate)在其关于第1624号决议执行情况的全球执行情况调查中所指出的那样,"鉴于改造方案对基本权利,包括思想、良知、宗教和见解自由权利产生的直接影响,以及依法享有公平待遇的权利,需要认真考虑这些方案”。

这是“全球反恐论坛”成员国非常感兴趣的一个问题。“全球反恐论坛”的《刑事司法部门有效反恐实践良好做法拉巴特备忘录》(*Rabat Memorandum on Good Practices for Effective Counterterrorism Practice in the Criminal Justice Sector*,简称拉巴特备忘录)鼓励各国确保对已定罪的恐怖分子受到适当的惩罚,并制定监禁和重新融入社会的政策,并指出“针对被监禁的恐怖罪犯的有效制度是对恐怖主义进行有效刑事司法对策的关键部分”。拉巴特备忘录继续写道:“这样的制度应该……防止罪犯进一步极端化,防止恐怖主义活动在监狱系统内得到指导或支持,并在可能的情况下使罪犯去极端化并重新融入社会,从而减少累犯。”2012 年 3 月“全球反恐论坛”的东南亚工作组在印度尼西亚三宝垄举行了首次会议,也讨论了这一议题,重点讨论了“监狱中被羁押的恐怖分子的管理和羁押”问题。最后,“全球反恐论坛”的“打击暴力极端主义工作小组”对以下良好实践的发展作出了贡献。

这些良好做法主要基于联合国区域间犯罪和司法研究所和海牙国际反恐中心组织的两场专家研讨会的讨论,这是这些组织在这一问题上牵头的国际倡议的一部分。这一良好实践清单并非详尽无遗。在征得“全球反恐论坛”成员国同意的情况下,“全球反恐论坛”可根据各国在这些领域的经验选择扩大或修改其内容。

一、确定目标和目的

· **良好做法 1:在制订改造计划时,首先必须明确界定计划的目标,并确定成功和失败的指标。**在制定成功的改造计划时,需要回答的第一个问题是本计划的目标,以及如何界定和衡量成功。可以制定可衡量的目标来确定哪些行为者参与这一举措,期望的结果是什么,如何衡量进展情况以及由于干预而预期的具体结果。在确定改造计划的目标时,各国可以首先进行全面的风险和威胁评估。也许最重要的是从一开始就应该明确该计划的目标是改变意识形态,还是仅仅改变罪犯的行为(去极端化与脱离)。旨在为后者而进行的改造可能在实现其目标方面更为成功,但从长远来看,这种办法在减少暴力极端主义意识形态的吸引力和减少进一步发生暴力和恐怖主义的可能性方面可能不那么有效。各国需要考虑的第二个问题是,该计划是将重点放在较低和中等水平的暴力极端主义罪犯,还是那些处于领导地位的人(即个人或集体脱离),或者两者都有。从长远来看,关注领导层可能会产生更显著的影响,但也可能更难实现。各国也可酌情考虑制定一套广泛的衡量标准来衡量成功率,特别是有助于确定该计划长期有效性的指标。重新犯罪率一直是用来判断这些项目是否成功的最常用的统计数据。这显然是一个重要的措施,但有几个限制。并不是所有的重新犯罪者都将被抓获和起诉,而且还有许多国家对已经通过这些计划的人失去了追踪。在适当情况下,各国可以考虑制定一套更广泛的衡量标准,不但要看参与这些方案的人是否被发现再次犯罪,而且要看他们是否对其他人加入恐怖主义事业造成了负面影响,以及他们成功地重新融入社会的程度。

二、监狱背景

· **良好做法2:良好的监狱标准和做法可以为建立有效、安全和顺利运作的改造计划提供适当的起点。去极端化和改造项目只有在安全、有保障、资源充足、运作良好、囚犯人权得到尊重的羁押环境中才能获得成功。**羁押必须有明确的法律依据和程序框架,符合人权和国际法义务,明确界定有关机构及其在这一领域的作用、责任和权力。监狱官员必须尊重有关监禁的司法决定,并确保囚犯不受法外惩罚。联合国《囚犯待遇最低限度标准规则》(1957 年)是一个很好的起点。正如拉巴特备忘录所述,联合国标准所支持的“原则和理念”提供了“有用和灵活的指南,各国在决定何种监禁条件适合囚犯时应使用”。一些国家面临着监狱人满为患、资源匮乏和服务不足的问题。在制定有效的应对措施时,努力解决这类问题是很重要的。良好的管理还能改善监狱工作人员和其他囚犯的安全。妥善管理恐怖分子和其他高风险犯罪分子可以减少逃跑机会、阴谋不端行为和不正当或危险的对外联络。改善监狱环境也有助于确保监狱不会成为极端化的温床。与那些对囚犯采取人道和积极行为的监狱工作人员进行互动,可能会造成认知失调,并为思维和行为的改变提供机会。

· **良好做法 3:为新入监的罪犯建立有效的接收、评估和分类制度。**当新罪犯进入监狱设施时,矫正管理的重要一步就开始了。因此,改造计划的目标人群可以根据既定标准进行狭义和明确的界定。尽可能了解罪犯的个人背景、犯罪历史、人格特征和意识形态,这对于做出正确的分类决策和设计有效的个人改造计划具有重要意义。研究表明,各种动机和因素促使个人走向暴力极端主义。了解个别罪犯为何走上暴力极端主义的道路,对其改造方案的设计至关重要,应当成为接收和评估过程的一个组成部分。对个人需求和风险的准确、持续的评估是改造中的一个重要因素。虽然这些类型的风险评估协议可以在一开始就进行管理,并且可以用来形成关于个别罪犯的初步分类决定,但持续进行评估特别重要。事实上,由于矫正工作人员将有更多时间与罪犯互动和观察,因此在这一过程的后期进行的评估可能更为准确。定期管理风险评估协议对于通报风险评估和管理决策(包括安置、项目进展和安全分类)非常重要。这些定期评估的结果还将有助于监狱工作人员估计干预策略的影响,发现罪犯态度的变化,并决定是否需要调整具体的干预策略。最重要的是,根据在评估过程中确定的风险指标,不同类别的囚犯可能需要不同的干预策略。

· **改造计划也可以根据个人的特点进行量身定做。**例如,被定罪的恐怖分子的改造计划可能与被怀疑有暴力极端主义观点而实施非恐怖主义罪行的个人的改造计划不同。长刑犯与短刑犯也可能需要采取不同的方法，对于极端主义领导人和追随者来说也需要不同的方法。例如，虽然针对低风险罪犯的改造工作可能需要狱友和外部社区的广泛参与，但高风险罪犯的方案可能需要适应更广泛的安全环境，可能需要较少的第三方参与。同样，有些人可能极端化或不恰当地影响其他罪犯，包括非恐怖分子。在某些情况下，将这些人分配到单独的牢房单元，将他们隔离开来，不给易受影响的普通罪犯接触暴力极端主义罪犯的机会，可能是适当的。此外，监狱也可以在接收过程中评估哪些人适合接受改造计划，哪些人不适合。如果罪犯愿意参与改造和重返社会方案，成功概率就更大。由于有些个人可能不愿意或不想合作，相关国家机构可以根据公平、透明的标准，认真评估哪些人应该被纳入这些项目，并评估必要的先决条件。

· **良好做法4：各国可以仔细考虑如何安置正在参与改造计划的罪犯，以及他们是否应该与普通监狱人口隔离或融入普通监狱人口。**根据个别评估，各国可考虑是否应将接受改造项目的囚犯纳入普通囚犯群体，或是否应将他们关押在单独的监狱设施中。将这一群体与一般人群分开可以使他们管理起来更容易，降低恶性影响的风险。此外，可能只在少数地点需要必要的资源，包括额外的安全措施和对教员和专业人员的培训。然而，隔离也有不利的一面，各国在做出继续实行隔离的决定之前，应该仔细权衡这些不同的因素。在某些文化中，将极端主义罪犯与其他类型的囚犯混合关押，可能会防止紧密的团体的形成，并面临不同的观点和想法，这可能有助于他们去极端化。哪种方式效果最有效可能在每个国家有所不同，这可能取决于不同的因素，比如囚犯人数的多少以及参与改造项目的囚犯的个人特征和需求。可能需要做出特别安排，加强对高度安全囚犯会见的监督，以减少传递违禁品和不适当的信息。虽然在一些国家，囚犯经常被转移到不同的机构，以解决结构过度拥挤的问题，但频繁地转移可能会破坏康复工作。因此，转移可以加以限制和有效管理,以尽量减少其对改造和重返社会进程的影响。

· **良好做法5:确保所有相关人员均经过专业培训和教育,以应对重返社会或改造工作的复杂性。**对监狱和其他专门从事暴力极端主义罪犯工作的工作人员进行适当的培训和教育,使他们了解和处理重新融入社会和改造工作的复杂性。监狱工作人员和参与改造计划的专业人员可以接受识别极端化迹象、以建设性方式进行沟通、避免冲突,并对潜在的极端主义威胁做出适当反应的培训。

· **良好做法6:各国可以根据具体情况考虑国内和国际法的相关规定,对罪犯的狱内狱外的交流采取具体的管制机制。**监狱官员在必要和适当的情况下,可以考虑限制或约束一般人口和特定监狱人口之间的接触,特别是暴力极端主义罪犯。监狱官员还可以在不损害罪犯合法辩护权的情况下,酌情监督和控制罪犯与监狱外人员或前来监狱的访客的交流。这可能适用于家庭访客、电话、信件或电子邮件。有一些记录在案的案例表明,罪犯在监狱内策划和指挥了致命的恐怖行动。监狱工作人员希望发现、制止和破坏所有有利于恐怖分子目标的通信。但是,重要的是,监狱工作人员对罪犯通信的限制应符合威胁程度以及适用的国内法和国际法,包括《公民权利和政治权利国际公约》。

三、不同行为者在监狱中的作用

· **良好做法7:改造计划可吸纳广泛的跨学科专家,并在有关部门和有关人员之间密切协调。**由于各种动机和因素可能促使个人走向暴力极端主义,监狱改造是一项复杂的工作,最理想的情况是将各种不同类型的专家纳入计划。正如下文详细讨论的,心理学家、社会工作者、宗教学者、善后专家,甚至家庭成员和社区都可能在成功的改造计划中发挥作用。其他人员,如矫正人员和执法人员也可能在这一敏感时期与罪犯互动。重要的是,所有这些努力都要经过仔细的规划、组织和协调,以最大限度地提高计划的有效性,并确保所有与罪犯有关的人都能向罪犯传达一致的信息。

· **良好做法8:心理学家可以在改造过程中发挥关键作用,可以充分融入这些项目中。**心理学家可以帮助确定影响个人意识形态的社会背景、心理构成因素以及促使其决定从事恐怖活动的动机因素。这些信息有助于为分类过程提供信息,并为罪犯设计个性化的改造计划。心理学家可以接受专门的训练来做这类工作。

· **良好做法9:作为与罪犯接触最频繁的人员,即使他们不直接负责改造过程,监狱工作人员了解并仔细熟悉改造过程也非常重要。**特别重要的是,监狱工作人员和监督人员应避免破坏改造过程的行为。工作人员应接受必要的培训,包括职业操守、罪犯权利、罪犯规则和责任,以及如何通过采用坚定、公平和一贯的技术来监督罪犯。这将有助于监狱工作人员全面了解和认识他们在支持改造过程中发挥的重要作用。

· **良好做法10:各国可以考虑将适当的学者纳入改造过程。**学者,包括宗教专家,可以在改造过程中发挥重要作用。在所谓的宗教恐怖主义案件中,一些被监禁的暴力极端分子以宗教作为其行为的依据,但实际上他们对所谓受启发的宗教却知之甚少。可以鼓励经过适当培训的学者与囚犯进行广泛对话,激发他们思考进而质疑其自身使用暴力行为的正当性。来自恐怖分子同一部落、种族和语言群体的宗教专家往往比来自不同群体的专家更有效。但是,由于这些学者可能成为恐怖主义的目标,所以各国应该考虑采取有效措施确保他们在整个过程中的安全。

· **良好做法11:在改造过程中与罪犯面谈的执法人员需要接受专门培训,并与改造专业人员密切协调这些活动。**执法人员可能需要就反恐相关事项与特定罪犯面谈,且面谈可能发生在罪犯改造过程中。与监狱工作人员一样,执法人员可能(根据调查需要)希望避免无意中干扰罪犯正在取得的改造进展。执法人员可以接受培训,以使他们能够成功实施敏感活动。

改造人员和从罪犯那里收集信息的人可以定期协调他们在管理和个人层面的活动,并消除在监狱内可能并行使用的互动技术之间的冲突。例如,可以仔细考虑面谈和方案拟订活动的时间安排,权衡行动需要和给罪犯造成混乱的可能性。

· **良好做法12:受害者及其拥护者可以发挥重大作用,各国可以酌情考虑将其纳入改造计划**。恐怖暴力的受害者可以成为改造计划中强有力的声音。如果处理得当,受害人与犯罪人之间的接触可能有助于受害人的身心健康。这也可能对犯罪者有利。直面其暴力给普通民众造成的伤害,可能会唤起暴力极端主义囚犯的思维转变。此外,罪犯和受害者及其辩护人之间的对话可以减少心理紧张,并有助于罪犯的成功改造。重要的是,要仔细考虑何时、如何和哪些受害者被引入,以使罪犯最容易接受他们的信息,也许更重要的是尽量减少对受害者的潜在负面影响,因为再次受害是一个真实和悲惨的现象。

· **良好做法13:暴力极端主义罪犯前科人员可能会对在矫人员产生影响可在适当情况下将其纳入改造计划**。改过自新的极端分子,特别是那些自己经历过改造进程的极端分子,可能会对参与这些项目的罪犯产生影响。前暴力极端主义分子的证词可以生动地证明改造的好处。这些前暴力极端分子可以经过仔细审查和挑选。与恐怖主义断绝关系的前特工和支持者的著作也有力地证明了恐怖主义的意识形态是多么误导人,因此这些著作也可以被纳入改造的对话。但是,由于这些以前的极端主义分子可能成为暴力报复的目标,各国可以考虑采取措施,确保他们在整个过程中的安全。

· **良好做法14:社区中的名人也有助于激发改变,并可以在可能和适当的情况下纳入改造计划**。名人和其他有影响力的社会人士也可以帮助激励罪犯的改变。他们所传递的激励主题和公共服务信息可以非常吸引人和有效。在可能和适当的情况下,可以将这些人纳入改造计划。然而,由于这些社区成员随后可能成为暴力报复的目标,各国可以考虑采取措施,确保他们在整个过程中的安全。

四、重新融入部分

· **良好做法 15：改造工作可以包括认知技能项目。** 除了心理健康支持外，各国还可以考虑制定认知方案，帮助罪犯首先确定促使他们采取暴力极端主义行为的问题，然后制定目标，确定和实施解决方案。

· **良好做法 16：改造计划可以包括可能和适当的基础教育课程。** 在可能和适当的情况下，改造计划可以包括基础教育课程。基础教育，包括识字课程、数学、历史和公民教育。教育可以教会囚犯自己去认识世界，不再依赖别人告诉他们该怎么想。改善囚犯的教育能力将提高他们的自尊、自信、机会和在社区中的地位。教育往往是一种直接的、可以消除过去恐怖主义带来的恶意、暴力极端主义信息的解毒剂。

· **良好做法 17：在可能和适当的情况下，改造计划可以包括职业技能培训和就业援助。** 为了成功地重新融入社会，至关重要的是，罪犯必须有就业机会并能够养家糊口。就业可以减少重新加入恐怖组织的需求和吸引力，并有助于前暴力极端主义罪犯重新融入社会。因此，职业技能培训和就业援助可能是改造计划的重要组成部分。在监狱服务和就业服务之间建立联系，有利于使刑满释放人员的职业技能培训与社区和国家的就业市场相匹配。

· **良好做法 18：各国可鼓励其监狱当局寻求认可罪犯在改造计划中取得的成就的方法。** 监狱当局不妨通过颁发证书或举行毕业典礼，来认可完成教育和职业培训课程的囚犯。这些课程和证书不一定由政府提供，因为这可能带来污名；相反，政府可以鼓励非政府组织和机构酌情向罪犯提供这类培训机会。这种做法可能会给罪犯一种成就感，并强调他们为改变生活所做努力的重要性。通过颁发毕业证书也可以强调监狱更加关注罪犯的积极里程碑事件,而不是他们在监狱中受到的惩罚,让罪犯对其监禁有积极的认识。此外,在改造过程的不同阶段,可以要求罪犯证明他们已经满足某些教育、职业、评估和经验要求,以此作为获得更多自由或特权的先决条件。

· **良好做法19:各国可酌情考虑对参与改造计划的罪犯采取奖励措施。**包括激励罪犯通过改造计划,帮助个人走向更亲社会的行为,并使其更容易重返社会。当罪犯合作参与改造计划时,各国可以提供一系列激励措施,包括:增加家人的探视,增加娱乐活动,以及其他监禁期间的特权或福利。在违反监狱规则和行为守则的情况下,或在监禁期间有参与犯罪活动的证据的情况下,各国在遵守适用的人权义务的情况下,可以考虑取消这些奖励和特权。

· **良好做法20:各国可以考虑制定后续照管计划,与民间社会组织和社区密切合作,在罪犯离开监狱后能够继续接受矫治。**为了使改造计划成功,各国可以考虑在罪犯离开监狱后继续对其进行矫治。制订强有力和有效的后续照管和重返社会计划,其中可包括持续的教育、职业技能培训以及促进囚犯重新融入社会的改造计划,显示出持续的善意,并在潜在的挑战时期为囚犯提供重要的支持结构。

· **良好做法21:如果情报表明,改过自新的暴力极端分子在监禁期间或释放后,其本人或家庭成员的生命可能面临威胁时,则可考虑对其采取保护措施。**一些改过自新的恐怖分子在重返社会时可能面临报复的危险。释放前的问卷可以询问个人或家庭成员是否面临"生命威胁"问题。在存在这种风险的情况下,各国可以考虑将前罪犯及其家人转移到更安全的地区。还可以就旨在减少未来危险的预防性安全措施和安全措施向个人和家庭成员提供咨询。

· **良好做法22:无论是正式的还是非正式的,类似假释的监督释放都是阻止或中止再犯的有效手段。**密切的监督和指导可以支持和加强罪犯在获释时同意的任何释放前协议或合同。监测也可以提供可用于确定改造计划有效性的数据。

· **良好做法23:家庭可以在可能和适当的情况下纳入改造计划。**家庭在改造计划的成功中起着不可或缺的作用,而且在罪犯获释后,在防止其重返恐怖主义方面发挥着特别重要的作用。因此,改造计划可以包括罪犯的家庭成员。这将帮助家属理解和同情罪犯所经历的事情,并在罪犯获释后更容易为其提供一个支持性的环境。在有些案件中,罪犯的家庭成员促成了罪犯的暴力倾向,政府可以根据风险评估仔细权衡这些家庭成员在这些情况中的参与程度——尽管在任何情况下,将这些家庭成员包括在处理过程中可能是有好处的。

· **良好做法24:为释放后的罪犯营造一个欢迎和积极的社区环境,是长期成功的关键。**除了直系亲属外,更广泛的社区对于帮助罪犯重新融入社会也很重要。在部落和宗族在社区中发挥重要作用的国家尤其如此。为罪犯营造一个积极的、欢迎的环境,让释放后暴力极端分子能够重新融入社区,让邻居帮助他们缓和过渡,是至关重要的。鼓励社区成员进行非正式的释放后监测和咨询,可以减少再犯的可能性。

五、寻求其他相关领域支持

· **良好做法25:在各国设计改造计划时,它们可以酌情从恐怖主义以外的其他相关领域吸取经验教训。**从暴力极端主义运动,包括帮派、教派和政治动机运动的改造方面的广泛经验可以学到很多东西。在这样做的过程中,挑战在于不仅是认识到并承认差异和相似之处,而且要确定和选择可在不同背景下转移和实施的关键原则,这些原则对今后的改造工作的开展和执行是有用的。

结论:能力建设

本文概述的良好做法旨在为各国制定改造和脱离被监禁暴力极端分子或解决与监狱激进化有关的更普遍问题的方案提供信息和指导。良好做法还可用于在这一领域提供的任何双边或多边技术或其他能力建设援助。全球反恐工作组通过其相关工作组将在促进这类援助方面发挥关键作用,将有兴趣接受援助的国家与有能力提供援助的国家联系起来,并调动所需的资源和专门知识。

开发这些项目可能会非常昂贵,因为它们可能需要新的设施和对参与项目的专业人员的广泛培训,以及其他费用。此外,能力建设本身的费用可能很高,因为技术援助小组可能有来自一系列学科的专家,并在现场停留很长一段时间。正如全球反恐工作组已经证明的那样,它可以帮助为这些努力筹集资金。

根据全球反恐工作组加强和补充联合国和其他多边机构正在开展的工作的目标,鼓励全球反恐工作组成员支持和利用联合国犯罪司法所领导的暴力极端分子改造/脱离倡议,其中包括能力建设部分。联合国犯罪与司法研究所正在组建独立专家的跨学科小组,他们可以在这个关键领域向各国提供全面的指导和援助。

鼓励各国向全球反恐工作组行政股提出援助提议和请求。全球反恐工作组行政股将及时与其他全球反恐工作组成员分享援助请求和提议(当然,除非一个国家要求对其请求保密)。

全球反恐工作组承认,任何国家都没有义务提供或接受援助。这种提议或请求应以每个国家根据其法律制度、优先事项、需要和情况做出的主权决定为基础。

附录2　欧洲委员会《关于极端化和暴力极端主义的监狱和缓刑服务指南》[1]

一、术语

极端化是指个人越来越多地接受和支持暴力极端主义的动态过程。这个过程背后的原因可能是思想政治、宗教、社会、经济或个人原因。

暴力极端主义是指促进、支持或实施可能导致恐怖主义的行为,以捍卫倡导种族、民族、族裔或宗教至上或反对核心民主原则和价值观的意识形态。

动态安全是一种概念和工作方法,工作人员根据职业道德,优先建立和维持与囚犯的日常交流和互动。它的目的是更好地了解囚犯,评估他们可能造成的危险,并确保安全、稳定和良好

〔1〕 欧洲委员会《关于极端化和暴力极端主义的监狱和缓刑服务指南》(Guidelines for prison and probation services regarding radicalisation and violent extremism),于2016年3月2日由欧洲部长委员会第1249次部长代表会议通过。

秩序，促进罪犯改造和释放准备工作这一概念应在更广泛的安全概念中理解，该概念还包括结构、组织和静态安全（墙壁、屏障、锁、照明和必要时用于约束罪犯的设备）。

二、范围

本指南建议监狱和缓刑服务部门采取措施，防止负责管理的人员被极端化，从而接受可能导致恐怖主义行为的暴力极端主义观点，并发现、管理和重新安置极端化人员。

本指南适用于囚犯，包括审前被拘留者，以及被决定缓刑和有条件释放的罪犯。

监狱和缓刑工作人员是执行这些指导原则的主要行动者。监狱和缓刑工作人员是执行这些指导原则的主要行动者。与囚犯和缓刑犯打交道的其他机构和宗教派别的代表以及法律顾问、家庭成员和同伴团体也可能关心这些指导原则。

极端化是一个社会和政治问题，涉及整个公共当局。监狱只是可能发生极端化的机构之一，但只有全面的社会和政治方法才能有效解决问题的根源。

尽管在欧洲委员会成员国中，处于被极端化或成为暴力的极端主义分子风险的囚犯和缓刑者的数量很少，但由于其代表社会的潜在危险，因此必须有足够的资源和努力有效地应对这一问题。

本指南的实施应符合有关国际人权文书和标准，并完全符合《欧洲人权公约》。

本指南强调并进一步发展了现有的欧洲理事会标准，应与相关的欧洲理事会建议中包含的规则一起阅读，特别是《欧洲监狱规则》《欧洲理事会缓刑规则》《欧洲受制裁或措施的少年犯规则》以及“部长委员会关于外国囚犯的 CM/Rec(2012)12 号建议”“部长委员会关于危险罪犯的 CM/Rec(2014)3 号建议”以及“部长委员会关于电子监控的 CM/Rec(2014)4 号建议”。

特别提请注意的是,本指南强调了《欧洲监狱规则》所包含的一些最相关的规则和原则,目的是提醒监狱和缓刑服务机构,在处理其管辖范围内的极端化分子时,不应偏离这些规则和原则。

三、基本原则和一般考虑

(一)尊重人权和基本自由

1. 预防和处理极端化和暴力极端主义,始终应以法治为依据,符合国际人权标准,因为尊重人权和法治是成功的反极端化努力的重要组成部分。未能遵守这些原则是导致极端化程度加剧的因素之一。

2. 禁止酷刑和不人道或有辱人格的待遇或处罚。尊重言论自由和宗教自由。

(二)尊重数据保护和隐私

3. 由于极端化的考虑,对接触、通信和访问的囚犯任何监督与限制,应与评定的风险相称,并应在充分尊重国际人权标准和与被剥夺自由者有关的国内法的情况下进行,并应符合《欧洲监狱规则》关于囚犯与外界接触的第 24 条规定。

4. 在监狱和缓刑服务机构与国家执法情报机构之间进行激极端化和暴力极端主义交流的信息交流方面,应就隐私和数据保护方面达成严格和明确的程序,并予以尊重。

5. 那些致力于改造囚犯的人应该能够适当地自主和独立于那些从事收集暴力极端分子情报的人。改造的成功确实是以这种自治权所产生的信任为前提的。

(三)监禁的必要性

6. 为了切实适用有关将监狱作为最后手段的原则,应尽可能采取各种个性化的制裁措施,以使罪犯留在社区,并改善他们未来(无犯罪)的生活前景。与其他机构的合作可能有助于交流预防极端化和暴力极端主义的良好做法。

7. 年轻罪犯可能特别容易被极端化。为了避免监禁的不利影响,首先要考虑适用社区制裁措施。应就这类罪犯的工作分配额外的努力和资源。

(四)良好的监狱管理

8. 良好的管理和良好的监禁秩序应尊重囚犯和工作人员的多样性、人格尊严和宽容,因为这有助于避免助长极端化和暴力的极端主义的情况。

9. 尽管暴力、种族主义、伊斯兰恐惧症和其他形式的歧视本身未必足以引发极端化,但却会产生怨恨,并为极端化叙事奠定基础。关押条件不足和过度拥挤也可能是增加监狱极端化风险的因素。因此,应对这些问题应被视为反极端化努力的一个组成部分。

10. 同样,当监狱管理部门采取不相称的措施时,极端化进程也很加强。因此,惩罚性措施、使用武力和约束手段应与直接严重威胁破坏某一监狱的良好秩序、安全与保障的程度相称,以便尽可能保持信任与支持关系,帮助罪犯重新融入社会。

11. 监狱管理应包含咨询工作人员,并在符合良好秩序、安全和保障的需要的情况下,就有关监狱一般条件的问题听取囚犯的意见。

12. 囚犯的安全感和对工作人员行动合法性的信任可能会引起积极的变化,并促进他们的改造和重新融入。因此,应尽一切努力保持和建立这种信任关系,以帮助罪犯开始或发展无犯罪生活。

13. 监狱和缓刑服务部门应尽可能选择和招聘具有相关语言能力和文化敏感性的工作人员。对工作人员进行跨文化与多信仰意识的培训应成为教育和培训的一个组成部分，以促进其对信仰和传统多样性的理解和容忍。

14. 应挑选、支持和培训工作人员，以培养和保持其职业道德，以及应对潜在压力的能力。

15. 教育活动对于可能采纳暴力极端主义观点的缓刑人员或囚犯的改造过程至关重要。它不仅为监禁期间的日常生活提供了一个结构，还提供了发展新技能的机会，以促进重新融入。

16. 解决监狱中的极端化问题要求良好的监狱管理不仅与高度的职业道德和态度有关，还需要充足的资源。这可能意味着招聘和培训可能需要额外资金。

四、监狱和缓刑工作

（一）评估

17. 风险和需求评估应由多学科小组进行。对犯罪者进行初步及随后的风险和需求评估时，应特别注意识别易受激极端化的罪犯。根据现行的有关风险评估的国家程序，应当对犯罪者的意见进行记录，犯罪者应有机会对这种评估提出异议。

18. 为了制定旨在成功改造囚犯和缓刑人员的个别化改造方案，应在执行刑罚制裁或措施之初就制定和使用专门用于确定极端化风险的评估工具，并当担心囚犯可能正在经历极端化的过程时，定期评估是必要的。

（二）收监与分配

19. 应特别注意所有囚犯的收押程序，因为此类程序的良好执行可使囚犯产生信任感和安全感,从而能够对其入监时的健康状况进行适当评估,并有助于进行良好的风险和需求评估、服刑规划、分类,分配和安置。

20. 无论被判与恐怖主义有关的犯罪者是被关在独立的监狱或监区,还是分散在整个监狱系统中,他们可能构成的风险,包括极端化其他囚犯的风险,都应在确定其分配之前进行单独评估,并定期审查。

(三) 高度安全戒备监狱或监区与监狱之间转移

21. 将被定罪的恐怖主义罪犯关押在高度戒备监狱或普通监狱高度戒备监区的必要性,也应进行单独评估,并定期审查此类决定。《欧洲监狱规则》第 53 条规定了特殊高度安保或安全措施的使用,适用于此类情况。此外,如《欧洲监狱规则》第 70 条所述,任何受到此类措施的囚犯均有权向独立当局提出申诉和上诉。

22. 恐怖主义罪犯的定期转移可能对这些罪犯的重返社会前景产生不利影响。因此,这种转移的必要性应根据这些罪犯的风险进行个别评估。

(四) 文化和宗教信仰

23. 根据《欧洲监狱规则》第 29 条规定,在营养方面应考虑文化和宗教传统,并在切实可行的情况下考虑到服装,做礼拜和宗教假期的机会。在可能的情况下,允许囚犯在符合宗教要求的时候吃饭。

24. 应鼓励监狱服务部门与宗教教派达成协议,以允许与特定监狱中相同信仰的囚犯人数成比例的经批准的宗教代表进入监狱。宗教代表应接受有关如何在监狱环境中行使职能的适当培训。

25. 为使囚犯产生积极的个人变化,应优先考虑那些符合文化准则和价值观念并精通囚犯语言的宗教代表。应提供足够的时间、足够的空间和资源,使经批准的宗教代表能够私下会见囚犯和举行集体服务。

(五)机构间合作

26. 监狱和缓刑服务部门应相互合作,并与地方、国家和国际层面的其他执法机构合作,因为应对导致恐怖行为的极端化和暴力极端主义需要基于专业标准的综合方法。

27. 监狱和缓刑服务部门应与其他公共和私人机构以及更广泛的民间社会合作,为罪犯的重新安置和重新融入社会提供后续保障和帮助。

28. 收集知识和最佳做法并在国际上分享,符合监狱和缓刑服务部门的利益。

五、侦查、预防和处理监禁中的极端化和暴力极端主义

(一)使用动态安全

29. 一线工作人员应接受培训,以按照动态安全原则行事,维护监狱的安全、安保及良好秩序,并协助囚犯改造。他们尤其应接受在危机管理中使用跨文化调解和不同的干预技术的培训。

(二)侦查程序

30. 一线工作人员应接受培训和支持,以便区分宗教习俗和采取暴力极端主义行为,并有权在囚犯或工作人员的生命,健康或人格完整面临实际和迫切的风险时迅速做出相应的反应。尤其是,应为工作人员提供工具来报告对暴力极端主义极端化迹象的担忧,并应采用适当的程序来迅速和专业地评估此类风险。

31. 如果监狱和缓刑服务部门开发和使用了识别极端化罪犯的特定工具和方法,以帮助他们的一线员工,这些工具和方法应基于专业和道德标

准,并应定期进行审查和更新。

32. 在制定极端化的指标时,应警告工作人员不要孤立地考虑这些指标,而应结合个人特点和特定案件的具体情况来考虑,以避免得出武断的结论。

33. 如果极端化是特定监狱或缓刑机构的一个关注问题,必要时可任命训练有素的监狱或缓刑工作人员,以确保工作人员知道在哪里可以随时获得有关极端化问题的建议,并确保囚犯或缓刑人员知道如何报告对极端化的关注。

(三)特别方案

34. 应酌情为囚犯和缓刑犯,特别是那些被认为容易激进化的人制定和提供特别方案,包括使用导师,以帮助他们找到远离犯罪和暴力极端主义的生活选择。应由受过专门训练的工作人员参与执行或监督这种方案。

35. 已放弃暴力的前暴力极端主义分子可能是改造缓刑人员或囚犯的合法行为者。

36. 宗教代表、志愿者、同龄人和家庭成员的参与也可以在个案基础上考虑,因为他们可能对罪犯的有效重返社会非常有利。

六、释放后的工作

37. 为了让罪犯成功地重新融入社会,监狱和缓刑服务不应孤立的工作,而应与社区组织沟通和建立联系,以确保在监禁期间或释放后的缓刑期间或在缓刑监督结束后,酌情继续执行特别方案。

38. 同样,应协助已释放的罪犯与社区不同的支持机构联络。在具体情况下,应考虑家庭和社会网络的参与,因为这些可能会对重新安置过程产生积极影响。

39. 电子监控计划和其他控制措施应与旨在使极端化罪犯的重新融入社会的其他专业干预措施和支持措施相结合。

七、研究、评估与交流

40. 应分配足够的资源,以开展科学研究和评估现有极端化解决方案。任何此类计划应以知识为基础,并应定期审查。

41. 为确保公众的放心和理解,应定期与媒体开展交流与合作。

附录3 《欧洲委员会关于极端化和暴力极端主义监狱和缓刑服务手册》[1]

背 景

1. 有人担心,监狱可能成为滋生极端化导致暴力极端分子的温床,而计划从监狱释放的极端化罪犯或缓刑犯没有得到适当的改造。在2015年和2016年,欧洲发生了一系列恐怖行为之后,人们的忧虑有所增加,因为一些主要犯罪者曾经进出过刑事司法系统。

2. 由于需要澄清监狱和缓刑服务在防止和应对暴力极端主义导致的极端化方面能够和应当发挥的作用,欧洲委员会部长委员会通过了《关于极端化和暴力极端主义的监狱和缓刑服务指南》(*Guidelines for prison and probation services regarding*

[1] 《欧洲委员会关于极端化和暴力极端主义监狱和缓刑服务手册》(*Council of Europe Handbook for Prisons and Probation Services regarding Radicalisation and Violent Extremism*)于2016年12月1日发布。

radicalisation and violent extremism)。[1] 这项工作是欧洲委员会成员国在部长委员会第125届会议(2015年5月19日,布鲁塞尔)上商定的行动的一部分。[2]

3."指南"(Guidelines)旨在提供一个一般性的法律和道德框架,以便制定符合欧洲委员会有关法治和保护人权标准与原则的适当政策和对策。它们坚持投资于良好的监狱和缓刑管理的重要性,并强调有必要培训工作人员以达到较高的专业和道德标准,以便有效地打击导致暴力极端主义的极端化。还强调,监狱和缓刑工作应被视为打击暴力极端主义的综合的多机构战略的一部分。

4.此外,还决定编写一本欧洲委员会成员国监狱和缓刑服务手册,以建立和进一步发展指南所承载的一套标准和原则。"手册"的目标是根据国家法律和国际人权标准,与指南一起使用和阅读,其目的是为监狱和缓刑服务提供切实可行的建议,确定一份极端化指标清单,举例说明预防和应对可能导致暴力极端主义的极端化的工具和方法,并确定这方面的一些建议做法。

5.该手册旨在与欧洲委员会的价值观和标准保持一致,尤其是与《欧洲监狱规则》和《欧洲委员会缓刑规则》保持一致,应与这些文本结合使用。国家主管部门应意识到,青少年需要特别关注,需要采取与成年人不同的干预方法。这是基于他们不断发展的个性和特殊需求。本手册在适用于青少年时应做相应调整,受到制裁或采取措施的少年犯并应遵循"欧洲少年犯规则"。

6.联合国毒品与犯罪问题办公室以及欧盟资助的"极端化意识网络(Radicalisation Awareness Network,RAN)"也在这一领域积极开展工作。为

[1] 欧洲委员会《关于极端化和暴力极端主义的监狱和缓刑服务指南》(*Guidelines for prison and probation services regarding radicalisation and violent extremism*)2016年3月2日于部长委员会第1249次会议上通过。

[2] Doc. CM (2015)74: Action Plan "The fight against violent extremism and radicalisation leading to terrorism".

交流这一领域的国际知识和专门知识,“极端化意识网络”的代表和其他专家共同努力编写了本手册。本手册是这些共同努力的结果,旨在协助国家当局和整个社会更有效地处理暴力极端主义的极端化问题。

7. 这项工作是由监狱管理合作委员会(Council for Penological Co-operation,PC-CP)在2015年1月至2016年10月之间开展的。

第一章　范围和主要问题

一、范围

8. 本手册目的是提供具体的指引和建议,以在对暴力主义极端罪犯进行风险评估、管理和支持该类罪犯重新融入方面取得良好的实践。本文件提供了切合实际的信息,说明针对暴力极端主义罪犯进行有针对性的风险评估和干预以及使用良好的监狱和缓刑管理原则的重要性。监狱和缓刑服务的长期战略应该是防止暴力极端主义罪犯再犯罪,防止监狱和缓刑环境中的极端化,并在刑事司法系统中建立长期的预防战略。

9. 本手册面向管理人员、监狱和缓刑工作人员。一线监狱及缓刑工作人员尤其需要了解本手册所提供的要点和资料,以便在与他们所负责的这类特殊人群进行专业交流时有所帮助。它也应该与那些可能在监狱中被极端化的罪犯合作的人有关。这可能包括心理学家、缓刑监督官、社会工作者和其他专业人士以及合作组织。本手册是开发实践和工作方法的第一步,可在欧洲委员会成员国国内和国际上推荐。它应该被看作一个动态文件,应该随着时间的推移(最好是每年一次)进行审查,以便在这个相对新的领域吸收新的集体知识和专门知识。

二、主要问题和挑战

（一）保护人权和监狱安全

10. 监狱旨在将罪犯监禁在安全和人道的环境中。监狱的目的包括惩罚、改造和保护社会。监狱和缓刑罪犯改造和干预计划的目标都是支持罪犯最终重新融入社会。独立监测监狱和缓刑做法以及适当的申诉机制将防止管理服务不善和滥用权利和自由。

11. 为促进罪犯的改造及重新融入社会，监狱应保障罪犯的人权，并维持安全及人道的环境，支持罪犯积极参与监狱的日常生活。应避免过度拥挤，因为它对罪犯和监狱安全造成负面影响。应安排更多的时间进行探视、休假和各种户外活动，以抵消这些负面影响，并作为促进罪犯积极改变的激励措施。为了在工作人员和罪犯之间建立信任和理解，监狱政策应该透明，并以公正和公平的方式执行。

（二）了解极端化的过程

12. 良好的监狱和缓刑管理应适用于所有罪犯，包括暴力极端主义罪犯，并应支持每个人的改造工作。招募和培训具有同理心并且能以建设性和积极的态度与罪犯接触的监狱和缓刑工作人员，将有助于了解暴力极端主义罪犯，包括其意识形态和个人动机。这些信息与其独特需求及其风险状况的准确分析有关。它也有助于与其他罪犯一起建立一个积极的环境，并有助于参与监狱生活更广泛的积极方面。

13. 奖励表现良好的个人是为了鼓励暴力极端主义罪犯和那些有可能走向暴力极端的人参与反极端化项目。公平的纪律制裁加上积极的奖励有助于在监狱中建立信任和正义感，并可以支持一种对所有罪犯都必不可少的、可能让暴力极端罪犯有所改变的认知开放。

(三)需要分配和管理足够的员工和资源

14. 政府有责任向正在与暴力极端主义罪犯和极端化罪犯打交道的各级工作人员提供支持、资源、培训、安全和监督。工作条件应能够反映他们在这方面作用的复杂性和重要性。这将有助于保留具有专业资格的工作人员,并有助于良好的管理和提供适当和有针对性的评估和干预。

(四)确定暴力极端主义和极端化的罪犯

15. 查明所有在监狱或缓刑中可能是暴力极端主义的罪犯和有被极端化风险的罪犯是重要的。应查明那些被判犯有与恐怖主义或暴力极端主义罪行无关,但正在被极端化成暴力极端主义的个人。还应查明那些受意识形态驱使而采取暴力行动,但最终被判犯有更普遍暴力罪行的罪犯。

16. 识别犯罪动机是很重要的,因为这一人群具有与其他罪犯或罪犯群体显著不同的特征。这些特征和差异对监狱中个人的潜在极端化、缓刑期间成功融入社会,以及个性化和相关的风险评估以及干预方案都有影响。同样,对其他罪犯使用的一般改造方法在打击暴力极端化或打击暴力极端主义意识形态和意图方面可能收效甚微或根本没有效果。虽然有一些对暴力极端主义罪犯和其他罪犯都是有益的普遍做法,但了解暴力极端主义的具体特征及其与其他罪犯的显著差异,将有助于提供准确的评估、适当的有针对性的干预措施和有效的缓刑战略和程序。

(五)暴力极端主义罪犯的不同特点

17. 与其他“普通”罪犯相比,暴力极端主义罪犯在个人需求、动机、政治和意识形态观点、不满、价值观、态度、个人特征和暴力极端主义史方面,存在着重大差异。应考虑与个人持续的意图和能力有关的因素,以及任何现有或潜在的“保护性”或减轻风险的因素。这些细节对于做出与暴力极端分子和那些可能极端化到暴力的人有关的风险决定很重要。这些因素对于确定未来用于打击暴力极端主义的个性化干预项目目标和干预策略也很重要。这些问题将在本手册的以下章节中详细讨论。

18. 人们普遍认为,在年龄、性别、教育成就、教养、心理健康、国籍、种族和个人背景方面,没有一个单一的概况适用于暴力极端分子。许多暴力极端分子都是“正常”的个体,他们致力于某种特定的意识形态,并愿意使用非法暴力来实现自己的目标。虽然这不是这一群体的固有特征,但一些暴力极端主义罪犯和极端化罪犯确实存在心理健康问题。有些罪犯是年轻人,有些是老年人,还有一些是青少年。过去主要是男性罪犯,但女性暴力极端主义罪犯越来越多。许多罪犯来自稳定完整的家庭,其他人则不然。有训练有素的专业人士,如医生和工程师,他们中有一些是众所周知的暴力极端分子。其他人受教育有限或辍学。有些是领导者,有些是追随者,甚至是犯罪的机会主义者。尽管存在这些差异,但仍有一些指标可以确定并纳入协议中,以确定这些人的特征,识别和描述个人所面临的风险,并提供相关信息,协助管理监狱中的暴力极端主义罪犯以及那些处于缓刑期的罪犯。

19. 管理不善和拥挤不堪的监狱可能是导致极端化程度加剧的一个因素。不人道待遇造成的不满、道德上的不满和挫折可能会加剧暴力极端主义招募者在监狱环境中的影响。极端主义意识形态在敌对和拥挤的环境中可能更容易传播。众所周知,欧洲一些重大恐怖行为的实施者已经经历过监狱和缓刑系统,因此,重要的是要解决可能导致风险因素的问题,并在认识到代价的同时纳入旨在应对暴力极端主义风险的办法。

(六)针对暴力极端主义罪犯的专门程序

20. 负责处理暴力极端主义问题的国际组织和机构的文件已确定需要制定专门程序,包括针对暴力极端主义罪犯的风险和其他评估与干预程序。

这些机构和文件在本文件有关暴力极端主义罪犯的风险评估和对这一人群的管理办法的章节中有所说明。还确定了防止罪犯极端化和支持罪犯改造和重新融入社会的必要性。

☞ **关键点：**

· 良好的监狱和缓刑管理对所有罪犯都很重要，有助于对暴力极端主义罪犯进行建设性干预。

· 对监狱和缓刑做法以及申诉机制的独立监测将防止服务管理不善和滥用权利与自由。

· 应尽快查明监狱或缓刑人口中的暴力极端主义罪犯，以应对他们的具体特点和需要。

· 各级主管当局应提供足够的人员、资源和专门培训，以确保对暴力极端主义罪犯采用相关和有效的程序和做法。

· 应特别注意在监狱和缓刑设施内容易被极端化的个人。

· 为暴力极端主义罪犯提供具体和相关的评估，并提供相关有效的个人干预方案，以打击激进主义和暴力极端主义，这是监狱和缓刑系统的基本目标。

· 没有单一的形象可以用来描述暴力极端分子或那些将被极端化的人。针对这一群体的个性化做法将为打击暴力极端主义取得成功提供最佳机会。

第二章　暴力极端主义罪犯和极端化过程

一、暴力极端主义的范围

21. 暴力极端主义有很多种。欧洲国家和世界各地的其他国家都受到了各种暴力极端主义的影响。这包括右翼暴力、左翼暴力和其他政治、社会、宗教或其他意识形态相关的暴力。这一系列暴力行动的共同点是,非法暴力旨在促进基于意识形态的目标。

22. 虽然欧洲刑警组织目前确定的最大威胁是所谓的“伊斯兰国”或“基地”组织煽动的暴力极端主义,但所有监狱和缓刑环境中的暴力极端分子都需要特别关注和采取具体办法。众所周知,受意识形态驱动的个人所代表的威胁类型与其他暴力犯罪者不同,表现出不同的特征。

二、什么是暴力极端主义?

23. 有许多罪犯被指控或定罪的罪行涉及暴力。其中与意识形态驱动的暴力有关的比例相对较小。欧洲委员会《关于极端化和暴力极端主义的监狱和缓刑服务指南》将暴力极端主义定义为促进、支持或实施可能导致恐怖主义的行为,其目的是捍卫鼓吹种族、国家、民族或宗教至上的意识形态。这可能包括对核心民主原则或价值观的暴力反对。暴力极端化是一个动态的过程,个人在此过程中越来越接受和支持暴力极端主义。暴力极端主义迹象确实存在。这些循证行为表明,越来越多的人致力于支持使用暴力的意识形态,越来越多的人倾向于以暴力方式采取行动,以实现意识形态目标或实际参与非法暴力行动,支持政治、宗教、社会或其他意识形态目标。

24. 与极端化到暴力极端主义相关的指标可以被识别,并在某些情况下可以观察到。并不是所有的指标都必然存在于所有走向暴力的个人身上,也不是所有的暴力极端主义罪犯都与某个群体有关。有些可能是那些被称为“独狼”的人。

25. 一些专家用不同阶段描述了极端化到暴力极端主义的过程。并非所有的罪犯都能完成所有阶段或达到暴力行为的最后阶段。通过这些阶段的极端化可能在很短的时间内完成,也可能需要很长时间。人们可以在不同的阶段进入、退出和重新进入极端化进程。

26. 暴力极端化进程的指标可能包括:

(1)个人采取暴力行为的动机具有政治、宗教、社会或其他重大意识形态的成分;

(2)个人已经接受了一种支持使用暴力来达到预期目标的意识形态,并参与了一个支持自己信念的过程,即必须使用暴力来达到预期的意识形态目标;

(3)个人有采取行动的意图,已经采取或计划以非法暴力方式采取行动,以促进意识形态及其目标。

27. 其他可识别的指标可能包括但不限于以下指标:

· 态度和价值观的变化,反映出越来越多的不宽容和僵化;

· 越来越多致力于支持使用暴力的意识形态或叙事;

· 越来越愿意使用暴力来实现意识形态目标;

· 增加与支持使用暴力的实体或虚拟(网络)网络的接触,以支持采用的叙事;

· 发展友谊,与家庭成员的联系或与支持这种意识形态的其他人的交往;

· 个人行为模式的改变,对新技能和能力的兴趣或发展,使使用暴力行动成为可能。

28. 虽然“独狼式”暴力极端分子可能没有人与人之间的直接联系,但意识形态成分和动机同样存在，并且经常发现间接联系或网络联系。

29. 这些指标适用于各种暴力极端主义分子，并与不同意识形态和目标的支持有关。它们可以分为三类：(1)被接受或正在被采纳的意识形态或叙事；(2)支持个人和意识形态的个人、互联网络和其他组织和社会关系；(3)推动个人进一步采纳意识形态目标的个人需求和动机。

三、暴力极端主义罪犯的分类

30. 并非所有暴力极端主义罪犯都具有相同的特征。如上所述，一些可能是孤独的行为者，而其他人可能是极端主义团体的成员。有些人可能有既往培训和参与暴力极端主义行为的历史，而其他人可能仅仅因为计划在国内外采取一些暴力行动而被逮捕，没有任何从事暴力行为的经验或能力。一些暴力极端主义罪犯是有魅力的领导人，其他人是追随者。有些人有招募能力，而其他人则容易受到这种招募活动的影响。一些暴力极端分子有犯罪前科，其他人则没有。了解这些个体特征对于有效应对个别暴力极端主义罪犯具有重要意义。

31. 在监狱和缓刑系统中，暴力极端主义分子至少应分三类：(1)理论家、领导人以及极端主义代理人；(2)容易受到日益极端化影响的追随者；(3)犯罪机会主义者，为谋取私利而与暴力极端分子为伍。这种区别是从暴力极端主义分子的风险评估过程中确定的，并在本手册的第三章中进行了描述。这种分类不同于对每个个体所构成的风险的分类，如低、中、高风险。不同的目的有不同的分类。虽然暴力极端主义的定义包括对意识形态目标的坚持，但更多的一些人是为了寻找生命意义，被其他人胁迫参与其中，可能是寻求社会归属感。

32. 应对监狱和缓刑工作人员进行培训，以便能够识别个体与任何已知的极端主义网络或集团的联系。在对监狱环境中的罪犯做出安置和干预决策时,以及对社区中的罪犯进行管理时,应考虑这些联系。如果使罪犯脱离团体是干预的目标,那么继续让罪犯接近该团体的领导人和其他成员可能会阻碍这一目标的实现。与其他团体成员和团体领导人的有限或最少的接触可以减轻团体对该罪犯的影响并促进脱离目标实现。应根据不同因素,包括推动罪犯的去极端化和释放准备,对这种安置进行定期修订。

33. 建议避免将罪犯安置在容易受到魅力领导者意图影响和招募或者在监狱树立榜样的人的附近。对个人特征(分类)的了解可以促成更好的干预计划以及在缓刑过程中识别风险。这些问题在第四章中进行了详细说明。

34. 了解暴力极端主义罪犯的不同类型(分类)及其社会关系,对罪犯的安置、确定个性化的干预措施、取得干预的积极结果和旨在促进社区成功管理,包括重新融入社会的缓刑决定,都具有重要意义。

四、识别监狱和缓刑环境中普通罪犯中的暴力极端主义罪犯

35. 必须指出的是,并非所有的定罪都清楚地表明犯罪动机是意识形态的。虽然有些人被判犯有暴力极端主义罪行,但出于同样意识形态关切的其他人可能被判犯有其他罪行。这将导致在监狱或缓刑设施中出现“未知的暴力极端主义罪犯”与“已知的”暴力极端主义罪犯。

36. 正确的识别将确保暴力极端主义罪犯在监狱或缓刑期间所代表的风险水平得到适当的评估。在某些情况下,可以使用不太全面的评估,例如,专门的筛选方案,来确定那些持有极端观点,但法院或所犯罪行未被认定为暴力极端主义罪犯的人。这是为了确保这些人在狱中不会进一步极端化。这也是为了确保干预方案足够全面,并与罪犯所代表的一般犯罪行为以及伴随而来的暴力极端主义元素相关联。

37. 重要的是要确定那些已经极端化为暴力极端主义的罪犯,其犯罪行

为有意识形态的成分,或者意识形态是其主要动机。隐藏的暴力极端主义罪犯可能使附近的其他人变得极端,他们的能力可能转移给予未极端化的罪犯身上。经验丰富的暴力极端主义行为者与新的被极端化的人员的组合在释放后被证明是致命的。建议在监狱环境中监测所有罪犯是否有暴力极端主义的迹象。监狱工作人员应特别注意罪犯对暴力极端主义意识形态的重大支持或与监狱内外暴力极端主义网络的联系。

38. 监狱和缓刑工作人员应得到充分的培训,以有效和人道的方式开展工作。应该对工作人员进行培训,并帮助他们区分极端化罪犯与仅仅从事自己宗教、文化或传统的罪犯。当工作人员不能区分不同文化和传统以及挫折和压力的极端表达时,就可能存在得出错误结论的危险。罪犯有可能在不支持、煽动或实施暴力的情况下就政治或其他问题发表极端主义观点。

五、不成比例的威胁

39. 尽管与一般监狱和缓刑人口相比,监狱和缓刑中的暴力极端主义罪犯人数较少,但这一群体对社会安全和保障构成的威胁需要得到认真对待。许多被判犯有与恐怖主义有关罪行的人最终会被释放回社会。在这种情况下,这些人可能保留了其意识形态目标和对暴力的承诺,以促进其政治、社会或宗教目标。他们在狱中也可能保留在获释后滥用和广泛使用暴力的意图。

40. 这些罪犯往往遵守规定。他们可能不会表现出任何人格或行为问题,并可能在遵守监狱规则和程序方面表现良好。他们可能以理性和非攻击性的方式与监狱工作人员和其他人接触。出狱后,如果意识形态或战略与目标没有改变,这些人构成的威胁仍然很大。在缓刑期间,特别是处于电子监控下,他们可能仍然会遵守规定,表现良好,但有些人可以保留继续从事暴力极端主义行为的能力,以及重新连接网络和获取资源的意图和能力。

所构成的威胁可能仍然不会减少。因此,在监禁期间或社区缓刑期间,对该人群进行重点和个体化的干预,采取措施防止极端化是非常必要的。

41. 监狱和缓刑环境为降低这些人对社会造成的风险提供了一个关键的机会。这就需要分配足够的资源来开发和提供旨在降低风险的有效的和有针对性的方法。除了良好的监狱和缓刑做法外,还建议采取专门措施,尽管监狱中的罪犯人数相对较少。在刑满释放后或缓刑期间,必须对这些人口进行细致的跟踪调查。

六、潜在的外国恐怖主义战斗人员

42. 在一些司法管辖区,意图离开一个国家到被禁止的冲突区去作战是非法的,而另一些司法管辖区则根据一个人打算参加哪一方战斗来区分。这类罪行可能导致监禁或缓刑管制。应该注意这些人的特点。同一群人的动机和风险可能不同。即使在一个团体内已证实有可能有外国战斗人员的情况下,个人的动机和威胁程度也可能有很大的不同。监狱不适当安置以及靠近极端分子可能会加剧这些潜在的外国恐怖分子构成的风险。当他们回到社区,他们可能会比他们被定罪和监禁之前更危险、更极端、更热衷于暴力。

七、回国的外国恐怖分子战斗人员

43. 大批从冲突地区返回的外国恐怖主义战斗人员有能力、有意图和有资源进行攻击,这对他们返回国家的国家安全构成威胁。《欧洲委员会防止恐怖主义公约(第196号公约)附加议定书》确定了这一安全威胁。《附加议定书》是为补充第196号议定书和响应联合国安全理事会关于“恐怖主义行为对国际和平与安全造成的威胁”的第2178号决议而制定的。联合国安理会第2178号决议呼吁联合国会员国采取措施,防止和制止外国恐怖主义战斗人员流入冲突地区。它还呼吁会员国确保制定国内法律和条例,以确定严重的刑事犯罪,允许起诉和惩罚那些为策划、准备或参与恐怖主义行为而出国的人。根据联合国安理会第2178号决议,联合国会员国随后制定的立法,将那些出国与冲突地区被禁止团体接触的人视为犯罪。被起诉和定罪的回国恐怖主义战斗人员是监狱与缓刑体系中暴力极端分子的一部分,并被纳入重新融入社区的管理中。这些人代表着所有领域的极端主义威胁。近年来,欧洲大多数因恐怖主义犯罪而被捕和定罪的人都与所谓的ISIL/ISIS或基地组织授意的恐怖主义有关。外国恐怖主义战斗人员回国人数的增加可能导致监狱和缓刑环境中暴力极端分子人数的增加。

☞ **关键点:**

· 暴力极端主义罪犯与其他罪犯的区别在于其强迫变革的意识形态动机(政治,社会,宗教或其他动机)和将暴力合法化以实现这些目标。

· 虽然没有暴力极端主义分子的统一画像,但有一些指标可以区分罪犯的个人特征,并有助于确定个人风险和项目决策。

· 一种有用的分类制度将暴力极端分子分为理论家(领导者)、追随者和犯罪机会主义者。

· 一线的监狱和缓刑工作人员需要接受培训,使他们能够以一种对罪犯文化传统敏感的方式与罪犯进行互动,并对任何存在问题的迹象(包括极端化和煽动暴力行为)保持警惕。

· 尽管人口数量很少,但由于他们释放后给社会造成的威胁,应该提供足够的资源来支持专门的项目和评估。

· 应通过良好的管理和良好的监狱条件防止监狱的极端化,这对所有被监禁者的成功改造和重返社会是不可或缺的。

第三章　暴力极端主义罪犯和极端化的风险评估

一、暴力极端主义风险评估对监狱和缓刑服务工作的作用

44. 风险评估目的是对个人风险及其性质和严重程度进行估计。这些信息有助于决定如何最好地干预个人，以便在响应囚犯或缓刑人员的个人需求的同时，最大限度地减少风险并最大限度地发挥积极变化的潜力。

45. 风险评估将确定令人关注的具体暴力极端主义因素并衡量其严重性。这包括以下因素：(a)信念和态度(意识形态叙事)因素；(b)个人的社会背景和意图，包括与个人有关联的家庭关系、亲属关系、群体和网络，这些因素可以影响意图并促进意识形态暴力；(c)个人在背景、培训和技能方面的能力；(d)驱动暴力极端主义的个人和意识形态需求。此外，最佳做法的风险评估包括与风险减轻因素有关的要素。风险减轻因素可能存在、发展或加强，以支持脱离暴力极端主义团体和去极端化，包括摆脱僵化和绝对的意识形态。这种被称为风险评估的分析方法可以对极端化的个人和被定罪的暴力极端分子的需求、网络和意识形态承诺进行不同的分析。专门的风险评估方法确定了促使个人从事暴力极端主义的动机和因素，或极端化到暴力转化过程中的进展，并能够确定个人所代表的威胁类型和存在的任何风险减轻因素。

46. 在监狱和缓刑系统中进行风险评估，以支持有关分类、安置、干预和必要时重新分类的决定。危险因素已被重组为评估暴力罪犯的系统方案。结构化评估通常被认为是比非结构化或半结构化评估更好的实践。

二、暴力极端主义需要专门的风险评估工具

47. 在过去的几十年里，风险评估的方法有了发展。新的信息催生了针对特定类型暴力的专门工具。在2009年之前[1]，没有正式可用的暴力极端主义风险评估工具。当时记录了需要一个专门的风险评估工具和方法来为暴力政治极端主义做出风险决定。当时已确定为一般暴力犯罪者设计并专门适用于暴力极端主义罪犯的风险评估工具可能存在局限性。与“普通”暴力罪犯相比，暴力极端主义罪犯在特征上具有显著差异，这突出表明需要为这一群体提供专门和相关的工具。在评估暴力极端主义罪犯构成的风险时，应使用具有意识形态动机暴力与极端化过程相关的、敏感的风险和保护性指标的风险评估工具。系列工具中的其他工具可以帮助评估暴力极端主义罪犯的伴随问题，如心理健康或其他与风险相关的问题。

48. 建议尽可能使用专门的风险评估工具评估暴力极端主义罪犯、潜在的暴力极端主义罪犯和极端化发展到暴力极端主义的人员。这些工具适用于青少年和成年人、男人和妇女以及各种暴力极端主义意识形态。

49. 尽管暴力极端主义风险评估工具涉及意识形态暴力及相关指标，但它们并不认为心理健康脆弱性或失调是意识形态暴力的根本原因。许多暴力极端主义罪犯和恐怖主义罪犯被认为是认知正常、没有精神障碍的完整个体。风险评估工具与其他心理健康方法一起使用，以评估极端化分子和被判犯有暴力极端主义罪行的人的心理健康影响。

50. 近年来，人们越来越频繁地注意到一些暴力极端化罪犯的心理健康问题。因此，一些针对暴力极端主义的风险评估工具现在增加了一个组成部分，允许审查与个人历史、人格特征、精神障碍、极端化进程和犯罪史有关

---

〔1〕 Pressman, D. E. (2009) Risk assessment decisions for violent political extremism (2009 - 02). Public safety, Canada, Government of Canada, PS3 - 1/2009 - 2 - 1EPDF.

的指标。这就为暴力极端主义提供了一个多模式的风险评估工具。这种暴力极端主义风险评估方法能够进行全面、相关和广泛的分析。

三、暴力极端主义风险评估的建议方法

51. 风险评估专家认为结构化的专业判断方法是暴力极端主义风险评估的最佳方法。因此,建议采用这种方法,因为它允许采用一致、结构化和可靠的方法。该方法适用于相关动态指标的复杂性和保留专业判断角色的需要。结构化的专业判断是一种设计良好、系统严密、循证的方法。该方法采用了一套适用于被评估人员性质的、全面的、透明的指标,对于那些表现出极端化或表现出暴力极端主义行为的人,建议在监狱和缓刑环境中使用此类专门工具,并由经过适当管理和解释方面专门培训的人员使用。

52. 风险评估通常由指定人员进行。具有多学科背景的工作人员可以接受培训,学习如何使用和解释针对暴力极端分子和担心处于极端化进程个人的风险评估协议。当评估中存在不确定性或可用信息有限时,建议使用两个或多个指定人员进行协作风险评估。由多个评估人员达成的风险评估共识为风险、威胁和状态提供了更可靠的评估。

四、暴力极端主义和极端化风险评估目标的差异

53. 针对暴力极端主义的风险评估与针对一般和其他特定类型的暴力行为的风险评估不同,因为极端化的暴力和意识形态动机的暴力具有动态性。暴力极端主义和极端化风险评估的指标本质上不是静态的。极端化的过程是一个动态过程,因此风险和威胁的指标应该是动态的。信仰和态度、对意识形态因素的接受、友谊和交往以及意志力可以而且常常会随着时间的推移而改变。

54. 这种动态要素不同于许多一般暴力风险评估工具中使用的大多数静态因素。这种特征使人们无法充分预测暴力极端主义罪犯的意图和将来的暴力行为。暴力极端主义和极端化罪犯的系统证据和分析确实允许在特定时间点对风险进行有针对性和合理的估计。风险的性质也被确定。

五、随着时间的推移,暴力极端主义指标的风险轨迹和可衡量的变化

55. 在一些德高望重的科学家开展的独立研究中,系统一致的暴力极端主义风险评估工具及其相关指标已经证明了可靠性(信度)和内容有效性(效度)。这些方案的可靠性允许随着时间推移对所包含的每个指标重复进行风险测量。它还允许在评估时,对在监狱和缓刑环境中监控的人的整体极端化的客观指标进行识别和判定。

56. 系列的综合风险指标测量和判断可以为干预项目的结果和有效性提供证据。随着时间的推移,这种影响的性质(积极、消极或无变化)可以客观地观察到。结果可以表明当前干预措施的成功、需要改变的重点或改变干预目标。

六、风险评估中偏见的控制

57. 对暴力极端主义罪犯和处于极端化过程中的罪犯的非结构化和主观的风险评估可能会受到偏见的影响。这种偏见可能发生在以下情况:评估者担心如果个人再次犯罪会产生个人影响;评估者同情犯罪者的动机;文化影响没有被充分理解;以及忽视政治和社会背景。使用受控的、标准化的、透明的和结构化的工具有助于控制评估人员的偏见,并支持非歧视的公正和公平的评估。此外,旨在适用于各种暴力极端主义罪犯而不是单一意

识形态的工具是中立和非歧视性的。针对暴力极端主义和极端化谱系的结构化专业判断风险评估工具,最适合在监狱和缓刑环境中使用,因为它们本质上是非歧视性的。

七、监狱和缓刑背景下的评估时间表

58. 在适当的情况下,应在入监的初期阶段(接收期)和在缓刑监督的早期进行风险评估。在某些情况下,初始评估可能会被推迟,以便让罪犯在准备进行风险评估之前先适应监狱环境。在适当的情况下,这一初步评估将提供一个基线,从这个基线可以衡量和确定罪犯积极和消极的变化。这条基线既适用于处于极端化过程中的个人,也适用于那些已经被极端化到暴力的人,以及那些已经犯下暴力极端主义行为的人。在确定基线评估之后还可以获得更多的资料,这将提高评估的准确性。

59. 建议评估间隔的确定应根据有关人员、风险评估的目的和最佳做法以及具体惩教机构或缓刑援助机构的指导方针。建议每年至少审查一次囚犯的需要和暴力极端主义风险指标的状况。这使得能够及时改变处理方式,以应对评估结果。评估和重新评估的时间表可能取决于人员的可得性、工作人员的专业知识、服务或职位内部的既定规则和程序以及其他因素。一旦出现,就应重复评估。如果发现罪犯有重大变化,如果决定是否提前释放,如果考虑新的住所以减少激进化的风险,或者如果有迹象表明犯罪行为的严重性增加,情况可能会如此。

八、筛查评估

60. 对暴力极端主义罪犯进行风险评估的筛查工具已经开发出来并正在使用。这些工具比综合风险评估方案需要更少的时间和培训。它们能够提供有用的信息和个人状态的概述。当需要进行不那么正式和不那么全面的风险评估时,它们可以对普通罪犯中有被极端化嫌疑的人使用。在筛查之后,当筛查评估结果引起关注时,可以要求或进行全面的风险评估。一种筛查风险评估工具也可用于被认为易受暴力极端主义影响的特定罪犯群体。还可以对综合风险评估方案进行其他修改,以产生符合机构或服务需要的筛选评估工具。

九、信息共享需求

61. 风险评估是利用各种信息来源和尽可能多的证据、情报和其他观察和报告进行的。这包括监狱文件、情报、法庭记录、判刑前报告,以及监狱工作人员、参与干预的人员和其他与罪犯接触的人提供的其他信息。风险评估的质量和准确性取决于可用信息的数量和质量。信息来源的准确性和可信度同样重要。基于证据的风险评估需要有支持的信息和行为证据。这就需要各机构和服务之间分享信息。这通常取决于这些机构的规则和公认的做法。即使各机构之间共享信息,也可能存在重大信息缺失。在这种情况下,可以向相关机构或服务机构要求提供具体信息。评估特定风险指标所需的信息知识可以促进各机构之间的共享和沟通,并允许评估人员确定与被评估个人相关的风险和威胁贡献指标的已知和未知情况。在任何可能的情况下,都应该设法获取缺失的信息。

十、暴力极端主义风险评估的益处和注意事项

62. 使用结构性专业判断对暴力极端主义进行风险评估并不能取代评估人员的人为判断。评估工具通过严格和标准化的分析方案支持评估员的判断。风险评估旨在提供罪犯或缓刑人员的有关和及时的信息。它们不是

绝对的。风险评估取决于上述可用信息的数量及其准确性,以及进行评估的人员的培训和专业知识。它们支持但不取代专业判断和经验。工作人员需要接受使用暴力极端主义分子风险评估工具的培训。

63. 风险评估无法准确预测监狱系统中或在缓刑期间谁会再犯。它无法从一般监狱人口中确定谁将成为恐怖分子或暴力极端分子。当评估员从罪犯那里获得信息时,他必须意识到存在欺骗的可能性。

64. 风险评估将确定令人关切的暴力极端主义指标,并有助于工作人员长期监测这些指标的严重程度。风险评估可以提供有用的信息,帮助对罪犯进行适当和敏感性的管理。其提供的细节可以帮助分类、安置、计划和个人的一般管理。随时间的变化识别风险也很有用。

65. 国家内部和国家之间风险评估术语的标准化应该是一个长期目标。这将有助于各国和各部门之间共享数据和信息。使用共同的工具和术语也将促进交流。

☞ **关键点:**

· 应在暴力极端分子入狱后或在被指定为缓刑时,在适当情况下尽快对其进行风险评估。

· 应按照预先确定的时间表或根据需要定期进行重新评估。

· 暴力极端主义风险评估的最佳方法是结构化的专业判断方法。

· 暴力极端主义风险评估方案应适用于暴力极端主义意识形态的范围,并应足够灵活,以便添加被认为相关的额外指标。

· 在针对暴力极端分子的任何综合风险评估方案中,都应调查潜在的心理健康问题。

· 暴力极端分子的风险评估应使用专门为这一人群设计的分析工具。对青年人进行风险评估需要特别注意。

· 风险评估应控制评估员的偏见,并在本质上是非歧视性的。

· 风险评估应由受过暴力极端分子专门方案培训的人员进行。

· 风险评估应以证据为基础,并需要全面准确的信息。这些信息应该从多个来源获得。

· 风险评估包含与暴力极端主义有关的多种因素,例如,所采用的叙事、犯罪者的网络以及推动行动的需求。此外,还应包括与意图和能力有关的因素以及保护或减轻风险的因素。

· 风险评估可以在相关人员的合作和参与下进行或直接面谈进行。

· 干预的个人目标应遵循从风险评估中获得的信息,并且是可测量的。

· 风险评估可从多学科团队或与评估团队合作中受益。

第四章　暴力极端主义罪犯改造工作的管理

一、干预(Interventions)

(一)干预的性质

66."干预"一词是指直接或间接促进暴力极端主义罪犯改造或防止罪犯实施极端主义罪行的任何行动或活动。这里的重点是在矫正环境中进行人际互动和罪犯个人改变的干预,如他们的行为、信仰、身份和关系。干预措施的范围可能从专门的、有针对性的项目,到更普遍的活动(如教育、就业或职业活动),再到工作人员与罪犯之间的对话。干预措施可能会因多种因素而有所不同,包括为有目的地解决极端主义犯罪行为而实施干预的程度、实施干预的时间跨度、由谁实施,如何实施及其预期目标和结果。如果采取一种全面解决与有效脱离和重返社会工作有关的心理、社会(包括家庭)和实际问题的办法,则被认为是最有效的。从业人员应意识到,与对其他罪犯的干预一样,干预的环境可能对其有效性至关重要。提供一个安全、有保障、支持性的环境,承认并奖励个人改变和亲社会行为的环境比不提供这些环境更有可能有利于有效的干预。

(二)干预的目的

67. 打击极端主义和极端主义罪行的干预重点需要与针对其他形式犯罪行为的干预措施不同。其干预措施可能需要侧重于:(1)防止个人犯下以前没有犯过的极端主义罪行;(2)防止个人对特定群体、目标或意识形态产生兴趣或参与;(3)改变个人与特定群体、目标或意识形态的关系。应制定和设计干预措施,以适应极端主义和极端主义罪行所造成的具体差异和问题,这可以补充现有的更为传统的干预措施。人们承认,这些重点上的差异也可能与防止其他形式的犯罪行为有关,例如帮派犯罪。

(三)干预措施的部署

68. 工作人员应确定如何最好地部署现有资源,以最大限度地防止对极端主义的兴趣和参与,并防止那些已经被判犯有极端主义罪行的人进一步犯罪。为了实现这些目标,各部门和工作人员需要考虑应在多大程度上将资源和努力集中在有针对性的方法上,以解决这些具体问题。例如,衡量参与极端主义团体的专门评估、专门方案或监测极端主义罪犯的专门程序。在考虑这一点时,必须考虑到诸如良好条件、政策、程序或活动等一般做法可能对这些问题产生的影响,如动态安全、尽量减少工作人员腐败以及工作人员以体面和尊重的态度对待罪犯。采取一般性和有针对性的办法来防止极端主义和极端主义犯罪可能是最有效和最适当的,但如何平衡这些办法的部署,可能取决于每个监狱或缓刑机构的当地情况。

(四)干预目标

69. 所有干预和管理行动,都应达到明确和具体的目标,以防止极端主义罪行。在没有明确了解干预措施的预期目标或结果以及干预措施打算带来的变化之前，不应该实施干预措施。基于在这一领域不断发展的知识和理解，一些关键目标和目的似乎对防止极端主义犯罪很重要。这些包括：(1)防止个人成为或继续参与极端主义团体、事业或意识形态；(2)防止个人成为或继续愿意或准备代表极端主义团体犯罪；(3)防止个人拥有或保留实施暴力极端主义的能力。

70. 为了实现这些目标，帮助减轻或防范风险因素和情况，干预措施可能需要：(1)提供机会和活动，以满足个人可能通过参与暴力极端主义而寻求的那些个人需求(如归属感、目的、意义)；(2)赋能并且使个人通过合法手段而不是非法手段来追求(政治)目标和目的；(3)加强个人对自己决定和行为的个人能动性，包括反思和质疑他人思想、信仰和行为的能力；(4)强化信念、看法和思维方式，以保护个人不愿意和准备进行虐待和有害的极端主义行为；(5)鼓励和支持个人以亲社会的方式而不是通过反社会的极端主义行为来表达自己的价值观、信仰和情感；(6)防止个人有能力犯下极端主义罪行，包括破坏促进极端化和助长极端主义罪行的关系、网络和通信。

(五)有针对性的项目

71. 为预防和应对暴力极端主义，专门发展了有针对性的干预措施或项目。从本质上讲，这些项目是为了帮助管理风险和防止进一步的犯罪行为而设计的。这些项目目标与那些用于防止其他类型犯罪的项目或干预措施没有什么不同。然而，预防暴力极端主义的项目通常分为：脱离干预和去极端化干预。

72. 脱离干预通常是指那些试图阻止或改变罪犯与暴力极端组织、事业或意识形态关系的干预。这包括防止或改变个人对支持和使用暴力作为其实现其目标方法的特定群体、事业或意识形态的认同。改变这种关系是为了促进脱离。这与常规犯罪行为干预措施通常把发展亲社会技能以防止再犯罪作为侧重点不同。然而，对于一些罪犯，特别是那些出于常规犯罪动机（例如，赚钱或机会暴力）参与极端主义团体的罪犯，可能常规干预措施更适合解决他们的风险和需求（或可能需要常规干预和脱离型干预）。

73. 去极端化干预通常被定义为试图阻止或改变罪犯的意识形态信念、态度或思维方式，而这些信念、态度或思维方式驱动或证明极端主义行为是正当的。这些通常与特定的解释、立场或论点（基于政治教义、经文或神话）相抵触，这些解释、立场或论点提供了使极端主义暴力合法化的信仰和态度。许多为防止其他形式的犯罪而采取的干预措施也试图以此方式挑战和打破人们的态度和思维方式，因此，这并不是这些项目独有的。但是，对这一类罪犯来说，这种态度和思维方式的基础可能是不同的，因此需要采取适当和有针对性的方法。与防止其他形式的犯罪项目一样，改变这些信念、态度或思维方式的目的是促使人们停止。

74. 脱离干预可以通过行为观察到。这些行为可能与例如停止与极端的个人接触或停止与暴力极端主义团体联络有关。其他行为指标可能包括改善社会融合和改变生活方式。去极端化干预成功的证据往往难以客观地确定。去极端化的迹象包括减少或放弃暴力极端主义的意识形态和信念，朝着先前被他们视为敌人或公开对立的团体（等）的行为改变。这一点更难衡量，因为它通常涉及内部变化，而这些变化在行为变化中并不总是显而易见的。指标还可能包括思想、信念僵化程度降低，以及对使用其他价值体系的其他对象的排斥降低。

75. 在矫正服务方面，干预措施通常从风险管理和改造的角度考虑，这同样适用于旨在防止暴力极端主义的行为。干预改变有问题或有害的关系、行为和思维方式应通常嵌入在日常的矫正实践中。因此，所谓的去极端化和脱离干预措施完全符合典型的矫正政策和做法。虽然干预措施通常以这种方式划分，但有些可能会同时采用这两种方法，从业人员应该意识到这些方法不是相互排斥的。例如，对于某些人来说，与极端主义团体、事业或意识形态的关系的变化也可能导致激发他们犯罪或为犯罪辩护的态度或思维方式的变化(去极端化)。对于另一些人,他们的态度或思维方式的改变可能有助于改变其与极端主义团体,事业或意识形态的关系(脱离)。

76. 我们对脱离和去极端化的过程如何相互作用并有助于停止的知识和理解不断增长。这在实践中意味着,矫正工作者应该(通过评估)识别他们认为对每个罪犯最重要的具体变化。干预措施可能需要兼顾脱离和去极端化方法,以促进脱离和管理个人风险。例如,被认定为属于极端组织、事业或意识形态的罪犯,可能需要将项目的重点放在他们与该组织、事业或意识形态的关系上。然而,当脱离被认为不可行或不太可能时,可能需要强调挑战和改变其极端主义的态度和支持犯罪的思维方式,并降低他们犯罪的能力。

(六)一般干预和活动

77. 在切实可行的情况下,应提供有意义的教育、就业、体育、宗教和文化活动,以培养抵御卷入极端主义的能力,并鼓励和支持脱离暴力极端主义。应确定和仔细考虑这些活动的具体重点和好处以及它们打算带来的变化。了解这些方法可能发挥的作用和它们可能促进的变化,对于认识它们对个体罪犯的相关性和价值至关重要。例如,教育可以帮助拓宽视野,培养批判性思维和开放心态,并使个人能够在生活中寻找新的选择。就业可能有助于建立新的关系,建立自我价值和目标,并提供希望。体育运动可以提供刺激和乐趣,提供机会发展团队合作技能、纪律和领导能力,以及个人能动性。文化活动有助于培养自我反省、满足感和归属感。

78. 不应假定所有这些活动对于每个人在特定刑期点都将产生有益的或积极的影响。例如,某些人可能曾经利用诸如足球之类的运动来主动地识别和招募个人,并可能试图再次这样做;个人可能寻求利用特定学科的教育来提高他们向他人灌输思想的能力,而其他人可能寻求利用特定工作活动来提高他们实施特定极端主义罪行的能力。当活动能够满足个人可能靠寻求极端主义才能满足的相同需求时,例如,归属感、兴奋感、重要性、意义等,可能是最有益的。在有针对性的项目期间或之后开展这些活动,这些活动可能会特别有益,因为这些活动可以帮助激励罪犯参与,部分是通过帮助他们了解为什么参与对他们的生活很重要。例如,认识和理解如何参与新的社会团体可以减少对极端主义团体的归属感和目的感等。

79. 所有工作人员都应该意识到,他们与罪犯的日常互动,以及告知这些互动的政策、程序和原则,都是关键的干预机会。每天的对话和行动都可能有助于我们达到特定的专业项目或其他活动等同样的目标。例如,帮助罪犯找到对其生活有意义的工作,表达对罪犯福利的同情或关心,即使他们可能把员工视为"敌人",花时间倾听因参与极端主义而感到困扰的罪犯,或者只是让罪犯质疑生活是否可以如此简单地用非黑即白的方式来看待。新的证据表明,小的行动可能有强大的影响,这往往开始促使罪犯脱离或重新思考对其他群体的有害态度和看法。工作人员和罪犯之间每天进行支持性的人际互动,如相互尊重的沟通和为罪犯树立积极的榜样,可能在促进建设性变革和培养抵御被卷入暴力极端主义的能力方面发挥关键作用。

80. 在可能的情况下,服务机构应寻求将专业知识和学习(通常用于有针对性的项目)纳入培训,以便为一般干预和活动提供信息。例如,对专门为极端主义罪犯提供干预措施的实践者进行教育,让他们了解如何树立可能对抗与极端主义有关的态度和行为的榜样,例如,心胸开阔、质疑、反思和以深思熟虑和非定型的方式看待他人。与同事分享这些知识和经验,让他们也可以在日常工作生活中使用这些知识和经验,这可能有助于增强罪犯的总体应变能力,使他们免于对极端主义产生兴趣或参与极端主义。同样,学习和了解一般活动和干预措施中的有效做法也应为专家、有针对性的计划提供信息。

(七)干预原则

81. 目前缺乏强有力的研究结果来确定哪种干预——比如所谓的脱离干预或去极端化干预——在防止极端主义犯罪方面是最有效的。也没有证据表明哪种干预方式对谁、在什么时候和在什么情况下最有效和最适当。因此,所有工作人员在假定某些干预措施在特定情况下对特定个人有效时都必须谨慎。还有很多东西要学。但是,关于"良好做法"原则的知识不断发展,在实施干预措施时应考虑这些知识。其中对其他形式犯罪进行有效干预的一般性循证原则似乎对防止暴力极端主义的干预也很重要。例如,直接解决导致极端主义犯罪的因素和环境的干预措施,其强度和持续时间适当,对个体差异做出反应,并得到组织支持,也可能对极端化罪犯有效。它还认识到在各种角色中的个人可能有助于干预尝试的潜在重要性。例如,心理学家、缓刑官、宗教专家、咨询师、家庭成员和同伴。对于脱离的干预措施,不断发展的知识表明,这些措施应针对与身份相关的问题,这些问题可能有助于:(1)参与极端主义(包括灌输思想和情绪,例如威胁和不满);(2)支持极端主义犯罪的心态;(3)可以支持脱离和中止。对于去极端化的干预措施,不断发展的知识表明,这些措施应解决其他群体的思维方式、信念和看法,这些思维方式、信念和看法使个人准备支持或实施暴力极端主义罪行。比如"我们和他们"的思想、对他人的妖魔化和非人化以及缺乏恻隐心和同理心。

82. 关于干预原则,干预类型以及具体专业人员在此过程中的贡献的进一步具体指导,可参见推荐阅读部分。

(八)量身定制干预措施

83. 干预措施需要对具体的个人需求和情况做出反应。这是为了鼓励他们参与和优化他们的学习以及干预措施对个人变化的潜在影响。干预措施应该针对一些具体的问题,其中包括:(1)个人目前的参与或脱离程度;(2)促使他们产生兴趣和参与的动机和环境,即他们是出于机会主义的原因参与,还是出于更有个人意义的原因;(3)他们的宗教和文化背景(在适当的情况下);(4)同伴和群体的影响。虽然最近的文献强调了那些实施极端主义罪行的人的"正常"性,但有新的证据表明,对某些人来说,心理健康状况可能对他们的参与、犯罪以及他们对干预的反应中发挥了作用。干预措施应根据其评估的风险和需求(包括干预什么,何时,如何以及由谁进行干预)来针对个别情况进行调整。

(九)干预和宗教

84. 综观历史,暴力极端主义在世界各地都有发生,代表着许多不同的团体、事业和意识形态。在可能的情况下,矫正机构应制定和实施能够处理与其管辖范围有关的任何形式的暴力极端主义的政策、程序、干预措施和做法。然而,在这一特殊时刻,某些特定群体、事业和意识形态对欧洲和全球各国的安全构成了如此严重的威胁,需要特别注意和采取行动。这包括这些群体在监狱和缓刑环境中的直接或间接影响。所谓的"伊斯兰国"、基地组织和同盟组织被认为构成了这种威胁。解决和纠正对伊斯兰经文、争论和价值观的错误解释和错误认识的方法被认为是许多国际去极端化计划的重要组成部分。同样地,课程也用来确保罪犯接受适当的宗教教育(不受曲解或误解),以便使他们在未来抵制这种极端主义。

85. 尽管有人谨慎地提出了一些措施,但几乎没有经验证据表明,在神学的指导下进行的去极端化干预是有效的。这些特点包括采取综合办法提供干预措施,处理与有效脱离和重新融入有关的心理、社会(包括家庭)和实际问题;课程导师受过良好教育,见多识广,可信,有能力,明智和富有同情心,有信心反驳提倡暴力的信仰;干预应挑战支持暴力的思维方式,包括"我们和他们"的心态,对话应有意义、有重点、有针对性,并在足够长的时间内涵盖关键主题。

86. 实践者应该意识到,宗教习俗和宗教认同被发现有助于促进许多罪犯的改造和支持停止犯罪。此外,发展和表达宗教认同的机会在发展和保持积极的自我意识和成功地驾驭生活(包括应对监禁和接受犯罪行为)方面可能特别有价值。应相当谨慎和敏感地确保宗教实践、虔诚和承诺本身不等同于对暴力极端主义的兴趣或参与。在日常交往中尊重、关心和支持宗教认同也可能在促进改造和培养抵御暴力极端主义的能力方面发挥重要作用。同样,工作人员应该有信心质疑和挑战不适当、可能有害或违反监狱规则和政策的行为,即使罪犯认为他们这样做是出于他们的宗教信仰。不论性别、种族、宗教、阶层等身份有何不同,都应赋予员工与所有罪犯积极互动的权利。这种互动在防止工作人员和罪犯之间出现明显的"我们和他们"严重分歧,以及由此产生的问题态度和行为方面可以发挥重要作用。应公开、及时和妥善解决有关一些罪犯对女职工的态度,性别平等以及社会的法律和价值观的问题。

(十)干预形式和实施

87. 实践者应仔细考虑如何最有效地进行干预。当前,几乎没有经验证据表明应以一对一或小组的方式实施目标计划。在一对一的环境下实施有针对性的项目可能比在群体环境中实施更合适,这有很多原因,例如,减少群体动力在防止脱离方面的潜在负面影响(包括同伴压力和恐吓);寻求将个人与其个人身份重新联系起来(并减少他们的群体身份的影响),增加他们公开自己参与或行动的信心。然而,也有一些原因可以解释为什么基于群体的干预可能更有益,例如,其他群体参与者在挑战彼此有害的观点和信念方面可能比辅导员更有效;同伴支持有助于促进个人改变,群体参与者可以模仿亲社会的思维和行为。实践者和管理者需要仔细考虑与潜在参与者和项目预期结果相关的实施方式的潜在优缺点。

88. 由谁提供干预措施将取决于干预的性质、目的和预期的结果以及罪犯的情况，包括他们所处的位置。专门的、有针对性的项目更有可能需要那些具有专业知识、技能或经验（包括信誉）的人，例如，心理学家、缓刑官、宗教学者或前暴力极端主义者。这些知识的输入也可能协助员工进行更广泛的干预活动，包括与罪犯的日常互动。应特别注意确保对参与干预的人们进行适当的审查和支持，以保持抵御腐败、自我极端化和极端犯罪者威吓的能力。这可能包括定期举行监督或支持性会议，以监测弹性问题。

89. 在可能的情况下，对个人进行干预的人员也不应该对他们进行风险评估。这有助于最大限度减少角色冲突，优化干预措施的信任和进度。但是，应当向干预者提供支持和监督，并对其行动和决定负责，明确报告干预进展和问题，以帮助为风险评估和其他决策提供信息。在不影响安全和预防犯罪的范围内，应尊重干预过程中的机密性。

90. 公认的是，关于针对群体而不是个人的有效干预措施的知识和证据有限。这可能包括那些设法使各团体集体采取步骤减少其使用暴力实现其政治目标的承诺的组织。这些方法可能比专注于个人的干预具有特殊的价值和更重要的结果。然而，这种干预措施只能在特别谨慎和小心的情况下进行，并以现有的所有相应的研究、经验和现有知识为依据。

二、缓刑监督

91. 在其他被广泛接受的主要缓刑目标中，公众保护、减少风险以及促进停止被认为对暴力极端主义罪犯和对其他类型的罪犯同样重要。缓刑工作人员应充分利用多机构合作安排来管理风险，有效处理许可证的违规行为（包括适当地利用召回权进行羁押），并努力确保出勤率并遵守许可限制。众所周知，严格的许可条件可能会损害其他预期目标，例如，鼓励就业和恢复家庭关系。为了管理风险，缓刑工作人员应与缓刑人员建立建设性关系，并鼓励缓刑人员参与监督过程。关于监督会议的重点,有希望的做法表明,鼓励缓刑犯开放思想,发展他们的批判性思维(关于他们如何解读信息和形成世界观);发展一个更加平衡的身份认同(不仅仅认同极端主义团体,事业或意识形态);拒绝使用暴力来解决不满,并否认或尽量减少他们的罪行,这些都有助于有效的风险和案件管理。管理见习者的环境以达到同样的目标,帮助见习者发展积极的社会网络并脱离反社会网络;(在适当时)加强/修复家庭关系,并以培训、就业和教育支持家庭关系,这些都被认为是有益的办法。拒绝暴力行为的合法性,并解决抵制/最小化其罪行的行为,都可能有助于有效地进行风险管理和案件管理。管理缓刑人员的环境以达到同样的目标,协助缓刑人发展积极的社交网络和脱离反社会网络;加强/修复家庭关系(在适当情况下)并通过培训、就业和教育支持他们,都被认为是有益的办法。

三、暴力极端主义罪犯的综合管理

信息分享

信息共享安排

92.在适当考虑现有数据保护法的情况下,应使用现有的信息共享协议来促进机构和组织(包括执法机构)之间的信息或情报交换。如果认为这些不足以防止极端罪行和反恐的特定目的,则应制定新的协定。

信息管理

93.应以安全、有管理的方式分享信息和情报,并定期向警方和有关伙伴机构提交适当的情报。情报应在案件档案中妥善储存、共享和管理。信息共享安排可能要求将某些机密信息进行充分的抽象(净化),以减少其分类或解密。然后可以与其他收件人共享信息,而不影响数据敏感性。对于在评估、干预或其他相关活动中选择披露的所有罪犯信息,应明确规定其保密限制。

信息接收

94. 信息应该根据国家法律和国际人权标准与相关伙伴机构和组织共享,以便服务于风险、量刑和释放规划的决策和行动。对来自不同来源、背景和方法的信息和情报进行三角划分,对于建立全面和准确的画像以充分为决策提供信息至关重要。这可能包括与私营或非牟利机构的非法定机构分享资料(包括在适当情况下的机密资料),这些机构可能在持续管理罪犯方面扮演重要角色。这包括已被定罪的极端主义罪犯的信息、那些没有被定罪的极端主义罪犯,但根据证据被一个或多个合作伙伴认为是极端分子的信息。应定期举行会议、简报和通报,以确保有效的信息交流。为了建立信任,关于机密性的明确规则以及过程中所有伙伴的明确定义的角色是必不可少的。

95. 恐怖主义和暴力极端主义的威胁和后果不仅限于一个国家或民族,而是国际性和全球性的。因此,所有成员国都应寻求加强彼此在信息和情报共享方面的合作与协调。在情报分享方面具有具体作用和责任的监狱和缓刑服务工作人员应设法加强安排,以便在罪犯被转移到其他国家时分享情报。

情报使用

96. 信息和情报应敏感、适当和相称地用于其预期目的。通常,尽管为决策提供依据,但在过程(如专业评估)中不能(轻易)使用情报。当无法正式共享的信息通过更非正式的方式(即口头)共享时,这通常会导致系统中的歧义。应建立有关如何将情报用于不同目的的准则,以最大程度地减少歧义并增强对其适当性的信心。这可能需要具有不同但互补作用的工作人员之间的密切合作。

沟通问题

97.所有监狱和缓刑工作人员都应该知道如何就与极端主义有关的问题传达关于特定罪犯的信息、情报或个人关切。他们应该知道通过明确的渠道(例如,推荐系统,信息/情报报告系统和员工会议)将信息传递到哪里、如何和由谁传递。服务部门可以选择专门的系统,或者有明确的策略,说明如何通过现有系统实现。在可能的情况下,应开发和维护"实时"系统,以监测被视为"值得关注"的个人,即那些对极端主义和极端主义活动感兴趣或参与的人。

分享信息以教育其他利益相关者

98.重要的是要认识到,可能会有其他利益相关者从信息共享中受益。例如,在还押和审判期间,重要的是要分享信息,以便让公诉方知情,让法官了解极端化过程、极端主义和风险。这也是重要的,因为要决定是否和在何处拘留,是否使用其他替代制裁和措施,以及在执行制裁和措施时应涉及什么服务。

信息和情报收集

99.各部门应利用一切可用的法律手段和情报资源,获取有关暴力极端主义活动和罪犯的信息。这包括恐怖行动计划、有关暴力极端主义罪犯的信息以及其他活动和计划;包括收集和评估从罪犯通信中获得的信息,分析在监狱或社区中观察到的行为,以及在有关工作人员和机构之间分享信息。信息可以从预审、审判证据、审判后、监狱中的行为、态度和行动以及释放前方案中获得。这些信息对于决策过程和随后采取的管理行动(如风险筛选、风险评估、干预、监督和监视活动)至关重要。

四、多机构合作与安排

100.防止暴力极端主义犯罪、管理暴力极端主义罪犯并使他们成功融入社会的责任不仅仅是矫正机构或法定服务机构的责任,而是各种机构和组织的责任。其中可能包括私人和慈善组织、警察、情报机构、住房协会、职业介绍所、社会工作者、地方当局/市政当局、宗教代表等,因为防止暴力极端主义是许多机构和组织的优先事项,多机构合作是解决这一问题至关重要。各机构应该有责任明确它们需要从其他机构获取哪些信息才能成功地完成其工作。

101. 有效干预需要保存综合的案例档案,以便评估进展情况,确保矫治的连续性,并在必要时提供监督。查阅和使用这些档案将有助于不同机构之间的交流与合作。

(一)多机构安排的结构

102. 在可能的情况下,管理极端主义罪犯或极端化分子的多机构安排,应采用现有的、有效的管理其他类型的罪犯(例如,性罪犯或与有组织犯罪或帮派有关的罪犯)的多机构安排。这可能比建立一个对极端化问题不太熟悉的新机构更有效、更经济、更谨慎。多机构合作没有“一刀切”的模式,所选择的结构需要符合当地情况。

(二)目标

103. 所有合作伙伴都应清楚了解多机构小组的共同目标,并承担各自的特定角色和责任。监狱和缓刑服务处尤其需要相互合作,以及与其他组织和机构的合作。

(三)重点

104. 多机构安排应侧重于安全和改造问题。这些问题是相辅相成的,而不是相互冲突的。在促进或保持脱离和停战的机会必须同时考虑平衡安全。尽管在某些情况下机会可能受到限制,但是工作人员可能需要创造性地考虑如何利用现有机会或创造新机会。如果没有给予个人建立新的亲社会关系、利益或职业的自由,那么他们与极端主义团体,事业或意识形态的接触或认同将不会改变或减少。确实,对自由的严格限制可能会加剧不满和“我们与他们”的观念,并增强其极端主义的身份。

105. 当罪犯在社区服刑时,缓刑人员(或同等职位)很可能是负责协调和确保机会和实际安排的主要官员。极端主义罪犯的具体情况可能会妨碍他们获得基本的生活安排,例如,获得银行账户或住房。战略和高级层面的支持可能是必要的,以支持缓刑官(或同等职位)寻求商谈可行的安排,消除组织的疑虑,并让他们有信心为这个罪犯群体提供机会。

(四)共享的语言和方法

106. 监狱和缓刑服务机构,以及在可能的情况下的其他机构和组织,应寻求使用相同的定义、语言、知识和理解以及工具(评估、干预)来解决这些问题。这可以实现许多好处,包括监狱和社区之间干预方法的连续性、联合评估和干预、各机构和组织之间更好的沟通和理解、改进信息共享以及一致和合理的决策。

(五)多机构合作

107. 信任是有效的多机构合作关键的组成部分,包括克服与信息共享有关的障碍。简单的实际措施可能有助于促进个人、机构和组织之间的信任和合作。这些措施包括让来自不同机构和组织的工作人员聚集在一起(例如,警察局的缓刑官员),确保根据国家法律和国际人权标准相互交流信息(为了互利),明确说明其他各方如何协助对方实现其目标共同的目标,并在需要时积极互相帮助。应在不同的权力级别建立多机构合作。问责制非常重要,因为不同的合作伙伴可能不会以相同的方式运作。

五、对特定群体的考虑

（一）青少年

108. 联合国的《保护被剥夺自由的少年规则》和欧洲委员会的《关于受制裁和惩罚的少年犯规则》等一些规则，规定了在刑事司法环境中应如何考虑青少年的地位和需要。本指南中的大多数要点也适用于年轻人。人们认识到，青少年往往仍处于发展个性和身份的过程中，他们有特殊的需求、弱点或情况，在涉及与极端主义有关的问题上需要加以认真考虑。例如，某些因素可能使一些年轻人特别容易受到灌输和极端化的影响，比如他们的成熟程度、想要“融入”他们的同龄人和归属感的倾向、反对权威的愿望，以及探索和试验不同的角色和身份的愿望。此外，年轻人可能更倾向于参与极端主义团体，因为它们向其提供其他形式的支持，如保护和资金，而且年轻人的行为可能特别受到在线活动和社交媒体的影响。这种情况和问题可能适用于成年人，但可能特别适用于年轻人。

109. 在量刑建议、少年犯的安置、干预措施和风险评估方面，可能需要更仔细地考虑这些问题。例如，应特别考虑他们的安置以及与其他成年罪犯的联系——特别是与已知的暴力极端主义罪犯的联系；干预措施可能需要特别敏感地考虑到他们对极端主义是一个“发展阶段”的兴趣，注意不要给年轻人贴上暴力极端主义罪犯的标签或强化他们的极端主义罪犯身份，风险评估可能需要考虑年轻人的具体特征和情况，以了解他们过去和未来的行为。年轻人也可能是初犯或外国恐怖分子战斗人员，本节为他们提供了具体指导。

（二）女性罪犯

110. 关于女性极端主义罪犯或极端化罪犯的知识正在增加，尽管与其他在矫正场所的女性罪犯相比,有关如何管理她们的具体知识仍然有限。虽然有些女性参与极端主义活动(例如,姐妹情谊和宗教自由的呼吁)可能有着不同的理由和动机,但许多女性参与极端主义活动的理由和动机同男性一样。与男性一样,她们参与和犯罪的动机以及她们在极端团体中可能承担的角色都是复杂多样的,没有单一的特征。工作人员应认识到并重视女性犯罪者可能助长暴力极端主义的积极参与和媒介作用。与其他女性罪犯一样,干预方法应适当地满足她们的特殊需求、观点和优先事项。例如,用女性工作人员或男女工作人员在一起可能有助于在干预尝试中建立融洽关系与合作。寻求家庭、社区的援助、改善与子女的关系及其社会技能,以及利用导师也可能对帮助女性罪犯脱离和去极端化非常有益。还应认识到,女性在打击暴力极端主义方面可以发挥独特和关键的作用,不仅可以作为母亲、姐妹和朋友发挥作用,还可以通过影响整个矫正机构的政策、进程和做法中发挥作用。最后,应当认识到,许多女性罪犯同时也是青年人、初犯或外国恐怖主义战斗人员。

(三)初犯

111.许多被判犯有极端主义罪行的人可能没有前科或重大犯罪史。对于这一群体,在某些特定的情况下,缓刑工作人员可能需要对最合适的量刑建议保持额外的警惕。如果这些人与极端主义团体或事业有轻微的牵连,他们的罪行被认为不那么严重,或者他们对自己的参与表示失望(即他们已经脱离),在法律可能的情况下,建议社区刑可能更合适。

112.一些初犯也可能是所谓的“外国恐怖主义战斗人员”,即出国到其居住国或国籍以外的国家从事、进行、策划、准备、执行或以其他方式支持恐怖主义活动或提供或接受培训的个人。特别令人关切的是,这些人(其中许多是年轻人)在返回其母国或过境国时更有可能进行恐怖主义活动。应采取充分措施,警惕和查明进入监狱或缓刑的外国恐怖主义战斗人员。这些人可能不会被定罪或以前曾被怀疑参与这些活动。会员国之间有效的信息共享和借鉴其他机构(如国际刑警组织)的信息可能有助于这种身份识别,特别是当国家之间驱逐个人时。与任何初犯一样,对这一群体进行风险评估是至关重要的,以确定对每个人所构成的风险/威胁做出适当和相称的反应,避免进一步极端化、再次极端化或强化极端主义身份。在这一过程中,了解个人参与、保持参与和返回本国的动机、原因和环境是至关重要的。风险管理和重返社会项目需要对这些特殊情况做出反应,包括在适当情况下通过参与和创伤来应对幻想破灭。工作人员需要警惕虚假陈述(例如幻灭)被用来欺骗当局,不去关注那些可能会造成持续威胁的人。还可能需要特别考虑到个人可能在国外学到的知识、培训和技能,这些知识、培训和技能可以加强他们支持或从事暴力极端主义的能力(包括使用尖端武器、技术和反监视技术)。服务部门还需要建设能力,以应对未来几年可能返回的外国恐怖主义武装分子的数量。

☞ **关键点:**

· 针对暴力极端主义罪犯的有针对性的干预应适应某一监狱或区域的具体情况,并应以管理罪犯的一般办法所寻求的专门知识和成果为基础。

· 改造机会应与安全安排相辅相成,使个人能够以亲社会、合理和合法的方式满足其需要,并脱离暴力极端主义。

· 应根据个别评估的风险和需求提供有针对性的干预措施,并有明确、合理的目标和结果。

· 问责制、监测和记录进展是实施干预措施的关键部分。

· 干预措施应基于对当前有效干预的最佳做法和原则不断发展的知识和理解。

· 干预措施应侧重于影响个人与某一原因、意识形态或极端组织的关系/认同的性质的变化,以及挑战可能为暴力辩护的信仰和看法。

· 公共保护和降低风险/促进停止犯罪的主要目标应指导缓刑官员的工作,监督社区中获得许可的暴力极端主义罪犯。

· 应采取各种措施促进信息和情报的交换,包括正式协议、合作伙伴之间的定期会议、监测关注的个人的“实时”系统和工作人员沟通关注事项的明确程序。

· 多机构安排应尽可能利用现有安排,有明确的共同目标、责任和角色,并尽可能有共享的相似的语言、知识和工具。

· 多机构安排应注重安全和改造努力,并提供有助于改变个人兴趣和参与极端主义的机会。

· 在可能的情况下,机构和组织应该分享理解,使用相同的语言、概念和工具来管理极端主义罪犯和防止暴力极端主义。

· 要特别重视对青少年、女性罪犯、初犯等特定群体的管理。

第五章 监狱和缓刑机构中暴力极端罪犯的安全保障管理

一、概述

113. 在安全措施与改造之间取得平衡的挑战并不是暴力极端主义罪犯所特有的,但与这类罪犯有关的一些特点和风险确实值得单独考虑。本手册中的安全保障定义为在物理环境中以及与他人接触时采取的措施,以确保将暴力极端主义罪犯可能造成的以下风险降至最低:

· 伤害自己、其他罪犯、工作人员或外部访客的风险(涉及大多数罪犯的一般风险);

· 逃逸风险(涉及大多数罪犯的一般风险);

· 在监狱内/监狱外招募他人的风险(暴力极端主义罪犯和帮派/有组织犯罪罪犯的特别风险);

· 继续策划与监狱内外团体进行攻击的风险(暴力极端主义罪犯和帮派/有组织犯罪罪犯的特别风险)。

114. 众所周知,旨在改造暴力极端主义罪犯的干预措施也将有助于最大限度地减少安全和安保风险。这一点在前一章中已作了广泛讨论。必须强调的是,应在这些干预措施中制定保护从业人员和参与者安全和福利的程序。例如,安全和福利应成为日常讨论的话题,应询问罪犯是否受到威胁,并在注意到时采取措施改善他们的安全。在适当情况下,当罪犯被认为受到威胁时,应向他们提供保护。

二、动态安全

115. 许多监狱已经采用了动态安全的方法。关于极端化和暴力极端主义,欧洲委员会关于监狱和缓刑服务的指南提供了这个术语的定义。动态安全是一种概念和工作方法,工作人员根据职业道德,优先建立和维持与囚犯的日常交流和互动。它的目的是更好地了解囚犯,评估他们可能造成的危险,并确保安全、稳定和良好秩序,促进罪犯改造和释放准备工作。这一概念应从更广泛的安全概念来理解,其中也包括结构性组织和静态安全(墙壁、栅栏、锁、照明和必要时用来约束罪犯的设备)。

116. 除了结构性组织和静态安全外,动态安全还基于:

· 工作人员和罪犯之间的积极关系、沟通和互动;

· 专业精神;

· 收集相关信息;

· 洞察和改善刑事机构的社会风气;

· 坚定和公平;

· 了解罪犯的个人情况；

· 所有员工之间的沟通、积极关系和信息交流。

117. 联合国毒品和犯罪问题办公室 2015 应发的《动态安全和监狱情报手册》(*Handbook on Dynamic Security and Prison Intelligence*)对动态安全背后的原则及其使用作了广泛解释。

118. 对于暴力极端主义罪犯,有效的动态安全可能更为重要。在思想和意识形态的驱使下,暴力极端主义罪犯可能对工作人员的对待特别敏感(确认或与他们的世界观相冲突)。另外,一些暴力极端主义罪犯受过高等教育,可能会实施操纵。这些技术娴熟的罪犯可能会诱使工作人员进入极端主义的思维定势。了解并意识到极端化和招募的潜在风险对于避免不当的罪犯—员工关系以及员工腐败和极端化非常重要。

三、人权和舆论

119. 关于设计与暴力极端主义罪犯有关的安全和保障措施,重要的是这些措施应以法治和尊重人权和基本自由为基础。法治和人权是民主世界观和制度的基石。这种世界观受到暴力极端主义罪犯的挑战,他们最终想用自己的体系和规则取而代之。极端主义团体将试图通过揭露民主价值观(法治和人权)遭到侵犯的情况来攻击民主价值观。这种曝光的目的是使民主社会的基础失去合法性。因此,在各个层面上保护这些价值观是很重要的。

120. 公共机构和人权组织将监测安全措施。应有效和迅速地处理任何酷刑和不人道或有辱人格的待遇或处罚的迹象。工作人员和罪犯应明白,这种行为是被禁止的,并将无一例外地受到惩罚。工作人员应尊重所有人权,特别是囚犯和缓刑犯的言论自由和宗教自由。工作人员还应意识到必须尊重文化和宗教传统。

121. 在为暴力极端主义罪犯采取安全措施方面，公众舆论和看法发挥着重要作用。从本质上讲，恐怖袭击的目标是随机的一群公民，使每个人都可能成为受害者。此外，其目的通常是随机杀害公民。与其他类型的罪犯相比，这种恐惧使公众更害怕暴力极端主义罪犯。对暴力极端主义罪犯的量刑和安全措施往往是公众关注和审视的焦点。

四、监狱安全与保障

122. 当罪犯被还押候审，或被判犯有恐怖主义或与恐怖主义有关的罪行，并被判处监禁，或在监狱中被观察到表现出极端主义行为时，安全措施的实施将取决于现行制度。刑事司法和监狱当局可以通过多种方式为暴力极端主义罪犯制定和实施一套具体的安全措施。下面将对此进行说明。

五、制定打击暴力极端主义罪犯的一揽子具体战略和政策

123. 政府和刑事司法机构在法律和政策上为暴力极端主义罪犯的监狱设计/待遇提供指导是很重要的。这将需要明确的定义和指导方针，以"确定"谁是暴力极端主义罪犯，并表明个人参与暴力极端主义的程度。这可能不限于那些被判犯有恐怖主义相关罪行的人。指定的战略和政策将构成实施安全措施的基础。这些措施应符合《欧洲监狱规则》第 53 条的规定，其中规定了特别高度安全措施的使用。此外，如《欧洲监狱规则》第 70 条所述，任何受到这种措施的囚犯都有权向独立当局申诉和上诉。许多欧洲国家已经有了这样的政策。根据极端主义和恐怖主义性质的变化，建议定期评估和更新这些政策。

六、在专门的监狱和特别的监区隔离暴力极端主义罪犯

124. 第二步(根据政策措施和现有的国家做法)是由当局选择专门关押暴力极端主义罪犯的监狱。这将取决于一些相关因素。这些因素可能包括监狱的地点、个人是否需要最高安全的设施或某种其他级别的监狱安全、在某一监狱设施是否有所需的干预措施,以及是否有监狱场所。隔离或安置在高度安全监狱的罪犯,只应考虑对那些具有策划、协助或实施暴力极端主义行为的特殊和持续风险的罪犯,或有可能招募其他罪犯或工作人员实施此类行为的罪犯。隔离不指任何形式的单独监禁。根据人权法、监狱规则和有据可查的心理、情绪和身体负面影响,单独监禁不应成为安置暴力极端主义罪犯的一种选择。将暴力极端主义罪犯隔离在特定监狱或监区的目的是监测他们行为和态度的变化,并实施有针对性的干预措施,使他们能够返回一般监狱社区。这种回到一般监狱社区的做法将有助于他们在刑满后适应未来的释放。还可以利用许多监狱地点,尽可能分散关押暴力极端主义罪犯。

125. 在监狱内,应决定是否将暴力极端主义罪犯作为正常人口和体系的一部分,还是将他们安置在监狱内的一个单独的单元或监区。这涉及罪犯将被关押在什么地方,以及他们能在多大程度上与不在这个单元或监区的其他罪犯接触。目前关于这个话题有很多争论,没有长期的证据表明一种方法比另一种方法更有效。为了提供决策指导,极端化意识网络监狱和缓刑工作组开发了以下有益的考虑概述:

制度选择	潜在优势	潜在劣势
(A)分散： 被怀疑或被判有暴力极端主义行为的人被安置于其他罪犯中，并被置于同一制度之下。这并不是说把罪犯关在普通单元；每个暴力极端主义罪犯的安置都是基于风险评估	·暴力极端主义罪犯不太可能因为他们的信仰而认为自己被边缘化。在某种程度上，他们将被当作其他罪犯对待。 ·暴力极端主义罪犯可能会受到积极的影响，因为他们周围的罪犯群体具有不同的心态	·由非专业人员而不是专家处理。 ·有可能使其他罪犯变得极端化。 ·罪犯及其环境需要密切监视，以确定任何负面影响。 ·暴力极端主义罪犯混入犯罪网络的风险。 ·监狱工作人员受到极端化或恐吓的风险
(B)隔离/安置在一起： 涉嫌或被判有暴力极端主义罪行的人被安置在一个单独的监区	·一个监区内的所有罪犯在监区内的接触都可以被完全监控。 ·影响其他罪犯的机会有限。 ·暴力极端主义罪犯可以一起进行个人和集体的去极端化/脱离和其他干预工作。 ·监区的工作人员因为他们每天都与极端化罪犯打交道，能够成为专家；只有一小部分工作人员必须接受培训。 ·这种做法可能使公众确信正在采取切实有力的措施来保护社会	·监区可能促进进一步的极端化/极端主义行为。极端主义罪犯之间会形成新的纽带，这会增加他们离开监狱时的风险。 ·与他人缺乏联系可能会导致在释放后与他人交往时遇到困难。 ·对不公平的看法可能导致罪犯的进一步极端化，也可能导致监狱外支持者的极端化。 ·这类设施价格昂贵，需要一些免费设施来应对紧急情况。 ·罪犯们可能会因为在一个单独的监区中而感到耻辱，但其他人认为这是一个被提升的地位或信誉的极端主义者的标志。因此，这可能导致该集团内部更大的凝聚力。 ·去极端化/脱离干预可能会因为负面情绪和对工作人员的不信任而受到阻碍。 ·这种做法有可能建立一个具有巨大象征性力量的团体
(C)混合： 根据风险评估，决定是否将涉嫌或被判犯有暴力极端主义行为的人置于单独的管理制度或普通管理制度	·量身定做的方法，适合暴力极端主义罪犯的风险和需要。 ·经过筛选和评估，被羁押者可被置于最适当的制度	·这两种制度都必须可用。 ·需要强有力的评估工具。 ·需要投资培训更多的工作人员

126. 应当强调的是,需要有明确的标准,根据这些标准,确定罪犯是否被安置在一个特别的监区内。如果评估显示风险降低,在安全方面也可以转移到较宽松的制度下安置。

七、安置工具和决策机制

127. 刑事司法和监狱当局应确定一种一致的方法,利用已开发的工具或程序来决定如何管理罪犯,包括应指定哪种安全制度和哪种干预措施最合适。重要的是要确定暴力极端主义行为是罪犯犯罪行为的首要因素,还是罪犯行为的其他方面更为重要。对于由于政治或公众压力而不是根据管理是否适当而作出将罪犯置于特定制度(或建议进行干预)的决定,服务机构必须谨慎。在这一群体中,实施公众看得见的干预措施的政治压力可能非常大。

128. 当暴力极端主义罪犯被视为一个有特定的安全制度和独特改造方案的单独群体时,被控或被判犯有与恐怖主义有关犯罪或被评定为暴力极端主义者(即使罪行与暴力极端主义无关)的个人将被置于该特定制度之下。重要的是要把每一个暴力极端主义罪犯视为独特的,需要有针对性地给予关注。暴力极端主义罪犯不应被视为一个同质群体。应考虑个体差异,包括动机因素、风险因素和需求。如果没有针对暴力极端主义罪犯的具体制度,罪犯的安置和制度将取决于定期风险评估和相关工具的结果。

八、监狱单元内的安全和安保措施

129. 除了选择是否为暴力极端主义罪犯建立一个实体上分开的监区/单元外,还可能为暴力极端主义罪犯建立一个具体的安全制度。与这一制度有关的,可以考虑以下几点:

衡量指标	对暴力极端主义罪犯的考虑
(1)与其他罪犯接触	与暴力极端主义罪犯相关的一个关键风险是,他们可能招募或被触发为意识形态事业使用暴力。因此,与其他罪犯接触的机会和可取性至关重要
(2)对来访者的限制和审查	·通过监狱外的网络继续进行极端主义活动的风险
(3)外出活动的机会/每天在牢房的小时数	·允许多少和什么样的活动
(4)活动小组规模	由于群体是暴力极端主义罪犯势力圈的重要组成部分,群体动因也可能存在安全风险,因此需要考虑暴力极端分子群体共同活动的规模和构成
(5)私密搜查	·这是一项只有在出于安全和安保原因,并符合国家立法和《欧洲监狱规则》第54条(包括只有医生才能进行私密搜查的规则)的严格必要的情况下才需要进行的措施
(6)记录通话和对话,阅读信件和电子邮件	·维持监狱外的“粉丝群” ·能够影响监狱内外的极端组织 ·策划攻击 ·这还将取决于国家规章制度
(7)互联网和其他通信工具的使用	·与上述考虑相同
(8)准许工作或其他活动	·有助于改造过程 ·无聊可能会引发消极行为
(9)获得宗教和精神关怀	·所有犯人都可以使用 ·可能对暴力极端主义罪犯产生积极影响 ·强烈的意识形态驱动的暴力极端主义罪犯可能不想与监狱牧师互动

续表

衡量指标	对暴力极端主义罪犯的考虑
(10)使用转移以避免团队发展	CPT不断警告定期转移囚犯可能造成的负面影响。[1]在一些国家,因与恐怖主义有关的罪行而被判刑的囚犯往往从一个监狱转移到另一个监狱。必须在个人基础上仔细评估这种转移的必要性,以防范这类罪犯造成的风险,例如在招募和组建团体方面
(11)参谋人员	工作人员可以向其报告安全和保障问题的人。专门从事极端化导致暴力的工作人员。这将建立工作人员的信心,可以帮助避免工作人员的压力和对罪犯的不当侮辱,并在早期发现严重的警告信号
(12)轮换工作人员	当专门与暴力极端主义罪犯或恐怖主义罪犯共事时,建议轮换工作人员。一段时间后,员工可能会产生"隧道视觉"或情绪负担。暂时在不同的单位工作有助于建立职业信心和抵御极端暴力罪犯的影响。这也将扩大有处理暴力极端主义罪犯经验的工作人员队伍

九、为暴力极端主义罪犯建立特别安全制度的先决条件

130. 与动态安全相一致,在为暴力极端主义罪犯建立具体的安全制度时,提供训练有素、知识渊博、有能力和有韧性的工作人员是最重要的先决条件。当这类罪犯集中在一个单独的单元或监区时,这一点尤为重要。在一个单独的部门,可能会出现新的组织动态,工作人员应做好准备:

· 检测可能发生干扰的早期预警信号;

· 防止和发现阴谋和集体阴谋;

[1] CPT/Inf/E(2002)第1版,2015年,第57段"转移麻烦囚犯是CPT感兴趣的另一种做法"。某些囚犯极难处理,有时有必要将此类囚犯转移到另一个机构。然而,囚犯不断地从一个机构转移到另一个机构,可能对他的心理和身体健康产生非常有害的影响。此外,处于这种地位的囚犯很难与其家人和律师保持适当的联系。在某些情况下,连续转移对囚犯的总体影响可能相当于不人道和有辱人格的待遇。说明:CPT是European Committee for the Prevention of Tortureand Inhuman or Degrading Treatment or Punishment的缩写。

· 防止和发现领导人和追随者之间的招募或进一步极端化的行为；

· 弥漫的紧张局势；

· 建立关系以获得罪犯的信任和鼓励改造工作；

· 示范亲社会行为和态度，挑战与极端主义有关的行为和态度；

· 能够发现罪犯的操纵努力，以影响工作人员及其思维方式。

十、缓刑期间的安全保障

131. 在一个开放的环境中，例如罪犯被施以缓刑或有条件释放时，对安全保障提出了不同的挑战。这是因为掌握罪犯在做什么或影响其活动的机会少得多。通常有一个制裁和支持系统，其目的是减少再次犯罪的风险。一般来说，与罪犯被监禁时相比，会有更多的组织参与其中。

132. 在许多国家，缓刑官通常是负责监督和支持罪犯重返社会进程的主要联络人。其他重要行动者包括警察、安全部门、地方当局、福利组织、宗教代表、家庭成员、志愿者、民间社会组织和当地社区。

133. 可以设置若干条件来限制暴力极端主义罪犯（包括已服刑的人）的活动或鼓励其参加特定的亲社会活动。在限制措施方面，可能有：

· 报告义务；

· 电子监控以记录罪犯的动向；

· 禁止离开该国（收回旅行证件）；

· 避免与某些人接触或前往某些地区的限制命令；

· 限制与媒体的接触；

· 在某些情况下，暴力极端主义罪犯（包括已服刑的人）不允许拥有银行账户或保险账户。

134. 在支持改造和重返社会的措施方面，备选办法可以是：

· 个别（一对一）干预，如心理支持和导师的使用；

· 小组干预,如支持小组,退出团体工作等;

· 在某些情况下,法院可能会下令参加这些活动,以作为监督的条件。在其他情况下,它将是自愿的。

135. 缓刑官员面临的某些挑战与监狱官员面临的挑战具有不同的性质。围绕缓刑期间的暴力极端主义罪犯建立的多机构框架通常包括更多合作伙伴组织。这些组织的不同利益和目标可能导致不必要和适得其反的行动。一个由不同的利益相关者协调案例的论坛可以促进合作。建议建立一个法定机构负责牵头协调这一过程。这种协调可以促进就案件、方法和干预措施的交流。

136. 由于缓刑官不会每天见到他们的当事人,因此可能难以评估缓刑犯与极端主义网络进行沟通的程度或与亲朋好友进行实际接触或在线联系的程度。欧洲的许多缓刑服务机构没有资源、途径或知识来追踪"暗网"上的在线联系、对话或活动。尽管多机构合作可能无法解决这一局限性,但它可能有助于更全面地介绍缓刑活动的状况。

137. 关于暴力极端主义罪犯,缓刑服务机构往往必须与相互了解和相互交流的团体和网络打交道。这些团体往往试图影响缓刑监督官或获得有关工作方法的宝贵信息。缓刑官与同一缓刑犯合作的其他机构工作人员之间的密切合作可以支持工作人员的适应能力。为暴力极端主义罪犯或那些被怀疑对暴力极端主义感兴趣并参与其中的人建立特定的缓刑小组是有帮助的。结对练习也有助于信息的联系。

138. 所有工作人员都应警惕暴力极端主义罪犯可能对工作人员及其家人构成的潜在危险。有许多罪犯使用勒索、威胁、恐吓、企图腐蚀、偏袒和暴力来影响工作人员为自己的目标服务的例子。这些组织可能会寻求招募有弱点的工作人员并使之变得极端化。所有服务机构都应该实施策略和流程,以减少此类操作的风险,并鼓励工作人员报告针对他们或其同事采取的任何行动。在缓刑人员中指派一名参谋工作人员,负责支持缓刑官并建立有效的举报制度,这是几个欧洲国家正在制定的一种做法。

139. 与当地社区和民间社会组织密切合作是保护缓刑罪犯安全的关键因素。下一章将提供如何与社区联系的信息。

☞ **关键点:**

· 采用动态安全措施是处理暴力极端主义罪犯的关键。

· 与其他暴力犯罪者相比,由于恐怖袭击对社会的总体威胁,与暴力极端主义罪犯有关的安全和保障措施可能受到更严格的公众审查。另外,也有更大的被污名化的风险,因此需要人权监督组织参与进来。

· 重要的是要为暴力极端主义罪犯制定国家安全和地方安全战略与框架,为以下方面提供指导:(1)定义暴力极端主义罪犯的标准;(2)将暴力极端主义罪犯安置在矫正环境中;(3)特定的安全和保障措施。

· 就集中或分散模型而言,最佳方案尚无共识。建议根据数量、文化传统、风险因素、一揽子干预措施的类型、可用资源等因素,考虑最适合的监狱政策。

· 当暴力极端主义罪犯被缓刑时,安全和保障问题提出了不同的挑战。需要结合限制条件和支持条件来管理再次犯罪的风险。多机构合作在此过程中至关重要,需要特别注意。

· 对被剥夺自由者的限制应是最低限度的要求,并应与对其施加的合法目标相称。(欧洲监狱规则,规则3)。

· 应支持脱离的机会,并平衡出于安全考虑而对活动的限制。

第六章　与朋友,家庭和社区的联系

一、社会性事件和环境的重要性

140. 在大多数情况下,暴力极端主义罪犯在服刑后都会重返社会。维持和发展与家庭、更广泛的社交网络以及罪犯社区的关系对支持重返社会很重要。此外,在暴力极端主义罪犯没有被监禁而是在社区服刑的情况下,由于多种原因,缓刑与家庭、社区成员之间的联系也很重要。

141. 对于管理人员和工作人员来说,在矫正或缓刑环境中处理与极端主义有关的问题时,了解更广泛的社会和当地社区的事件和情况的影响尤其重要。这类事件可能会对罪犯、工作人员和家属,以及他们如何相互回应和更广泛的社区反应产生重大影响。管理人员和工作人员可能需要注意的具体问题包括:

a. 其他人(律师、部长、检察官和公众)对其专业实践的进一步审查;

b. 组织风险水平可能与极端主义罪犯和极端主义的有效管理有关;

c. 当矫正工作人员所在的社会或社区遭受恐怖袭击可能引起强烈的负面情绪时,在程序、做法和决策中尽量减少成见和偏见的能力;

d. 政治决策者在指导这一领域的矫正政策和实践方面可能具有的额外影响(这可能与矫正部门希望采取的方法背道而驰);

e. 解决和预防极端主义的更广泛的政治和社会方法可能会影响个人和家庭对矫正环境中方法的反应。

142. 更广泛社会(社会、经济、政治等)中发生的事件的影响可能直接影响到个人是否以及如何回应寻求解决极端主义的干预措施。在与其他犯罪群体合作时,这不是一个典型的考虑因素。例如,外交和国家政策中被认为针对某一特定群体(种族、宗教或其他)的高调事件可能会加强个人对某一群体、事业或意识形态的承诺。这可能会增加个人对干预尝试的抵抗，或使这类工作的某些方面更成问题。同样，这类事件也可能创造机会或条件，使个人更容易接受或参与干预。在某些情况下，政治或社会本身的变化可能会促进个人行为的改变，从而鼓励脱离，并减少个人将来犯下极端主义罪行的可能性。

143. 罪犯所处环境的改变（如制度或安全措施）可能会在罪犯所在的社区引起反应。他们可能会因（感知到的）特殊待遇而感到耻辱，并据此采取行动，例如游行示威。反过来，社区的反应可能会助长监狱内的反应（如绝食抗议、破坏财产）。在围绕暴力极端主义罪犯的决策过程中，需要考虑可能在社区中产生的连锁反应。

二、与家人和同伴合作

144. 家庭、朋友和当地社区可以在参与者如何选择接近、参与和推进干预措施方面发挥独特作用。如果仔细选择，上述人员的参与可以在很多方面产生积极的影响，包括：

a. 阻止人们继续关注和参与暴力极端主义；

b. 提供有意义的机会鼓励脱离；

c. 提供替代的、亲社会的关系，并提供质疑支持极端主义的理由或看法的重要声音。这些个人和团体可以提供国家工作人员无法提供的信任、信誉、机会和激励措施。

145. 当国家工作人员、家人、朋友和社区团体共同努力实现这些目标时，预计更有可能促进、支持和维持脱离接触和停战。此外，从早期阶段和每个阶段都参与进来，将帮助家庭成员应对因亲人入狱的悲痛，给他们一个帮助和支持他们的机会。

146. 家庭成员、朋友和当地社区也可能通过支持参与极端主义团体、事业或意识形态并以其名义进行犯罪,对这一进程作出消极贡献。在这种情况下,他们可能不鼓励参与,尤其是干预或破坏进程(例如,通过威胁排斥或切断联系)。他们可能会继续鼓励和加强其他极端主义罪犯的参与和关系,并重申支持极端主义的观点。因此,应仔细考虑罪犯在监禁期间和在社区内可以接触哪些人。这可能对人权构成重大而复杂的挑战,特别是如果其他直接家庭成员也支持或参与极端主义团体、事业或意识形态。政府政策也可能决定某些团体是否应该与极端主义罪犯接触。

147. 为了确定家人、朋友和/或当地社区成员能否在罪犯改造过程中提供帮助,在评估过程中收集有关罪犯的家庭和社会网络的资料是很重要的。罪犯的案件档案应包括有关家庭关系、情况和发展的资料,以及有关更广泛的社会网络和社区的资料。信息可能来自情报部门、警察、监狱工作人员、缓刑工作人员、心理学家和其他相关人员。在这种情况下,适用欧洲委员会《关于极端和暴力极端主义的监狱和缓刑服务指南》第5条。透过个案分析和行为观察,监狱工作人员、缓刑工作人员、心理学家及其他人员可了解罪犯与其家人、朋友或社区交往的情况。这些分析的深度将取决于每个特定国家在记录电话、阅读信件、监听对话和其他监控行动方面的规则和规定。

三、儿童和暴力极端主义罪犯

148. 所有被监禁父母/家庭成员或缓刑父母的子女的脆弱性都有所增加。这些儿童可能会受到污名化、孤立、羞辱或恐惧。正如非政府组织“欧洲囚犯的孩子”(Children of Prisoners Europe)所解释的那样:“罪犯的孩子可能会遭受不稳定和破坏的亲子关系;他们可能目睹父母遭受暴力逮捕或在学校受到欺负。”

149. 关于暴力极端主义罪犯,一个主要关切是保护儿童不受任何极端化的影响。在可能相互竞争的利害关系之间,尤其是在儿童受保护的权利、儿童与父母保持联系的权利、父母接触子女的权利和公共秩序的利益之间取得公平的平衡方面存在挑战。这些权利应在既定的法律范围内得到尊重,但根据《儿童权利公约》第3条和欧洲人权法院判例法,必须首先考虑到儿童的最大利益。

150. 一个特别的挑战是应对极端化罪犯企图极端化和招募儿童的行为。这可能涉及一些复杂的问题,如中断正在进行的调查的风险和干扰情报部门的作用。在某些情况下,这类罪犯应限制与儿童接触。接触应根据儿童的权利进行适当和相称的管理,并应以书面证据告知,这些证据可证明对接触或通信的任何此类限制是合理的。

四、让非国家从业人员参与改造过程

151. 哪些行动者参与改造进程将对这一进程的有效性产生重大影响。关于暴力极端主义罪犯,也许与普通罪犯相比更为重要的是,也有非国家从业人员参与其中,因为:

a. 罪犯可能将矫正工作人员认定为“外族”或“敌人”的成员,因为他们是国家的代表(高于或超出典型的工作人员/罪犯划分);

b. 与这些问题有关的宗教或文化方面可能意味着非国家从业人员被视为更可信或更有能力处理这些问题;

c. 非国家从业人员可能会感到有责任参与去极端化进程。

152. 非国家从业人员实施干预的潜在好处包括:

a. 他们可以更快地获得参与者的信任,或者发展出更强的信任水平;

b. 他们可以更成功地与那些反对国家的人接触;

c. 他们可能对涉及的具体问题(如申诉、边缘化)有更具体的了解和理解;

d. 他们可能会通过分享经验进行更多交流,以挑战持续参与(特别是前暴力极端分子)。

153. 国家从业者实施干预的潜在好处包括:

a. 国家当局对从业者的背景更有信心,因为他们可能会带来较少的组织和声誉风险;

b. 干预措施的内容可能更加透明,并与政府政策保持一致(联合方法);

c. 从业者可能在行为改变方面有更多的正式技能和知识,他们可能有更多在矫正环境中工作的经验(并且不太容易受到操纵和影响)。

154. 在与非国家行为者合作时,应仔细考虑资金结构。由于非国家行为者相对于国家行为者的一个重要优势是在暴力极端主义罪犯眼中的合法性,因此由国家资助可能会削弱这一优势。非国家行为者可能被视为国家的延伸。

五、非政府组织和民间社会组织

155. 许多非政府从业人员为慈善机构或基金会等非政府组织工作,如为社区俱乐部、体育组织等民间社会组织工作,或作为独立专业人员工作。通常,这些组织已发展出在监狱和缓刑环境中具有很大附加值的特殊经验和专门知识。并不是所有的国家都有这种了解极端化和暴力极端主义组织。不过,也可能有一些组织在相关领域有经验,比如与帮派或邪教打交道。这些组织与极端组织有相似的动态。有了相关的经验,这些组织在参与干预暴力极端主义罪犯方面可能是有价值的。他们与暴力极端分子的接触可以作为他们能够在极端主义方面发展更深入经验的基础。向其他国家的此类组织请教,以提供额外的专业知识。在选择此类组织或个体从业人员时,重要的是要考虑他们在社区内以及与其他机构合作伙伴(如警察和情报部门)的过往记录、网络和声誉以及资金结构。

六、导师(Mentors)

156. 与导师合作可以采取许多不同的形式,但关键是这是一种“一对一”的干预,导师和作为学员的罪犯在一段特定的时间内进行互动。对于导师来说,没有一个最佳的标准。可能是同龄人、社区中受人尊敬的成员,甚至是狱友。关键是罪犯接受他或她的指导并愿意开始谈话。

157. 现有导师计划的经验教训包括:

a. 导师的筛选、培训和持续支持很重要;

b. 暴力极端主义罪犯的导师应该能够向罪犯提供不同的观点,并且能够持一种开放的、非审判的态度;

c. 建立一种关系需要时间,因此指导关系应该有足够的时间来发展;

d. 释放后继续辅导会增加正面效果,给罪犯提供一定的稳定性;

e. 向导师提供一些(经济)补偿可以确保他们的长期承诺。

七、宗教代表

158. 在整个欧洲,对罪犯的宗教和精神关怀的重要性正得到新的关注,特别是鉴于暴力极端主义罪犯受到宗教的启发,并坚持以宗教为基础的意识形态。

159. 首先,宗教和精神关怀的积极作用在全世界都得到了很好的研究。特别是对于初犯,采用(新的)信仰体系可以帮助他们应对监狱环境。为所有罪犯提供宗教和精神关怀是许多欧洲国家仍然需要采取的重要的第一步。随着社会和监狱中文化和宗教多样性的变化,在监狱牧师方面也需要灵活适应这些变化。

160. 经验表明,许多暴力极端罪犯要么对宗教了解有限,要么根据极端主义团体传播的意识形态对宗教有非常特殊的解释。牧师的主要作用之一是增加他们的宗教知识和理解,并使罪犯在极端主义和意识形态的解释方面更具批判性。这可以通过将罪犯介绍给其他神学来源和学者来实现。此外,牧师还扮演着知己的角色,是值得信赖的人,罪犯可以向他们倾诉,分享个人情感、挫折和委屈。这可能有助于缓解暴力极端主义罪犯可能面临的紧张和压力。

161. 在对暴力极端主义罪犯进行改造干预时,与宗教代表合作的主要考虑因素是:

a. 挑选:仔细挑选牧师是提供有效宗教关怀的关键组成部分之一。

· 由于每个宗教中都有许多思想流派,因此在研究监狱人口背景以及招募和选择牧师时应考虑到这一点。

· 当牧师在外部社区中也有积极的地位和联系时,这可能会提高他们在监狱中的信誉和影响。这将有利于采用当地征聘办法。

· 如果他们想在刑事司法部门工作,他们应该愿意通过筛选程序。

· 所有宗教仪式应以东道国的语言进行。

b. 组织地位:一些国家雇用牧师,招募其作为矫正人员,另一些国家只雇用牧师提供具体服务。对于第一类人来说,他们有可能变得不那么可信,或者在暴力极端主义罪犯眼中被视为“国家特工”。在这一问题上,组织的选择可能因国而异,因为在某些情况下必须遵守法律规定。

c. 牧师除了与其他类型的罪犯一起工作外,还必须接受如何在监狱环境中与暴力极端分子或这类缓刑罪犯一起工作的培训。建议提供有关极端化过程的具体信息。

d. 关于敏感信息的协议:罪犯与牧师的谈话通常是保密的,并受隐私协议的约束。然而,牧师们可能会听到一些事情或接收到一些信号,这些信号可能是极端化、招募甚至暴力活动的迹象。对于如何处理这类信息,各国有所不同,但重要的是与牧师达成协议,规定他们何时有义务向监狱/缓刑当局报告令人担忧的信号。

e. 牧师和其他监狱/缓刑工作人员之间的合作：为了有效地工作，牧师和其他工作人员之间的信任是很重要的。在工作人员对文化/宗教不太敏感或不了解极端化进程的情况下，他们可能会对牧师产生不信任和怀疑。这反过来使牧师的工作更加困难，因为工作人员往往与罪犯有更多的互动，而这可能会造成紧张局势，罪犯可能会注意到并利用这种紧张局势。

f. 在欧洲，对在监狱工作的牧师和宗教教师的教育或培训要求缺乏标准化或协议。监狱管理部门应意识到，在招募、教育和培训提议在监狱工作的牧师和宗教代表方面缺乏既定标准，并应采取步骤，减少他们滥用职位鼓励极端化为暴力极端主义的风险。

八、前暴力极端主义罪犯

162. 让前暴力极端主义罪犯参与干预，如“一对一”或群体方案和指导倡议，可以是一个非常有力的工具，因为它们提供了反叙事和替代叙事，包括他们离开极端主义团体和意识形态的第一手经验。曾经是极端主义组织的一员，也有过极端主义的心态，前极端主义罪犯通常有很强的可信度。他们可能很好地理解和同情暴力极端主义罪犯可能存在的斗争和思想冲突。在许多情况下，前暴力极端主义罪犯在许多年前就离开了暴力极端主义组织，形成了一种更加开放的心态，并在内在动机上可以帮助其他人也这样做。如果以前的暴力极端主义罪犯曾在监狱服刑过，他们也能体会到在监狱里的经历。

163. 在与前暴力极端主义罪犯合作时，以下考虑因素很重要：

a. 非常重要的是要确定前者确实已脱离极端主义暴力意识形态，并使自己与极端主义团体保持距离。调查这一问题的一个方法是，前者是否公开与从事重返社会工作的注册组织有联系；

b. 当与前暴力极端主义罪犯合作时,有隐藏议程的风险。对前暴力极端主义罪犯的活动和行为进行结构性的评估,并仔细观察他的反应,可能有助于避免这种风险;

c. 在某些情况下,被认为为国家工作可能削弱前暴力极端主义罪犯在暴力极端主义罪犯眼中的信誉。他们可能被视为叛徒,这也可能影响他们的安全;

d. 挑选具有适当素质和能力的前暴力极端主义罪犯与现暴力极端主义罪犯合作非常重要。

九、受害者

164. 将极端主义暴力和恐怖袭击的受害者纳入暴力极端主义罪犯和受害者自身的改造和恢复性干预措施有不同的方式。围绕受害者参与的敏感性怎么强调也不过分。许多受害者因他们或他们所爱的人所经历的事件而受到创伤。认真选择谁愿意并在情感上有能力作证甚至与罪犯见面是非常重要的。

165. 受害者(或他们的故事)参与干预的不同方式:

a. 在罪犯和受害者的私人接触中。这既可以是与调解员/顾问在场的一对一的接触,也可以是在一个或多个受害者与多名罪犯交谈的群体环境中。个人接触需要一个漫长而仔细的准备时间。应该有"安全用语",受害者可以用它来表示他们想要停止会面,不应该有任何压力来达到目标(如原谅、同意和理解);

b. 通过录像、录音或书面形式,受害者讲述他们的故事。在这种情况下,与受害者的互动是不可能的,但它可能为暴力极端主义犯罪者提供不同的视角,而且对受害者来说,这种互动较少面对;

c. 通过有经验的实践者所使用的故事和角色扮演——这被用于恢复性

司法干预，其重点在于暴力造成的伤害，而不是犯罪者本人或意识形态。

166. 恢复性司法方法可适用于暴力极端主义罪犯的案件。正如欧洲恢复性司法论坛所指出的那样，“恢复性司法”被视为一种广泛的方法，其目的是尽可能地修复犯罪或其他违法行为所造成的损害。恢复性司法的一个核心要素是受害者、罪犯以及可能的其他方面，如社区的积极参与。目前，存在不同形式的恢复性司法实践，一些国家已成功地加以使用。

☞ **关键点：**

· 注意并尽量减少由于问题的性质、涉及的声誉风险和外部事件（如恐怖袭击）对决策的影响等因素而产生的成见和偏见的可能性。

· 了解并应对可能影响个人参与干预和脱离决定等的外部事件，以及可能对社区产生连锁反应的监狱事件。

· 确保对家庭、朋友和当地社区成员的背景进行适当审查的过程，并确保有关人士知道审查的过程。

· 在家庭成员和暴力极端主义罪犯之间保持适当联系，即使家庭成员也被拘留，也要兼顾人权和安全考虑。

· 应有家庭、朋友或非政府组织如何为干预、脱离和停止努力作出贡献的明确程序。

· 确定和澄清国家和非国家从业者在干预工作中的作用和责任的政策和程序。

· 招募一系列人员（来自非政府组织、宗教代表、导师、前暴力极端分子和受害者），根据与有效处理暴力极端分子罪犯有关的透明技能和能力进行干预。

· 以创新的方式开放工作，利用民间社会、家庭、同龄人、前罪犯，因为这有助于重新融入社会或被社会接受。

第七章 监狱和缓刑中能力的建设

一、介绍

167. 为了能够实施前几章所建议的做法,必须对刑事司法系统内的能力建设进行投资。尽管监狱或缓刑制度的彻底变革非常复杂,但小步骤和渐进式的变革可以产生显著的积极影响。欧洲国家的监狱和缓刑制度有很大的多样性,在这些机构的能力建设方面,没有"一刀切"的战略或方案。加强监狱和缓刑服务的基础往往是实施成功的有针对性的预防和打击极端化计划的前提条件。

二、成本效益

168. 在能力建设方面,财政资源往往是需要应对的首要挑战。每个成员国的财政框架和筹资情况各不相同。然而,如工作人员与罪犯的积极互动等有效措施,不必花费高昂。

169. 重要的是要强调,虽然对暴力极端主义罪犯使用具体方法是有益的,但与帮派或有组织犯罪集团合作良好的现有结构可以非常有效,并成功地应用于这一目标群体。

170. 能力建设的第一步是规划已经到位的工作。这包括确定工作人员在极端化和极端主义领域的培训状况,确定是否有特定的流程来管理这一问题,以及检查是否有反极端主义的流程。调查还可以确定工作人员是否报告了极端化的信号,以及是否有系统处理这些报告。规划工作将概括正在进行的活动并查明现有的差距。可以审查目前的活动,并就建立新活动和进程的优先次序作出决定。在欧洲国家,暴力极端主义罪犯的绝对数量相对于总体犯罪人口来说是非常小的。针对这一人群的活动和干预应与所涉罪犯的人数和风险成比例。

171. 除了国家当局之外,还有潜在的资助者。欧洲的方案可能有资金支持发展培训、支持或进行研究或执行干预措施。

三、相关技能和能力

172. 目前,关于特定的从业人员能力、素质和技能的知识继续发展,这可能对这个群体有效。工作人员的一般能力和素质似乎能有效地执行其他罪犯行为方案,这很可能也适用于这一群体。实践者的重要技能包括与罪犯发展合作关系的能力,能够示范亲社会行为,以支持而不是对抗的方式挑战有问题的思维。

173. 不断发展的知识表明,与这一群体合作时,某些特定的素质和能力可能特别重要。其中包括:

a. 示范反极端主义的态度和行为,例如灵活、质疑、思想开放、宽容和包容;

b. 采用一种坚韧、协作、同理心和对他人的价值观、信仰和背景敏感的风格(身份敏感);

c. 在个人层面而非政治或学术层面上与个人互动的能力;

d. 使个人能够重新审视并采取措施改变其与极端主义团体、事业或意识形态的关系;

e. 自信并有能力讨论与寻求政治变革和人权(如言论自由)相关的问题,同时在导致变革的行为存在问题并需要干预时认识到并保持自信。

四、工作人员培训

174. 无论是从改造还是从安全角度来看,工作人员都是应对暴力极端主义罪犯的关键因素。投资于培养工作人员的基本和专门知识与能力对于能力建设很重要。在工作人员培训中,应强调动态安全和有针对性地利用现有知识和能力的重要性。招聘多样化的工作人员(在语言、宗教、文化、性别、种族背景方面)对于反映和处理犯罪人口的多样性非常重要。

175. 在培训方面,应为不同的工作人员群体提供不同的培训方案:

a. 一般而言,应(在基本工作人员培训方案或教育范围内或在基本工作人员培训之外)对工作人员进行文化敏感性、容忍和非歧视行为方面的培训;

b. 建议所有工作人员接受有关极端化的一般意识培训,包括基本的识别技术。该培训包应包括:

· 关于极端化现象的一般知识,以及为什么这在监狱和缓刑环境中以及对工作人员本身来说是一个问题;

· 关于相关成员国内使用的定义以及如何使用这些术语的信息;

· 不同意识形态和极端主义世界观的一般知识;

· 与这些意识形态有关的图像、符号、词语/短语、口号和其他可见或口头表达的一般知识;

· 温和宗教行为与极端迹象之间差异的有关信息;

· 可能表明极端化的特定或异常行为的指标;

· 通过案例研究来理解不同的场景和情况,从而练习对这些情况的适当反应;

· 关于观察到极端化和极端主义行为时应遵循的法规和流程的信息,包括工作人员的专业授权、报告渠道和报告反馈流程;

· 有关改造人员在日常工作中可以使用的方法的信息,以帮助培养罪犯抵御暴力极端主义的能力。

176. 对于专门指定的工作人员,例如,在特殊单位工作的专业人员(心理学家、团队负责人等)以及将直接与暴力极端主义罪犯合作的人员,应提供与专业人员的角色和背景相关的额外培训。培训应包括：

· 深入了解不同的意识形态、群体和原因；

· 一般和有针对性的干预措施；

· 如何提供并正确解释针对暴力极端主义的风险评估方法；

· 信息共享和使用适当的共享/报告结构；

· 可以用于艰难对话的技巧，以促进脱离接触和去极端化；

· 促进参与的额外技能发展；

· 提供具体的去极端化和脱离干预。

五、培训干预人员和评估人员

177. 任何对暴力极端主义罪犯进行干预的人都应获得额外级别的管理、支持和监督，以便对暴力极端主义罪犯提供必要的专门干预。与其他犯罪行为方案一样，有效的干预措施可能是那些管理良好、按预期实施并提供适当水平支持和监督的方案。然而，为预防极端主义而采取提供干预措施的人可能需要更多的管理、支持和监督，理由有很多：

a. 那些提供干预措施的人，由于他们的作用，可能成为影响、操纵、腐败和恐吓的目标。

b. 考虑到干预可能更具体地侧重于帮助个人重新协调关系，工作关系的边界应该更明确地定义和管理。

c. 由于我们对这种有效干预的知识还很少，因此从业者可能会在法律允许的范围内拥有更多的专业自由裁量权，他们可能还需要更多的支持和监督来尝试达到预期的结果。

d. 鉴于在监狱或缓刑中这样的人可能并不多，从业者可能会很难建立实践经验。

e. 从业者可能被认为是犯罪者“团体外”的成员，这可能带来挑战和机遇,但无论哪种方式都需要密切地支持和监督。

六、工作人员的授权

178. 极端化和暴力极端主义往往是政治和组织议程上的重要议题。因此,工作人员可能对他们处理暴力极端主义罪犯的能力感到压力和不安。重要的是要让工作人员保持信心,相信他们有对付这些罪犯的技巧和知识。此外,应向他们提供方法(如上文培训部分所述),以提高他们的知识和技能。

179. 与暴力极端主义罪犯一起工作是一项非常紧张的工作,因为他们会给工作人员带来心理压力。一些暴力极端主义罪犯可能出现在公众的聚光灯下,这使工作人员的行为和决定受到更严格的审查。对于与暴力极端主义罪犯打交道的工作人员来说,良好的支持系统非常重要。这种支持可包括:

· 汇报;

· 压力管理;

· 指导(例如,来自同事或外部导师);

· 创建一个安全网(明确的程序,后备方案和支持性管理)。

七、建立合作和知识共享网络

180. 建立地方、国家和国际网络,让决策者、研究人员和实践者共享知识,可以在能力建设方面提供附加价值。

· 欧洲网络:欧洲委员会[恐怖主义问题专家委员会(Committee of Experts on Terrorism, CODEXTER)的刑罚合作委员会(Council for Penological Co-operation, PC-CP)],极端化知识网(Radicalisation Awareness

Network，RAN），欧洲监狱和矫正机构的监狱组织（European Organisation of Prison of Prison and Correctional Services，EuroPris），欧洲缓刑联合会（Confederation of European Probation，CEP），欧洲恢复性司法平台（European Platform for Restorative Justice，EPRJ）。

· 国际网络：联合国毒品和犯罪问题办公室（United Nations Office on Drugs and Crime，UNODC）和全球反恐论坛（the Global Counterterrorism Forum，GCTF）。

181. 必须加强政府和政府机构之间的沟通。对暴力极端罪犯和极端化罪犯的管理和评估能否成功，取决于各机构之间和机构内部以及政府内部和政府之间能否及时分享信息。暴力极端主义并不局限于国家边界，监狱社区和极端分子生活的社区的安全都取决于充分传递有关可能对一个或多个国家构成威胁的个人的信息。分享这类信息对于前罪犯或受缓刑者可以顺利进入的多个国家的公民的安全和保障至关重要。

八、研究和评价

182. 政府机构和国际机构需要增加对以下方面的投资：(1)加强对暴力极端主义现有风险评估工具的验证；(2)确定脱离和去极端化方案的效力和最佳原则；(3)获取关于极端化预防方案有效性的信息；(4)研究和报告观察到的使前暴力极端分子成功重新融入社会的最佳策略。

183. 对研究的投资对于提供更多基于证据的关于停战、脱离和去极端化方案的信息至关重要，这些方案正在取得最佳成果。监狱的改造方案需要进行有力的评估，以提高有效性，并为罪犯提供摆脱暴力极端主义和释放后与民间社会重新接触的最佳机会。这将要求监狱愿意公开和透明其做法，并愿意根据新的研究和结果评估修改其方案。

184. 有必要开展政府间合作，并建立一个多国数据库，用于风险评估规程和确定暴力极端主义干预方案的结果数据。增加对暴力极端主义的了解以及如何处理获释罪犯、缓刑犯或还押拘留犯构成的风险和威胁,依赖于开发更多的科学数据。暴力极端主义是一个低基数的问题,尽管它具有灾难性的性质和恐怖袭击造成的伤亡。各国政府正试图建立数据库以收集资料,以便提供更多关于有效协议和管理的知识。这些倡议需要得到支持才能取得成功。与国家保护数据有关的问题可能会影响政府间的合作。这种合作和协作是迫切需要的。

185. 有必要进行政策相关的和循证的研究,以支持在矫正场所以及释放或缓刑之后囚犯的管理。这包括外国战士现象——这是今天许多司法管辖区中的刑事犯罪的一种现象。

九、传播与媒体

186. 对于监狱官员和工作人员与媒体或一般公众之间的所有交流,应当有一项明确和确定的战略。策略及传播政策应留意与罪犯及工作人员有关的保密问题。这些在危机和非紧急情况下与媒体打交道和传播信息的既定战略和程序应传达给所有工作人员。不应允许工作人员通过社交媒体或其他非正式方式交流有关罪犯的任何信息,应保护与暴力罪犯打交道的专业人员的身份。

187. 对于暴力极端主义和恐怖主义罪犯,监狱和缓刑部门都应警惕,因为有些案件是媒体高度敏感的。罪犯及其律师、家人、朋友可通过多种通信手段(特别是互联网)与媒体交流有关服刑或缓刑的情况和情节。一般传播策略应考虑到这些引人注目的案件的性质。工作人员应该意识到,与大多数其他罪犯不同,社区的群体可能积极寻求利用暴力极端主义罪犯(在监狱和缓刑期间)的情况来促进他们的事业和挑战当局。这些罪犯(特别是)在监狱中受到的待遇可能会被这些团体为其自身目的所利用。影响传播以迫使政治变革是极端主义团体使用的一个重要工具，因此工作人员必须保持警惕，了解这些团体的议程以及如何操纵与更广泛社区的任何沟通。工作人员应采取措施，减少信息的滥用，例如，通过中央新闻办公室协调有关具体问题的沟通，主动发布有关政策和程序的信息（而不是被动地这样做），并在没有经过适当考虑和谨慎沟通的情况下，预先防范信息可能被利用的情况。定期与媒体合作，确保公众放心、了解。

☞ **关键点：**

· 利用现有的结构、能力和资金建立一种解决暴力极端主义罪犯的方法（尤其是在资源有限的情况下）。

· 就暴力极端主义指标和暴力极端化进程的知识向工作人员提供足够的培训。

· 为直接与暴力极端主义罪犯打交道的工作人员提供专业培训。

· 确保人事政策促进种族背景、语言、性别、宗教和文化的多样化。

· 有适当的培训、管理和监督结构，以支持从业者实施干预措施（包括社会工作者、教育工作者、心理学家、宗教代表）。

· 与国家和国际网络连接，提高监狱和缓刑专业人员的相关知识基础和最佳实践意识。

· 建议对研究和评估进行投资，同时确保对研究对象身份的保护。

· 建议制定与媒体沟通的明确规则，以获得公众支持。

· 暴力极端主义罪犯应在与其他机构（如警察、情报部门和其他相关专业人员）使用共同的语言、信息和理解建立的合作网络中进行接触和监测。

· 工作人员应充分了解暴力极端主义罪犯可能面临的特殊和独特问题，以及应如何利用监督来解决和管理这些问题。

· 工作人员应考虑对这类罪犯可能更为重要的具体问题，如管理调节、设定界限和示范行为以挑战和破坏陈规定型观念。

· 应制定政策和程序，协助一线工作人员寻求社区机构和组织的支持，让罪犯获得基本需求和更广泛的机会，以支持脱离和停止犯罪。

参考资料/进一步阅读：

· McGreevy, G. （2013）‘Probation and the role of public relations’ *Irish probation Journal* vol 10.

· RAN Collection of Approaches and Practices, chapter Training Support：DGs-Migration and Home Affairs-What we do-. . . RAN best practices collection-Ran-awareness-raising.

· Soriano, M. R. T. （2014）. Prison policy as an anti-terrorist tool：Lessons from Spain. In A. Silke（ed）Prisons, Terrorism and Extremism：Critical Issues in Management, Radicalisation and Reform. Oxon：Routledge.

· UN Office on Drugs and Crime（2016）：Handbook on the management of violent extremist prisoners and the prevention of radicalization to violence in prisons, chapter 1；available at：available at：https：//www. unodc. org/pdf/criminal_justice/Handbook_on_VEPs. pdf.

主要参考文献

一、中文

1. 吉余:《依法打击恐怖犯罪 维护国家安全和社会稳定》,载《国家安全通讯》2001 年第 12 期。

2. 李卫国、孟钢:《从对危安犯的改造浅谈罪犯矫正制度与和谐社会建设》,载中国犯罪学学会等:《中国犯罪学研究会第十五届学术研讨会论文集(第一辑)》。

3. 鲁兰:《涉恐罪犯改造实践模式探索》,载《犯罪与改造研究》2012 年第 12 期。

4. 卢有学、吴永辉:《极端主义犯罪辨析——基础理论与立法辨析》,载《西南政法大学学报》2015 年第 2 期。

5. 马珊珊、姜明:《创新涉恐犯罪人矫正方式初探》,载《学习与探索》2017 年第 4 期。

6. 樊丽芳:《我国跨境恐怖主义犯罪特征分析》,载《武警学院学报》第 25 卷第 9 期。

7. [英]安德鲁 · 西尔克主编:《反恐心理学》,孙浚淞、刘晓倩主译,中国政法大学出版社 2017 年版。

8. 宋汀、曹伟:《2017 年国际恐怖主义态势报告》,载《中国信息安全》2018 年第 1 期。

9. 王红星、欧阳涵:《试析当前“东突”暴力恐怖犯罪的新特点及其防范对策》,载《犯罪研究》2014 年第 4 期。

10. 王政勋:《当前暴恐犯罪的特点分析和态势评估》,载《刑事法评论》2014 年第 2 期。

11. 王政勋、程杰:《关于极端主义的概念分析》,载《北京科技大学学报(社会科学版)》2017 年第 5 期。

12. 吴宗宪:《国外恐怖主义犯罪的心理学解释述评》,载《警学研究》2018 年第 1 期。

13. 张桂荣:《监狱安保新理念:动态安保》,载《犯罪与改造研究》2018 年第 8 期。

14. 张晓玲、李思:《防止暴力极端主义与人权保障》,载《人权》2017 年第 2 期。

15. 赵秉志:《恐怖主义犯罪专题整理》,中国公安大学出版社 2008 年版。

16. 中华人民共和国国务院新闻办公室:《新疆的反恐、去极端化斗争与人权保障》(2019 年 3 月),人民出版社版。

17. 朱志杰:《去极端化原理:思路与方法构建》,新疆人民出版社、伊犁人民出版社 2016 年版。

18. 臧金磊:《对涉恐极端分子的监狱矫治机制研究——以总体国家安全观为视角》,载《刑事法评论》2018 年第 2 期。

二、英文

1. Ajzen, I., & Fishbein, M. (2005). The influence of attitudes on behavior. In D. Albarracín, B. T. Johnson, & M. P. Zanna (Eds.), The Handbook of Attitudes (pp. 173 – 221). Mahwah, NJ: Erlbaum.

2. Alana N. Cook, Risk Assessment and Management of Group-Based Violence, Simon Fraser University Summer 2014.

3. Andrew Glazzard & Martine Zeuthen, Violent Extremism, February 2016, https://gsdrc. org/wp-content/uploads/2016/02/Violent-extremism_RP. pdf.

4. Andrew Silke (2014), Terrorism and Extremism: Critical Issues In Management, Radicalisation and Reform, First Published 2014 by Routledge.

5. Atta Barkindo, Shane Bryans, De-Radicalising Prisoners in Nigeria: developing a basic prison based de-radicalisation programme, Journal For Deradicalization, 2016. Nr. 7, ISSN: 2363 - 9849.

6. Arie W. Kruglanski, Marina Chernikova and Michelle Dugas, Katarzyna Jasko, David Webber, To the Fringe and Back: Violent Extremism and the Psychology of Deviance, American Psychologist, 2017, Vol. 72, No. 3.

7. Bennett Clifford, Radicalization in Custody: Towards Data-Driven Terrorism Prevention in the United States Federal Correctional System, Program on Extremism Policy Paper, November 2018.

8. Beverly Powis, Kiran Randhawa-Horne and Darren Bishopp, Ministry of Justice: The Structural Properties of the Extremism Risk Guidelines (ERG 22 +): a structured formulation tool for extremist offenders, Ministry of Justice Analytical Series Year of publication, 2019.

9. Bjorgo, T., and Horgan, J. (2009). Leaving Terrorism Behind: Individuals and Collective Disengagement. Oxon: Routledge.

10. Borum, R. (2003). Understanding the terrorist mind-set. FBI Law Enforcement Bulletin, 72 (7).

11. Borum, R. (2011a). Radicalization into violent extremism I: A review of social science theories. Journal of Strategic Security, 4(4), 7 - 36. doi:

http://dx. doi. org/10. 5038/1944 –0472. 4. 4. 1.

12. Bruce Hoffman, 2019: Challenges in Counter-Extremism, January 2019 by the Tony Blair Institute for Global Change.

13. Carlos Fernandez & Fernando de Lasala, Risk Assessment in Prison, Publications Office of the European Union, 2021.

14. Charlie Edwards & Luke Gribbon (2013) Pathways to Violent Extremism in the Digital Era, The RUSI Journal, 158:5.

15. Christopher Boucek, Saudi Arabia's "Soft" Counterterrorism Strategy: Prevention, Rehabilitation, and Aftercare, 2008 Carnegie Endowment for International Peace.

16. Christopher Dean, Elaine Pressman: Council of Europe Handbook for Prison and Probation Services Regarding Radicalisation and Violent Extremism, 1 December 2016.

17. Christopher Dean and Eelco Kessels, "Compendium of Good Practices in the Rehabilitation and Reintegration of Violent Extremist Offenders," Global Center on Cooperative Security, August 2018.

18. Clark McCauley & Sophia Moskalenko (2008), Mechanisms of Political Radicalization: Pathways Toward Terrorism, Terrorism and Political Violence, 20:3, 415 –433, DOI: 10. 1080/09546550802073367.

19. Clear T. and M. Sumter, 'Prisoners, prison, and religion', Journal of Offender Rehabilitation, 2002; 35(3 –4):125 –156.

20. Council of Europe Handbook for Prisons and Probation Services Regarding Radicalisation and Violent Extremism, Strasbourg, 1 December 2016.

21. Crossett, C. & Spitaletta, J. (2010). Radicalization: Relevant psychological and sociological concepts. Meade, MD: U. S. Army Asymmetric

Warfare Group. p. 30.

22. D. B. Skillicorn, C. Leuprecht, Y. Stys & R. Gobeil (2015): Structural differences of violent extremist offenders in correctional settings, p. 4. ,Global Crime,http://dx. doi. org/10. 1080/17440572. 2015. 1052224.

23. Dugas, M., & Kruglanski, A. W. (2014). "The Quest for Significance Model of Radicalization: Implications for the Management of Terrorist Offenders", in Behavioral Sciences and the Law, Vol. 32.

24. European Union Terrorism Situation And Trend Report 2014,European Union Agency for Law Enforcement Cooperation 2014.

25. European Union Terrorism Situation And Trend Report 2018,European Union Agency for Law Enforcement Cooperation 2018.

26. European Union Terrorism Situation And Trend Report 2019,European Union Agency for Law Enforcement Cooperation 2019.

27. Examining the Needs and Motivations of Canada's Federally Incarcerated Radicalized Offenders. Research at a glance, May 2014 | Number R – 344, https://www. csc-scc. gc. ca/005/008/092/005008 – r344 – eng. pdf.

28. Futures Without Violence, What Is Violent Extremism? Blueprint May 2017, https://www. futureswithoutviolence. org/wp-content/uploads/FWV _ blueprint_3 – What-is-VE. pdf.

29. Global Counterterrorism Forum, Rome Memorandum on Good Practices for Rehabilitation and Reintegration of Violent Extremist Offenders. www. TheGCTF. org.

30. Healthy Identity Intervention: Summary and Overview, National Offender Management Service, 2013.

31. Hearne, E., & Laiq, N. (2010). A new approach? Deradicalization programs and counterterrorism. International Peace Institute, June, 2010.

https://www.ipinst.org/wp-content/uploads/publications/a_new_approach_epub.pdf.

32. Her Majesty's Ministry of Justice, Home Department, Counter-Extremism Strategy,Oct 19, 2015. Cm 9148.

33. HM Chief Inspector of Prisons, ' Muslim prisoners ' experiences: A thematic review ', June, 2010. https://www.justiceinspectorates.gov.uk/hmiprisons/wp-content/uploads/sites/4/2014/04/Muslim_prisoners_2010_rps.pdf.

34. Ines von Behr, Anaïs Reding, Charlie Edwards, Luke Gribbon, Radicalisation in the digital era The use of the internet in 15 cases of terrorism and extremism, RAND Corporation 2013.

35. Jacobson, M. (2010). Terrorist Drop-outs: Learning from those who have left. Policy Focus 101, Washington Institute for Near East Policy. https://www.washingtoninstitute.org/pdf/view/6748/en.

36. James Bonta, D. A. Andrews: Risk-Need-Responsivity Model for Offender Assessment and Rehabilitation,2007 -06.

37. Jason-Leigh Striegher(2015),Violent-extremism: An examination of a definitional dilemma,p. 80. Edith Cowan University Research Online,Australian Security and Intelligence Conference.

38. Jásko, K., LaFree, G., & Kruglanski, A. (2016). Quest for significance and violent extremism: The case of domestic radicalization. Political Psychology.

39. Jeevan Thiagarajah, Understanding violent extremism Vs. Terrorism, January 21 2019, http://www.dailynews.lk/2019/01/21/features/174890/understanding-violent-extremism-vs-terrorism.

40. Julia Rushchenko,Prison Mangment of Terrorism-related Offenders: Is

Separation Errective?, Published in 2018 by The Henry Jackson Society.

41. J. Reid Meloy (2018): The Operational Development and Empirical Testing of the Terrorist Radicalization Assessment Protocol (TRAP – 18), Journal of Personality Assessment, DOI: 10.1080/00223891.2018.1481077.

42. Kate Barrelle, "Pro-integration: Disengagement From and Life After Extremism", Behavioral Sciences of Terrorism and Political Aggression 7, no. 2 (2015): 129 – 142.

43. Keys-Turner, K. (2011). The Violent Islamic Radicalization Process: A Framework for Understanding. MS Thesis, Monterey, California: Naval Postgraduate School.

44. Klandermans, B., & Oegema, D. (1987). Potentials, networks, motivations, and barriers: Steps towards participation in social movements. American Sociological Review, 52(4), 519 – 531.

45. Kris Christmann, Preventing Religious Radicalisation and Violent Extremism: A Systematic Review of the Research Literature.

46. Kruglanski, A., Gelfand, M., Bélanger, J., Sheveland, A., Hetiarachchi, M., & Gunaratna, R. (2014). The Psychology of Radicalization and Deradicalization: How Significance Quest Impacts Violent Extremism. Political Psychology.

47. Leen Aghabi, Dr Neven Bondokji, Alethea Osborne, and Kim Wilkinson, Social Identity And Radicalisation: A Review of Key Concepts, 2017 WANA Institute. http://wanainstitute.org/sites/default/files/publications/Publication_SocialIdentityTheory_English.pdf.

48. Leila Ezzarqui, M. A., De-Radicaliation And Rehabilitation Program: The Case Study of Saudi Arabia. Washington, DC, April 23, 2010.

49. Liesbeth van der Heide, Bart Schuurman, Reintegrating Terrorists in

the Netherlands: Evaluating the Dutch approach, Journal For Deradicalization, Winter 2018/19, Nr. 17.

50. Lloyd, M., & Dean, C. (2015). The development of structured guidelines for assessing risk in extremist offenders. Journal of Threat Assessment and Management, 2, 40 – 52.

51. Lloyd, M. (2019, 11 March). Extremist risk assessment: A directory (Full Report). Centre for Research and Evidence on Security Threats.

52. Lorenzo Vidino and Bennett Clifford, A Review of Transatlantic Best Practices for Countering Radicalisation in Prisons and Terrorist Recidivism. presented at the 3rd conference of the European Counter Terrorism Centre (ECTC) Advisory Network on terrorism and propaganda, 9 – 10 April 2019.

53. Lord Carlile of Berriew Q. C. (2007). The Definition of Terrorism. (Cm 7052). Norwich: Crown Copyright Retrieved from https://www.gov.uk/government/uploads/system/uploads/attachment_data/file/228856/7052.pdf.

54. Magnus Ranstorp, The Root Causes of Violent Extremism, RAN ISSUE PAPER, 04/01/2016.

55. Martha Crenshaw, M. (1986). The psychology of political terrorism. In M. G. Hermann (Ed.), Political Psychology: Contemporary Problems and Issues (pp. 379 – 413). London: Josey-Bass.

56. Martha Crenshaw, (1998). The logic of terrorism: Terrorist behavior as a product of strategic choice. In W. Reich (Ed.), Origins of terrorism: Psychologies, ideologies, theologies, states of mind (pp. 7 – 24). Cambridge: Cambridge University Press.

57. Martha Crenshaw, (1981). The causes of terrorism. Comparative Politics, 13(4), 379 – 399. 1981 The Clty University of New York, http://courses.kvasaheim.com/hist319a/docs/Crenshaw%201981.PDF.

58. Mathias Bak, Kristoffer Nilaus Tarp, and Dr. Christina Schori Liang, Defining the Concept of ‘Violent Extremism’: Delineating the attributes and phenomenon of violent extremism, Geneva Centre for Security Policy, 2019.

59. Matteo Vergani, Muhammad Iqbal, Ekin Ilbahar, Greg Barton, The 3 Ps of radicalisation: push, pull and personal. A systematic scoping review of the scientific evidence about radicalisation into violent extremism, Studies in Conflict and Terrorism, July 2018.

60. Matthew Valasik, The three pillars of radicaliation: Needs, Narratives, and Networks, March 2020, , https://clcjbooks. rutgers. edu/books/the-three-pillars-of-radicalization-needs-narratives-and-networks/.

61. McGilloway, A., Ghosh, P., & Bhui, K. (2015). A systematic review of pathways to and processes associated with radicalization and extremism amongst Muslims in Western societies. International Review of Psychiatry, 27(1).

62. Meloy, J. R., Goodwill, A. M., Meloy, M. J., Amat, G., Martinez, M., & Morgan, M. (2019). Some TRAP – 18 indicators discriminate between terrorist attackers and other subjects of national security concern. Journal of Threat Assessment and Management, 6(2).

63. McCauley, C., & Moskalenko, S. (2011). Friction: How radicalization happens to them and us. (New York: Oxford University Press, 2011). Journal of Strategic Security 4, no. 4 (2012): 195 – 196.

64. Moghaddam, F. (2005). The Staircase to Terrorism. A Psychological Exploration. American Psychologist, 60(2).

65. Mulcahy, E., Merrington, S., & Bell, P. (2013). The radicalization of prison inmates: Exploring recruitment, religion and prisoner vulnerability. Journal of Human Security, 9, 4 – 14.

66. Nasser-Eddine, M., Garnham, B., Agostino, K., & Caluya, G. (2011). Countering Violent Extremism (CVE) Literature Review. Defence Science and Technology Organisation. March 2011.

67. National Offender Management Service (2014). Managing Terrorist and Extremist Offenders in the Community.

68. Nathan Thompson, Root Cause Approach to Prisoner Radicalisation, Salus Journal, Volume 4, Number 3, 2016.

69. Neumann, P. (2010). Prisons and Terrorism: Radicalisation and Deradicalisation in 15 Countries. London: International Centre for the Study of Radicalisation and Political Violence (ICSR).

70. Neumann, P., & Rogers, B. (2008). Recruitment and Mobilisation for the Islamist Militant Movement in Europe. London: International Centre for the Study of Radicalisation and Political Violence (ICSR). https://icsr. info/wp-content/uploads/2008/10/1234516791ICSREUResearchReport_Proof1. pdf.

71. Norwegian Ministry of Justice and Public Security (2014). Action Plan Against Radicalization and Violent Extremism. https://rm. coe. int/action-plan-norway-nov – 2016/16806bdb50.

72. Patel, F. (2011). Rethinking Radicalization. Brennan Center for Justice at New York University School of Law. https://www. brennancenter. org/sites/default/files/legacy/RethinkingRadicalization. pdf.

73. Peter T. Coleman and Andrea Bartoli, Addressing Extremism, White Paper. New York: The International Center for Cooperation and Conflict Resolution, Colombia University.

74. Public Safety Canada (2009). "Assessing the Risk of Violent Extremists." Research Summary, Vol. 14, No. 5.

75. Pressman, Rinne, Duits, Flockton (2016), Violent Extremism Risk

Assessment, version 2 – revised (VERA – 2R), https://ec. europa. eu/home-affairs/node/11702_en.

76. Prison Support in United Nations Peace Operations (2015), United Nations Department of Peacekeeping Operations, Department of Field Support, Ref. 2015. 11.

77. RAN EX POST PAPER: Developing, implementing and using risk assessment for violent extremist and terrorist offenders, RAN P&P Working Group Brussels, 9 – 10 July 2018.

78. RAN P&P-Radicalisation Awareness Network, the Working Group on Prison and Probation (2016). Dealing with radicalisation in a prison and probation context. RAN P&P practitioners working paper.

79. Rajan Basra and Peter R. Neumann, Prisons and Terrorism: Extremist Offender Management in 10 European Countries, ICSR 2020.

80. R2PRIS Methodological Framework: State of the Art Analysis and Collection of Approaches, pp. 19 – 21. West University of Timisoara, www. r2pris. org, January 2017.

81. Reid Meloy (2018): The Operational Development and Empirical Testing of the Terrorist Radicalization Assessment Protocol (TRAP – 18), Journal of Personality Assessment, DOI: 10. 1080/00223891. 2018.

82. RTI International, Countering Violent Extremism: The Use of Assessment Tools for Measuring Violence Risk Literature Review, March 2017.

83. RTI International, Countering Violent Extremism: The Application of Risk Assessment Tools in the Criminal Justice and Rehabilitation Process Literature Review, February 2018.

84. Shane Bryans, Radicalisation and de-radicalisation in prison-what should we do with violent extremist offenders? 25th June 2014, https://www.

penalreform. org/blog/radicalisation-deradicalisation-prison-violent-extremist-offenders/.

85. Smith, A. (2009). Radicalization-A Guide for the Perplexed (National Security Criminal Investigations, Trans.) (June 2009 ed.): Royal Canadian Mounted Police.

86. Silber, M., & Bhatt, A. (2007). Radicalization in the West: The Homegrown Threat. New York: NYPD Intelligence Division.

87. Silke, A. and Brown, K. (2016). "Radicalisation': The Transformation of Modern Understanding of Terrorist Origins, Psychology and Motivation." https://www. researchgate. net/publication/299991680_. pdf.

88. Sinai, J. (2014). Developing a model of prison radicalization. In A. Silke (Ed.), Prisons, terrorism and extremism: Critical issues in management, radicalisation and reform (pp. 35 –46). New York: Routledge.

89. Stephen Webster, Jane Kerr and Charlotte Tompkins, A Process Evaluation of the Structured Risk Guidance for Extremist Offenders Ministry of Justice Analytical Series 2017.

90. Strategic Multilayer Assessment (SMA), Neuroscience Insights on Radicalization and Mobilizatio to Violence: A Review, Second! Edition, 14 December 2012.

91. Tajfel, H. (1981). Human groups and social categories: Studies in social psychology. Cambridge: Cambridge University Press. http://www. csepeli. hu/elearning/cikkek/tajfel. pdf.

92. Tina Wilchen Christensen, "How Extremist Experiences Become Valuable Knowledge in EXIT Programmes", Journal for Deradicalization, no. 7 (July 2015), p. 109.

93. Tomas Precht, "Home grown terrorism and Islamist radicalization in

Europe: From conversion to terrorism," Danish Ministry of Defense, December 2007.

94. United Nation Office on Drugs and Crime, Handbook on Dynamic Security and Prison Intelligence, United Nations, New York, 2015.

95. United Nations Office on Drugs and Crime, Handbook on the Management of Violent Extremist Prisoners and the Prevention of Radicalization to Violence in Prisons, 2016.

96. United States Federal Bureau of Investigations. (2006). The Radicalization Process: From Jihad to Conversation. Retrieved from, http://cryptome.org/fbi-jihad.pdf.

97. Useem, B. and Clayton, O., "Radicalization of U. S. Prisoners," Criminology & Public Policy, Vol. 8, No. 3 (August 2009), http://onlinelibrary.wiley.com/doi/10.1111/j.1745-9133.2009.00574.x/pdf.

98. van der Heide, L., van der Zwan, M., & van Leyenhorst, M. (2019). The practitioner's guide to the galaxy-A comparison of risk assessment tools for violent extremism. International Centre for Counter-Terrorism-The Hague (ICCT).

99. Veldhuis, T., & Staun, J. (2009). Islamist Radicalisation: A Root Cause Model. ,Netherlands Institute of International Relations Clingendael.

100. Victoroff, J. (2005). The Mind of the Terrorist A Review and Critique of Psychological Approaches. The Journal of Conflict Resolution, 49 (1), 3-42.

101. Wilner, A., & Dubouloz, C. (2010). Homegrown terrorism and transformative learning: an interdisciplinary approach to understanding radicalization. Global Change, Peace & Security (formerly Pacifica Review: Peace, Security & Global Change), 22 (1), 33-51.

后　记

在经历了无数个紧张、焦虑和不安的日子和数次的修改，今天本专著终于交付出版，这一刻感觉倍加轻松。

2017 年 3 月，我主持申报了题为“国外极端暴力主义囚犯的管理与矫正研究”的“全国司法行政理论规划项目”，以期通过全面梳理、总结国外相关做法，为我国监狱部门管理和教育改造相关罪犯提供参考和借鉴。此后，经过一年多的研究，形成了《国外暴力极端主义罪犯管理改造及借鉴研究》的研究报告。该研究报告被报送给司法部有关领导后，得到多名部领导的肯定，并批示有关部门参阅。部领导的肯定，给予了我极大的鼓舞，激发了我更高的研究热情。考虑到该项研究成果作为一个研究报告，涉及的内容范围还不够全面，研究的深度和广度也远远不够，对于国内情况研究和思考也不充分和不深入，如果想要为我国决策和实践部门提供有力参考，就必须要在相关领域进行更加深入、全面的研究。于是我又主持申报了 2018 年度“国家法治与法学理论研究项目”——《暴力极端主义罪犯的干预与管理研究》科研课题。幸运的是，本课题得到了批准。于是从2018年底,开始了项目正式研究。

在经历了国内实证调查难、最亲的人去世、疫情暴发、时间紧迫等各种困难后,在项目组成员的大力支持和本人的不懈努力下,项目最终成果《暴力极端主义罪犯干预与管理研究》一书于2021年8月正式完稿。在征得主管部门的同意后,于2021年9月组织了专家评审,并最终通过了专家鉴定。专家们一致认为该成果具有很强的理论和实践意义,有关研究内容对我国相关部门决策具有很好的借鉴和参考价值,对于我国监狱管理与教育改造相关罪犯的实践具有很强的指导性,建议尽快推广应用。

尽管成果通过了专家的鉴定,但由于各种原因,致使成果迟迟不能出版。为了能够及时将研究成果转化,发挥其应有的参考和指导作用,本人多方努力。一方面积极按照所内外有关专家建议对书稿内容做进一步的修改完善,并对书名进行适度修改,使成果更加完善和更加符合出版要求;另一方面继续寻求出版单位。最终,在原法律出版社郑导老师的帮助下,与当代中国出版社取得了联系。在经过认真审核后,当代中国出版社确定予以出版。至此,历尽磨难,尘埃落定,本人久久悬着的心也终于落下。

对于项目的顺利结项和成果最终得以出版,本人心存感激。感谢课题组全体成员,他们在课题申报、资料收集、书稿的形成过程中发挥了重要作用,朱志杰、孙新明对课题申报、研究思路提供了很好的建议和意见;刘富斌搜集了大量资料;葛向伟、安文霞对全书进行了全面的校对,并对本书的内容、结构以及文字提出了许多宝贵意见和建议!感谢项目评审专家中国政法大学王平教授、中国人民大学付立庆教授、中央司法警官学院翟中东教授、司法部预防犯罪研究所冯建仓研究员和陈志海研究员和所内初评委员会高贞、周勇、高文、贾晓文、闫加等各位委员,他们对课题成果给予了充分肯定,同时也提出了许多宝贵和中肯的修改建议,为成果的进一步完善作出了积极贡献!感谢司法部预防犯罪研究所高贞所长、周勇副所长、高文副所长以及科研处沈青主任、相关处室人员对课题的实施和书籍出版给予的大力支持和帮助！特别感谢原法律出版社编辑郑导老师和当代中国出版社刘文科主任、刘照编辑的大力支持和帮助！感谢项目管理单位的有效管理！感谢所有为本书付出努力的人！

当然，尽管本书出版了，但是由于资料有限，加上自身能力和水平所限，书中还存在许多不完善的地方，仍有很大的进步空间。因此，书中不当之处，敬请各位读者批评指正。

谨以此书献给在课题研究期间去世的我最亲爱的母亲。

作者于 2024 年 5 月北京平安里